Sobre a Paciência

Sobre a Paciência

Tertuliano · S. Cipriano · S. Agostinho

Edição bilíngüe

2ª edição

Tradução:
Pe. Cléber Eduardo dos Santos Dias

CONCRETA

COLEÇÃO PATRÍSTICA

Sobre a Paciência, Tertuliano, S. Cipriano de Cartago e S. Agostinho de Hipona

Títulos originais:
De Patientia
De bono patientiae
De Patientia
Sermo de Patientia et de lectione Evangelii de Villico

Os direitos desta edição pertencem à
EDITORA CONCRETA
Rua Barão do Gravataí, 342, portaria – Bairro Menino Deus – CEP: 90050-330
Porto Alegre – RS – e-mail: contato@editoraconcreta.com.br

EDITOR:
Renan Martins dos Santos

COORDENAÇÃO, TRADUÇÃO, PREFÁCIO E NOTAS:
Pe. Cléber Eduardo dos Santos Dias

REVISÃO:
Veríssimo Anagnostopoulos

CAPA & DIAGRAMAÇÃO:
Hugo de Santa Cruz

FICHA CATALOGRÁFICA

Tertuliano, Quinto Septímio Florêncio, 160-220
T332s Sobre a Paciência / Quinto Séptimo Florêncio Tertuliano, São Cipriano, Santo Agostinho ; tradução de Cléber Eduardo dos Santos Dias, edição de Renan Santos. – 2ª edição. – Porto Alegre, RS: Concreta, 2017. – 260p. : p&b ; 16 x 23cm

ISBN 978-85-68962-16-9

1. Teologia. 2. Filosofia. 3. Filosofia antiga. 4. Metafísica. 5. Catolicismo. I. Título. II. Agostinho, Santo, Bispo de Hipona, 354-430. III. Cipriano, Santo, Bispo de Cartago, m.258

CDD-230.2

CONCRETA

www.editoraconcreta.com.br

cedet.

Distribuição:

CEDET – Centro de Desenvolvimento Profissional e Tecnológico / Av. Comendador Aladino Selmi, 4630 - GR2 - Módulo 8 Vila San Martin, Campinas/SP CEP 13069-096
Telefone: 19-3249-0580 / 19-3327-2257
E-mail: livros@cedet.com.br

COLEÇÃO PATRÍSTICA

Com a denominação *Patrística*, entende-se um período de intensa produção cultural, filosófica e teológica dos sete primeiros séculos da era cristã. Durante este período, autores do mais alto padrão intelectual investigaram e sistematizaram as bases da filosofia e da teologia. Estes autores foram denominados *Padres da Igreja*. Não necessariamente foram sacerdotes, no sentido de *padre* que modernamente se dá, mas Padres no sentido de Pais da Igreja.

Didaticamente dividimos a Patrística em Grega e Latina, embora haja também uma Patrística Oriental. Os textos deste período foram consignados em várias línguas, como o grego, latim, siríaco, armênio, georgiano, copto, árabe e eslavônico. Outra forma de nomearmos os autores se dá pela classificação entre Padres Ante-Nicenos, Nicenos e Pós-Nicenos, uma vez que o Concílio de Nicéia em 325 discutiu as grandes questões doutrinárias, entre elas o arianismo, a datação da Páscoa, a reintegração dos que haviam abandonado a fé cristã e o uso da filosofia e da teologia pagãs.

A necessidade da edição das obras deste período revela-se imprescindível para compreendermos a formação do mundo e dos valores ocidentais que se baseiam na síntese filosófica e teológica do helenismo-judaísmo e cristianismo. Autores como Pápias de Hierápolis, Orígenes, S. Gregório o Taumaturgo, Hérmias o Filósofo, S. Macário o Grande, S. Basílio Magno, S. Gregório de Nissa, Evágrio Pôntico, S. João Crisóstomo, Nilo o Sinaíta, Doroteu de Gaza, S. João Damasceno, o Pseudo-Dionísio Areopagita, S. Máximo o Confessor, Minúcio Félix, Tertuliano, S. Cipriano de Cartago, S. Ambrósio de Milão, S. Agostinho de Hipona, S. Vicente de Lérins, Dionísio o Exíguo, Cassiodoro, S. Martinho de Dume, Leandro Hispalense, S. Isidoro de Sevilha, S. Gregório

Magno e muitos outros nos darão uma amostra da produção intelectual dos primeiros séculos cristãos, que é base de toda Escolástica ou Filosofia e Teologia medievais.

Muitos desses textos em língua original encontram-se indisponíveis para a maioria dos leitores, seja por existirem somente em edições antigas ou críticas, como a *Clavis Patrum Græcorum*, os *Monumenta Germaniae Historica*, ou a *Stromata Patristica Medioevalia*, ou as *Patrologia Latina* e *Patrologia Graeca* de Migne, ou o atual *Corpus Christianorum* com as séries *Graeca, Latina, Apocryphorum*, etc.

Dado que muitos desses autores e textos quando traduzidos em língua portuguesa no Brasil não o foram a partir das línguas originais, nem respeitando as singularidades técnicas e estilísticas dos autores, creio que é o momento oportuno de nos lançarmos nas águas profundas da alta filosofia e teologia patrística.

Cada edição será cuidadosamente tratada, tanto na parte do texto em língua original retirado de edições críticas (quando existirem), quanto no português, com aparato de variantes e notas explicativas que esclareçam ou remetam o leitor a outras obras e trechos do autor e com autores com os quais haja diálogo ou controvérsia. Propomos também um estudo introdutório no início de cada obra e as melhores referências bibliográficas encontradas em antigas edições, textos críticos e produção científica atual, adotando as mais modernas técnicas da edição crítica de textos antigos – mesmo porque a intenção é tornarmos a Coleção Patrística da Editora Concreta um modelo editorial. Em suma, cada obra a ser editada será uma obra única na qual prometemos todo o empenho dos tradutores e comentadores para que os leitores ou estudiosos tenham acesso a autores e obras singulares de um período pouco conhecido nas academias e que são a base da construção arquitetônica de nossa Civilização Ocidental.

Some-se à esta iniciativa! Ajude-nos a resgatar o tesouro dos Pais da Igreja, e poderemos, tal qual o sábio pai de família proclamado por nosso Senhor no Evangelho segundo Mateus (13, 52), tirar deste tesouro patrístico *nova et vetera* (coisas novas e velhas).

Pe. Cléber Eduardo Dias
Coordenador da Coleção Patrística

Agradecimentos aos colaboradores

Através de campanha no *website* da Concreta para financiar a tradução de *Sobre a Paciência*, 378 pessoas fizeram sua parte para que este livro se tornasse realidade, um gesto pelo qual lhes seremos eternamente gratos. A seguir, listamos aquelas que colaboraram para ter seus nomes divulgados nesta seção:

Adailso Janesko
Adalberto Kühl
Adriano Araujo dos Santos Mendonça
Alex Abate Biral
Alexandre da Luz Silva
Alexandre Leme
Amantino de Moura
Ana Nely Castello Branco Sanches
Anderson Mello de Carvalho
André Arthur Costa
Andre Couto
André Luiz Salvador
André Silva
André von Kugland
Andrea Rocha
Antonio Carlos Correia de Araújo Jr.
Antonio Carlos de Oliveira
Antonio César Landi Jr.
Antonio Donizete Pereira
Antonio Marcos Sauna
Antonio Paulo de Moraes Leme
Arnaldo José Pereira
Artur Duarte Pinto
Assunção Medeiros
Augusto Carlos Pola Jr.
Aureliano Caldeira Horta França
Bernardo Augusto Sperandio Filho
Bernardo Cunha de Miranda

Bernardo Gunther
Bruce Oliveira Carneiro
Bruno Mendes
Bruno Vallini
Camila Abadie
Carla Andrade
Carlos Afonso
Carlos Alberto Lopes da Costa
Carlos Alexander de Souza Castro
Carlos Almeida Jr.
Carlos Crusius
Carlos Felice Zaccardelli
Carlos Nigro
Cecilia Bourdon
Charles Bonemer Jr.
Cicero Claudio dos Santos
Cláudia Makia
Cleto Marinho de Carvalho Filho
Cristiano Mora
Cristiano Nunes Laureano
Cristina Garabini
Danilo Cortez Gomes
Delania Gomes
Denys William Bachion
Diego Gonçalves de Araújo
Diego José Neri de Almeida Castro
Ederson Oliveira
Edson Vinicius Hopkins
Eduardo Simão
Elpídio Fonseca
Evandro Cássio Maraschin
Everson Patrick da Silva Veras
Evilásio Lucena
Fabio de Santana Lauton
Fabio Dias
Fábio Salgado de Carvalho
Felipe Aguiar
Felipe Corte Lima
Felipe Geraldes
Felipe Mazzarollo
Felipe Vilela
Fernando Henrique Pereira Menezes
Fernando Luiz Ferreira de Almeida
Filipe Aprigliano
Fortunato Baia
Francisco Igor de Souza e Silva
Frederico Carlos Ferreira
Gabriel Henrique Knüpfer
Gabriel Schaf
Genesio da Silva Pereira
Genésio Saraiva
Gese Mirian Loriato
Gio Fabiano Voltolini Jr.
Giovana Hoff
Giuliano Carvalho
Giuliano Fiorante
Giuseppe Mallmann de Sampaio
Guilherme Batista Afonso Ferreira
Guilherme Mezzarobba
Gustavo Gouveia
Gustavo Mendonça Rezende
Heládio Santos
Helder Madeira
Henrique Miotto
Hermano Zanotta
Ícaro Padilha
Ismael Alberto Schonhorst
Ivan Jacopetti do Lago
Jackson Viveiros
Janaina Maria Fabricio
Jayme Dutra do Carmo Neto
Jeanderson Oliveira
João Alberto de Pádua Bueno
João Gilberto Cunha
João Guilherme Alves da Silva
João José Marques
João Marcos Viana da Costa
João Marcos Visotaky Jr.

Jorge Ferraz
Jorge Geraldo de Quadros Jr.
José Antonio Donizetti da Silva
José Augusto Neto
José Ribeiro Jr.
Kelly Passaura
Lair Mitterhoffer Monteiro
Leandro Casare
Lucas Cardoso da Silva
Lucas Guelfi
Lucas Monachesi Rodrigues
Lucas Pereira
Luciano Diniz
Lucio Medeiros
Luis Antonio Ferreira Paiva
Luís José Silveira de Sousa
Luiz Silva
Lysandro Sandoval
Marcelo Assiz Ricci
Marcelo Galeno
Marcelo Mitchell de Morais
Marciano Souza
Márcio André Martins Teixeira
Marco Hermeto
Marcos Paulo Machado
Marcos Rangel Caetano
Marcus Michiles
Maria Aguiar
Maria Auxiliadora da Cunha Meireles
Maria Rita de Aguiar
Mário Jorge de Sousa Freire
Mateus Colombo
Mateus R. C. de Paula
Matheus Ferrari Hering
Mauro S. Ribeiro
Natanael Pereira Barros
Neida Pinheiro
Nelmo Silveira Menezes
Nikollas Ramos
Oacy Campelo
Odinei Draeger
Paulo Aquino
Paulo Eduardo Frederico
Paulo Henrique Brasil Ribeiro
Paulo José
Paulo Lasaro de Carvalho Filho
Paulo Leão Alves
Paulo Lopes Vieira da Costa
Pedro Chudyk Huberuk
Pedro Torres
Rafael Rodrigues
Ramon Arthur Ribeiro da Silva
Raphael Abreu Sepulcri
Raul Lemos
Reginaldo Magro
Reinaldo Benitez
Remo Mannarino Filho
Renã Pozza Silva
Renato de Carvalho Munhoz
Renato Guimaraes
Ricardo Antônio Mohallem
Ricardo Luis Kummer
Ricardo Mazioli Jacomeli
Rinaldo Oliveira Araújo de Faria
Roberto Almeida
Rodney Eloy
Rodolfo Melchior Lopes
Rodrigo de Abreu Oliveira
Rodrigo de Menezes
Rodrigo Lima Gonçalves
Ronaldo Teixeira
Rovan Henriques
Samuel da Silva Marcondes
Sérgio Eduardo
Sergio Paulo Roberto
Suzi Matias
Tarcisio Moura
Tharsis Madeira

Thiago Amorim Carvalho
Thiago Aurélio de Freitas Brandão
Thiago Junglhaus
Thiago Rabelo
Tiago Bana Franco
Tiago Toledo dos Santos
Tobias Dias Goulão
Ullysses Josué Siqueira
Vanderlei Lima
Vicente do Prado Tolezano
Vicente Fraile Neto
Victor Hugo Barboza
Vitor Colivati
Vitor Fonseca de Melo
Vítor Meireles
Walmir Rodrigues
Wellington Hubner
Wellington Lima
Welricsson José do Carmo
Wendel Ordine
William Bottazzini Rezende
William Gomes

EMPRESAS COLABORADORAS

ASSOC. LAICAL SÃO PRÓSPERO — IN NOMINE VERITATIS

Terça Livre

Sumário

Tertuliano

Sobre a Paciência

(De Patientia)

Tertuliano e o De Patientia

PE. CLÉBER EDUARDO DIAS

O ambiente cristão em África

No período entre o século II e III, Roma e Alexandria no Egito já não são mais exclusivamente os centros de referência do cristianismo. Paulatinamente crescem as comunidades cristãs em África, e com elas despontam autores e personagens que marcarão o modo de pensar cristão ocidental. O desenvolvimento de um pensamento cristão africano em Cartago, muitas vezes autônomo de Roma e Alexandria, terá mais adiante que rivalizar também com Antioquia e Constantinopla. O ambiente africano não raras vezes mostrou-se independente e intolerante a Roma, seja por repúdio à dominação imperial, seja pela autonomia de costumes, hábitos e até o *modus vivendi* contrastante entre os africanos e os romanos, seja pela distância geográfica e a organização independente de sínodos na Igreja em África. As raízes, no entanto, como observou P. Siniscalco,[i] podem ser atribuídas a um estado permanente de intolerância antiga entre os africanos para com tudo que viesse de Roma.

Após passar pela quarta grande perseguição iniciada pelo imperador Marco Aurélio (161-180), a Igreja terá de sofrer com outras perseguições. Se é certo que o número de mártires parece ter sido inflacionado como tática apologética no decorrer dos séculos, é certo também que a convivência com o poder imperial, mormente executado pelos magistrados, prefeitos e governadores, não foi marcada pela tolerância e brandura que a crítica contemporânea procura incutir.

---

[i] Siniscalco, P., in: *Dicionário Patrístico e de Antigüidades Cristãs*, trad. Cristina Andrade, Petrópolis, Vozes, 2002, p. 1348.

O rescrito de Trajano (98-117), que punia as reuniões em associações não reconhecidas pelo Estado, ainda estava em voga e servirá para ser aplicado àqueles que confessarem ser cristãos. Diante das massas de convertidos ao cristianismo na Bitínia e não sabendo como julgar caso a caso, o governador Plínio, o Moço pedirá instruções a Trajano, que escreve: "Persegui-los não devemos. Se forem trazidos até ti e forem réus convictos, punam-se; mas se negarem ser cristãos e demonstrarem não o ser, orando aos deuses, sejam mandados em paz...".

Sucedendo a Marco Aurélio, Cômodo (180-192), imperador unanimemente detestado em todo Império por sua tirania e gosto por espetáculos sangrentos, demonstrou até certa tolerância ou indiferença aos cristãos. Deve-se aqui notar a influência que sobre ele tinha sua esposa morganática, Márcia. Possivelmente Márcia, concubina de Cômodo, era cristã ou catecúmena, pois conseguiu dele a liberdade aos cristãos que eram punidos nas minas de chumbo da Sardenha, e em diversas províncias os cristãos puderam reunir-se livremente para deliberar quando da controvérsia sobre a data da Páscoa.

No entanto, não faltaram mártires no tempo de Cômodo, muitas vezes por ordem de magistrados, prefeitos e governadores. Destacamos aqui alguns cristãos de Cilli (Scillitas) da Numídia que foram levados a Cartago para serem executados. Após confessarem ser cristãos, Esperato, Narzales, Citino, Vetúrio, Félix, Acilino, Letâncio, Januária, Generosa, Vestina, Donata e Segunda, por ordem do prefeito Saturnino, foram pregados em cepos e degolados a 17 de Julho do ano 180.

As perseguições e os martírios irão recrudescer no tempo de Septímio Severo (193-211). Inicialmente tolerante a ponto de Tertuliano dirigir-lhe elogios,[ii] Septímio Severo mudou completamente de conduta na medida em que percebia a Igreja em África como um Estado autônomo dentro do Império. Por um decreto de 201, proibiu aos cidadãos do Império a conversão ao judaísmo, talvez por ter sido mal informado que os cristãos eram uma seita judaica. Em 202 proibiu a conversão ao cristianismo.

Desencadeou-se, não só em África, mas até nos territórios romanos do Oriente, feroz perseguição aos cristãos. Clemente de Alexandria abandona a cidade, foge para a Palestina e narra que não houve dia em que não visse correr abundante sangue de cristãos decapitados, empalados e queimados vivos.[iii] Orígenes, ao assumir a escola catequética em Alexandria, é perseguido e vexado.

[ii] Cf. Tertuliano, *Ad Scapulam*, IV.

[iii] Cf. Clemente de Alexandria, *Stromata*, II, 20.

Eusébio de Cesaréia narra também as crueldades infligidas aos mártires do Egito e da Tebaida.[iv]

A 7 de Março de 203, em Cartago, ocorre uma execução que se tornará o modelo dos futuros mártires: o martírio de Perpétua e Felicidade. Felicidade era serva de Perpétua e foi martirizada juntamente com sua senhora. Perpétua, grávida quando de sua prisão, deu à luz no cárcere e narrou seu encarceramento. Tais exemplos de constância e paciência naquelas duas mártires irão marcar profundamente os sentimentos e o imaginário dos cristãos perseguidos. Não tardará a aparecer no mesmo ano uma *Passio* sobre as mártires – *Acta Perpetuae et Felicitatis* – cuja autoria ainda hoje se conjectura se não seria de Tertuliano.

O ambiente das perseguições levará Tertuliano a cunhar a célebre frase: "Quanto mais vidas nos ceifais, tanto mais nos multiplicaremos: o sangue é a semente dos cristãos."[v]

Vida e Obras de Tertuliano

Tertuliano (Quintus Septimius Florens Tertullianus) nasceu em Cartago, provavelmente no ano 160 e faleceu provavelmente em 220.

Os poucos dados que sabemos sobre sua vida podemos colher em seus próprios escritos e no testemunho de São Jerônimo (ca. 347-420). É óbvio que as lacunas são maiores que as certezas.

Por indicações do próprio Tertuliano, sabemos que sua preparação e dedicação nos estudos antes de sua conversão foram de todo notáveis: dominava o campo da filosofia, da história, manejava com maestria as línguas grega e latina do ponto de vista retórico e da composição lingüística e literária. Ao gênio intelectual de Tertuliano deve-se uma extensa lista de novos termos no vocabulário teológico em língua latina, alguns originais, outros simples adaptações de termos gregos, como Trindade, união hipostática, etc; segundo Pierini,[vi] Tertuliano cunhou 982 novos termos teológicos na língua latina. Sabemos que era casado, pois dirige à sua esposa um opúsculo intitulado *Ad uxorem* admoestando a que, se ela quisesse casar após a viuvez, devia fazê-lo apenas com um homem cristão.

Para além de não sabermos com precisão suas datas de nascimento e morte, há uma série de questões importantes ainda não esclarecidas.

[iv] Cf. Eusébio de Cesaréia, *Histórica Eclesiástica*, 6, 5.

[v] *Apologeticum*, L, 13.

[vi] *A idade antiga*, p. 102.

Data da Conversão

Nascido como pagão, de pais pagãos, Tertuliano era filho, segundo São Jerônimo, de um centurião proconsular em África. Estudiosos discutem se tal posição existia no exército romano. Talvez possa se dizer com a mínima certeza que seu pai fora centurião. Sobre sua vida pregressa à conversão, sabemos por seu testemunho que era de temperamento apaixonado, sensual e teria tido uma juventude dissipada em meio aos jogos, espetáculos dos gladiadores, teatros e fornicação adulterina.[vii] Sua conversão ter-se-ia dado na época dos primeiros mártires em Cartago (180?, 195?, 197?) pelo testemunho daqueles confessores da fé cristã.

Tertuliano presbítero

São Jerônimo afirma[viii] que Tertuliano teria sido ordenado presbítero em Roma, enquanto que o autor anônimo do *Liber Praedestinatus* (composto provavelmente entre os anos 432-440) afirma que Tertuliano foi ordenado presbítero para o presbitério em Cartago. Como São Jerônimo coloca Tertuliano no presbitério de Roma e indica que a sua apostasia para o grupo de montanistas foi causada pelas invejas, intrigas e brigas com o clero romano, não faltou quem visse S. Jerônimo colocar em Tertuliano sua própria história pessoal. Dado o testemunho tardio, tanto de S. Jerônimo quanto o constante no *Liber Praedestinatus*, de que Tertuliano tivesse sido ordenado, e não tendo se encontrado até hoje um testemunho coetâneo, a tese de Tertuliano como presbítero não é aceita pela maioria dos estudiosos. Pelos vários escritos de instrução cristã, houve quem supusesse que ele fosse catequista na comunidade de Cartago.

[vii] Cf. o relato que de sua vida deixa ver em *Ad Nationes*, I, 10, 47; *Apologeticum*, XV, 5; *De resurrectione mortuorum*, LIX, 3.

[viii] S. Jerônimo, *De viris illustribus*, LIII: "*Tertullianus presbyter, nunc demum primus post Victorem et Appollonium Latinorum ponitur, provinciae Africae, civitatis Carthaginiensis, patre Centurione Proconsulari. Hic acris et vehementis ingenii, sub Severo principe et Antonino Caracalla maxime floruit, multaque scripsit volumina, quae quia nota sunt pluribus, praetermittimus. Vidi ego quemdam Paulum Concordiae, quod oppidum Italiae est, senem, qui se beati Cypriani, jam grandis aetatis, notarium, cum ipse admodum esset adolescens, Romae vidisse diceret, referreque sibi solitum numquam Cyprianum absque Tertulliani lectione unum diem praeterisse, ac sibi crebro dicere,* Da magistrum*: Tertullianum videlicet significans. Hic cum usque ad mediam aetatem et contumeliis clericorum Romanae Ecclesiae, ad Montani dogma delapsus, in multis libris Novae Prophetiae meminit, specialiter autem adversum Ecclesiam texuit volumina, de pudicitia, de persecutione, de jejuniis, de monogamia, de ecstasi libros sex, et septimum, quem adversum Apollonium composuit. Ferturque vixisse usque ad decrepitam aetatem, et multa, quae non exstant opuscula condidisse.*"

Tertuliano jurista ou advogado

Durante séculos, Tertuliano foi apresentado como jurista ou ao menos advogado, seja porque alguns estudiosos quiseram ver no *Liber Apologeticus* um libelo escrito por um jurista, seja pelo testemunho de Eusébio de Cesaréia[ix] (265-340) que o descreve como "homem perito nas leis romanas", seja porque foi identificado com um autor, de mesmo *cognomen*, do *Liber singularis de castrensi peculio*, cujos excertos estão presentes no *Digesto*. Com exceção de sua formação literária e do conhecimento, aliás, comum, das leis romanas, e da menção que faz Eusébio de Cesaréia, não existe prova que Tertuliano fosse jurista ou ao menos advogado.

Tertuliano cismático ou herege

Para conhecer os motivos que levaram Tertuliano a romper com a Igreja e associar-se ao montanismo, deve-se buscar a influência daquele movimento em Cartago e em seus escritos.

Por meio de seus escritos, divide-se didaticamente a atividade religiosa de Tertuliano conforme a seguinte cronologia: 195-205/6, substancialmente católico; 205/6-211/12, semi-montanista; 213-219/20, claramente montanista e; por fim, chefe de um grupo ou partido no montanismo, conhecido como tertulianistas.

Qual teria sido o motivo ou quais os motivos que levaram a Tertuliano a romper com a Igreja? De acordo com São Jerônimo, teriam sido as intrigas por parte do clero romano, como já relatamos acima. Porém, sabemos que Jerônimo escreve sobre isto cerca de 173 anos após a morte de Tertuliano, e até hoje não foi encontrada nenhuma prova que ele tivesse alguma vez feito parte do presbitério romano.

Por volta dos anos 155-156, surge na Frígia um grupo herético liderado por Montano, ex-sacerdote de Cibele ou Apolo, neoconverso, auto-proclamado profeta, e por duas auto-proclamadas profetisas, Priscila (ou Prisca) e Maximila. Os três personagens portavam uma mensagem contra aquilo que consideravam um esfriamento do fervor cristão primitivo.

As poucas informações que nos chegaram sobre o montanismo são basicamente através de Epifânio de Salamina no *Panarion*[x] e por Eusébio de Cesaréia

---

ix Eusébio de Cesaréia, *História Eclesiástica*, II, 4.

x Epifânio de Salamina, *Panarion*, 48 ss.

na *Historia Ecclesiastica*,[xi] que os denominam ora catafrígios, ora montanistas. Nelas, ambos os autores descrevem o modo de proceder dos três auto-proclamados profetas: uso provocado e incentivado da glossolalia e dos êxtases; a pregação escatológica iminente, de uma nova era do Espírito Santo, do milenarismo que devia ser precedido por rigorosa ascese; o não-reconhecimento da estrutura hierárquica da Igreja; e, com isso, negavam também a absolvição dos pecados graves cometidos após o batismo, excomungando os membros pecadores; o incentivo a não fugir do martírio, mas antes procurá-lo; a auto-identificação com o Espírito Santo, do qual diziam ser os únicos e exclusivos profetas; a inadmissibilidade de serem desobedecidos; o rigorismo ascético em jejuns (diversos dias de jejuns e um jejum de duas semanas ao ano); as mortificações corporais; a abstenção do consumo de carnes, privilegiando o exclusivo consumo de alimentos secos (xerofagia); a pregação contra o casamento e as segundas núpcias, ou ao menos a castidade completa e perfeita após o casamento; a auto-afirmação de seus membros, chamados de *pneumatikos* (espirituais), incentivando o afastamento e recusa de comunhão com a Igreja e seus membros, chamados depreciativamente de *psychikos* (racionais). Segundo Epifânio de Salamina, os montanistas advogavam que mulheres pudessem ser ordenadas bispas e presbíteras.[xii]

Afastados pela Igreja, não sem o apoio de alguns bispos, que aderiram pelo menos de forma tácita à heresia, Montano, Maximila e Priscila apontavam a cidade de Pepuza como local de reunião de seus adeptos, pois, segundo eles, ali seria o local da Nova Jerusalém descida dos céus. Segundo São Jerônimo, em Pepuza localizava-se a sede da seita, e havia uma espécie de comuna gerida administrativamente de forma intercomunitária, com direito a coletores de impostos, taxas e ofertas nomeados por Montano.

O testemunho dos diversos bispos e escritores católicos da Antigüidade é unânime em afirmar a invalidez do batismo dos montanistas, pois, uma vez que identificaram Montano com o Espírito Santo, mudaram a fórmula batismal para: "Eu te batizo em nome do Pai, do Filho e de Montano".

Dentre os três auto-proclamados profetas, destacou-se Maximila (†179), a qual teria profetizado que, quando morresse, todas as guerras e destruições anunciadas teriam seu início. Apolinário de Hierápolis, citado por Eusébio de Cesaréia, escreveu que, passados treze anos da morte de tal profetisa, nenhuma das profecias ainda se teria cumprido. O mesmo Apolinário de Hierápolis descreve que, embora incentivassem os seus seguidores a procurar e se oferecer ao

[xi] *Op. cit.*, V, 16-9.

[xii] Epifânio de Salamina. *Panarion*, 49, 2, 5.

martírio, tanto Montano quanto Maximila acabaram seus dias enforcando-se, supostamente para apressar a concretização das profecias.

Em todo caso, a heresia catafrígia ou montanista foi uma corrente religiosa muito sedutora, uma vez que de contínuo pregava contra bispos e presbíteros a seu ver corruptos e contra a readmissão no seio da Igreja dos fiéis *lapsi*.[xiii] Diversos sínodos em Ásia Menor condenaram o montanismo. Apesar disso, a seita se alastrou até mesmo às Gálias, segundo os testemunhos de alguns cristãos de Lyon que pleiteavam junto aos bispos da Ásia Menor e ao Papa Eleutério (174-189) a reconciliação dos montanistas. A questão da entrada dos montanistas parece ter suscitado um grande movimento em Roma por volta dos anos 177/178, movimento este que foi impedido por Práxeas[xiv] e, por fim, o montanismo foi condenado pelo Papa Eleutério.

Durante a controvérsia *Quartodecimana*, isto é, sobre a data da Páscoa, sabemos que alguns montanistas preferiam celebrá-la, contrariando a Igreja, no dia 14 de *Nissan*, e receberam a condenação do Papa Vítor (189-198). Também no Cânon 95 do Sínodo Trulano, isto é, já no ano de 692, condena-se o montanismo. Segundo Eusébio de Cesaréia, em Roma um certo Caio[xv] escrevera um *Dialogus* contra um defensor do montanismo de nome Proclo,[xvi] e o Papa Zeferino (199-205) teria condenado a heresia.

Autores como Barbara Aland falam da sobrevivência do montanismo no Ocidente até o século VI, porém deve ter sobrevivido durante mais algum tempo, pelo que se pode deduzir da carta *Quia caritati nihil* do Papa Gregório I aos bispos da Geórgia na qual nega a validade do batismo dos montanistas.[xvii] Françoise Vinel assegura a sobrevivência de montanistas até o século IX na Ásia Menor.[xviii]

---

xiii *Lapsi* era o modo como ficaram conhecidos os fiéis cristãos que diante dos tribunais negavam a fé cristã, seja negando ser cristãos, seja oferecendo incenso aos deuses e ou ao imperador para receberem o *libello*, uma espécie de salvo-conduto que lhes garantia a vida. A questão da reintegração ou não dos *lapsi* na Igreja redundará em discussões teológico-pastorais em África pelo menos até a época de São Cipriano.

xiv Trata-se do mesmo herege monarquiano modalista e patripassiano Práxeas, contra o qual escreveu Tertuliano a obra *Adversus Praxean*.

xv Caio ou Gaio foi um erudito presbítero do clero de Roma no tempo do Papa Zeferino.

xvi Eusébio de Cesaréia, *História Eclesiástica*, VI, 20, 3.

xvii Gregório I em 22/06/601 pela carta *Quia caritati nihil* aos bispos da Geórgia fala do batismo dos montanistas que não é reiterado, pois nunca foram batizados no nome da Trindade: "Já os hereges que não foram batizados no nome da Trindade, como os bonosianos e o catafrigas, pois os primeiros não crêem em Cristo Senhor e os outros crêem perversamente que o Espírito Santo seja um homem depravado, um certo Montano... quando vêm à Santa Igreja sejam batizados..." Denzinger, 478 (p. 172, ed. bras.).

xviii Vinel, F. in *Dicionário Crítico de Teologia*, p. 1193.

Não obstante autores contemporâneos afirmarem que o montanismo não tenha sido em si um heresia, mas um cisma, os autores antigos o descrevem como encratistas, milenaristas, heréticos, gnósticos e judaizantes. Com o passar do tempo, a heresia montanista gerou em seu seio uma série de divisões e partidos, tais como os esquinistas, proclinianos, quintilianos, priscilianos, os tertulianistas, etc.

Qual teria sido, pois, o motivo ou os motivos pelos quais Tertuliano aderiu ao montanismo? Esta questão ainda é uma incógnita. Dada a mudança de pensamento de Tertuliano a respeito da fuga nas perseguições e do martírio, bem como ser partidário da negativa na admissão dos *lapsi* – pensamento este que influenciará em certa época a S. Cipriano – apenas se pode especular que tenha havido uma série de fatores, não excluído sua visão pessimista e polemista sobre o modo como os cristãos viviam em Cartago. Talvez o espírito polemista, pessimista e radical de Tertuliano tenha também comprado alguns dissabores e intrigas com o clero de Cartago, embora São Jerônimo afirme ter sido perseguido pela malícia e intrigas do clero romano.

Assinalam-se os anos entre 205/207 como os de maior aproximação de Tertuliano dos montanistas. Segundo Aland,[xix] já pelo ano 200 o montanismo não se definia tanto pelas figuras de seus profetas fundadores, como por uma acentuação do rigorismo ascético-moral, que parece ter incentivado a adesão progressiva de Tertuliano. No entanto, não deixou de reconhecer Montano como uma identificação do Paráclito, pelo qual se abrira uma nova fase da Revelação. Com a condenação formal do montanismo em 213 em África, registra-se o rompimento de Tertuliano com a Grande Igreja, como era chamada a Igreja Católica. Tertuliano, que defendera em seus escritos a necessidade de pertença à Igreja para a salvação, passa, pois, a professar uma noção subjetivista de uma igreja já não mais visível, mas sim espiritual.

Obras e possível datação

A maioria dos autores de manuais de Patrística propõem uma divisão clássica das obras de Tertuliano por temas, a saber: escritos apologéticos, escritos contra as heresias, escritos dogmáticos e escritos sobre moral e disciplina. É certo que há obras com um título e tema que, ao leitor desavisado, parecem

---

[xix] Aland, B., in: *Dicionário Patrístico e de Antigüidades Cristãs*, p. 960.

ser exclusivas. No entanto, como Tertuliano é um daqueles gigantes da cultura cuja tarefa é a de trazer luz a um sem fim de temas, optamos por apresentar as obras pela datação mais aceite.

A datação dos escritos serve, via de regra, não só para demonstrar a provável data de composição, mas também para separar os escritos católicos daqueles claramente montanistas.

Dada a poliédrica maneira como Tertuliano compôs seus escritos, julgamos por bem apresentá-los segundo a datação aceita pelo *Corpus Christianorum. Series Latina.*[xx] Note-se, no entanto, que nem mesmo esta datação é aceita unanimemente.

- **Antes do *Ad nationes* e do *Apologeticum*:**
  Ad Martyras
- **Após 19 de Fevereiro de 197:**
  Ad nationes
- **Entre os anos de 197 e 198:**
  Apologeticum
  De testimonio animae
- **Após o ano 198, mas antes de se tornar montanista:**
  De praescriptione
  Adversus Marcionem [primeira redação]
  De Spectaculis
  De baptismo
  Adversus Iudaeos [?]
  De patientia
  De paenitentia
  De feminarum cultura
  Ad uxorem
  Adversus Hermogenem
- **Após o ano 204, já com tendências montanistas:**
  De ecstasi
  De spe fidelium
  De paradiso

[xx] *Corpus Christianorum. Series Latina*, II, pp. 1627-8. Por sua vez, o CCL serve-se de Harnack, A., *Die Chronologie der Altchristlichen Litteratur*, II, Leipzig, 1904, pp. 256-296 e de Monceaux, P., *Histoire littéraire de l'Afrique chrétienne*, I, Paris, 1901.

- **Entre os anos 207 e 208:**
  Adversus Marcionem [segunda redação, a qual inclui os livros I, II e III]
- **Entre os anos 208-212, já montanista:**
  Adversus Marcionem [terceira redação na qual incui os livros IV e V]
  De Pallio
  Adversus Valentinianos
  De Censu animae adversus Hermogenem
  De Fato
  De anima
  Adversus Apelleiacos
  De carne Christi
  De resurrectione mortuorum
  De corona
  Scorpiace
  De idolatria

O *De Patientia*

Concomitante ou cronologicamente posterior a Minúcio Félix, Tertuliano é um dos primeiros autores a tornar a mensagem cristã assimilável às categorias e estruturas mentais do Ocidente latino. No entanto, cabe a Tertuliano a primazia na sistematização de um tratado sobre a paciência em latim.

Escreve o *De Patientia* entre os anos de 198 a 200, isto é, antes de tornar-se montanista. Por algumas razões internas do texto, mas também pelo fato de, após o ano 200, Tertuliano ter se tornado montanista e, com isso, cair no rigorismo ascético, moral e canônico, acredita-se que tenha escrito este tratado em sua última fase de maior brandura e aceitação dos *lapsi*.

Quanto ao estilo, o *De Patientia* não foge das demais obras de Tertuliano, ora sintético e abrupto a ponto de obscurecer o sentido da frase, ora fazendo uso de hipérboles e antonomásias, ora utilizando num mesmo período da ordem direta e indireta da língua latina, ora ressignificando antigos termos.[xxi]

No *De Patientia* Tertuliano apresenta as linhas gerais para uma moral cristã diante das circunstâncias de sua época. Embora sua escrita esteja dirigida a casos concretos, como a perseguição e o martírio, não é um escrito exclusivo para estes casos. Não é necessariamente um tratado que apresenta uma regra

[xxi] Veja-se por exemplo, o estudo que J-C. Fredouille faz.

geral e única para a vivência cristã, mas antes uma sorte de recomendações para aguentarmos/suportarmos os sofrimentos desta vida, tendo presente a vida futura. Portanto, enquanto que descobre o véu da desconhecida virtude da paciência e delineia seu rosto e sua ação, Tertuliano acaba por deixar um escrito atemporal.

Os exemplos nos quais Tertuliano se baseia são Deus Pai, que suporta as infidelidades da humanidade, Cristo, que suporta até mesmo nossas ofensas e não nos deixa entregues à própria sorte, e Jó, que suporta as dores e desgraças sem se queixar a Deus.

Podemos dizer que Tertuliano descreve a paciência sob três aspectos básicos: sua natureza, aplicação e frutos.

Quanto à sua natureza, a paciência provém do próprio Deus enquanto que uma certa propriedade que lhe é inata,[xxii] é sua companheira, pois está assentada no trono junto a Deus, é sua discípula, e o próprio Deus não pode permanecer numa alma que não tenha paciência.[xxiii] A paciência é educadora, condutora, condição para obtermos as demais virtudes e dons.

Quanto à sua aplicação, ela é um exercício da *aequanimitas*,[xxiv] do suportar ou tolerar situações adversas ao reformar e reforçar o caráter. Os dois vocábulos *aequanimitas* e *constatia*[xxv] são comumente empregues por Tertuliano para descrever ações oriundas do exercício da paciência. Reforça a constância para suportar as perdas,[xxvi] a prisão, os açoites e o martírio ou a fuga na perseguição.[xxvii] Auxilia a suportar as dificuldades oriundas quer de Deus, quer de si próprio, quer do diabo.[xxviii]

No que diz respeito aos frutos da paciência, ela é condição para as beatitudes prometidas.[xxix] Ela auxilia e ensina a ser obediente,[xxx] a ser generoso,[xxxi]

[xxii] *Sobre a Paciência*, III, 11, p. 43 desta edição.

[xxiii] *Idem, Ibidem*, XV, 6-7, p. 79.

[xxiv] Basicamente, *aequanimitas* significa ter igualdade de ânimo, isto é, imperturbabilidade diante de situações adversas. Não é o mesmo que *ataraxia* ou indiferença.

[xxv] Em si, *aequanimitas* e *constantia* são quase como que sinônimos de magnanimidade, generosidade e longanimidade. Ambas descrevem uma atitude de suportar com firmeza contrariedades em geral e em benefício de outrem.

[xxvi] *Sobre a Paciência*, VII, 8, p. 57.

[xxvii] *Idem, Ibidem*, XIII, 6, p. 73.

[xxviii] *Idem, Ibidem*, XI, 3, p. 67.

[xxix] *Idem, Ibidem*, XI, 6-9, p. 67.

[xxx] *Idem, Ibidem*, IV, 5, pp 43-5.

[xxxi] *Idem, Ibidem*, VII, 9, p. 57.

a tornar-se pacífico e a encontrar a paz, a perdoar para ser perdoado,[xxxii] reforçando e reformando o caráter, configurando-o a Cristo. A paciência estimula, apóia e exorta à penitência, que é condição prévia para a conversão dos fracos e pecadores, enquanto que sustenta a penitência daqueles que já estão mais adiantados no caminho da virtude.[xxxiii] A paciência como descrita por Tertuliano é um exercício, mas não uma ascese. É antes condição prévia para a ascese e a *hexomologesis*.[xxxiv]

O amor/caridade, dom maior e o único que permanecerá na vida eterna, frutifica somente naquele que é educado pela paciência.[xxxv] Em suma, a paciência antecede e precede à própria fé. Antecede, porque, sem a paciência, Deus não dá o dom da fé aos homens; precede-lhe, diz Tertuliano, indicando aqui que, se a paciência não for a condutora da fé, isto é, se não for à frente dela indicando o caminho, a fé permanece fora da Graça e circunscrita apenas à Lei.[xxxvi] Sem o exemplo magnânimo de Cristo paciente, viveríamos ainda sob o jugo da Lei, a qual, com o advento, paixão, morte e ressurreição de Cristo não perdeu seu lugar, mas foi reformada e pode deixar de ser letra que mata para efetivar-se como espírito que vivifica.[xxxvii]

Referências bibliográficas

As referências bibliográficas aqui elencadas seguem o critério de apresentarem apenas o essencial sobre o autor e a obra traduzida.

Estudos sobre o autor

O número de estudos sobre o autor, suas obras, bem como sobre a bibliografia crítica é vastíssimo. Indicamos, no entanto:

- Braun, R. "Tertuliano", in: *Dicionário Crítico de Teologia* (J-Y. Lacoste), trad. Paulo Meneses et alii, São Paulo, Paulinas/Loyola, 2004, pp. 1720-2.
- De Tricalet, Mr., *Biblioteca Portatil de los Padres de la Iglesia desde el*

[xxxii] *Idem, Ibidem*, XII, 1-4, p. 69.

[xxxiii] *Idem, Ibidem*, XII, 5, p. 69.

[xxxiv] *Hexomologesis* aqui não significa apenas penitência, mas inclui também o conjunto confissão-reforma-penitência.

[xxxv] *Idem, Ibidem*, XII, 8-10, p. 71.

[xxxvi] *Idem, Ibidem*, VI, 1-5, pp. 53-5.

[xxxvii] *Idem, Ibidem*, VI, 3 e 6, pp. 53-5.

tiempo de los Apostoles, trad. F. Vazquez, Tomo Primero, Madrid, Imprenta Real, 1790, pp. 127-131.

- SINISCALCO, P., "Tertuliano", in: *Dicionário Patrístico e de Antigüidades Cristãs* (A. Di Berardino), trad. Cristina Andrade, Petrópolis, Vozes, 2002, pp. 1347-1352.
- WILHITE, D. E., *Tertullian the African: An Anthropological Reading of Tertullian's Context and Identities*, Walter De Gruyter, Berlin/New York, 2007.
- *Deus christianorum* = BRAUN, R., *Deus christianorum. Recherches sur le vocabulaire doctrinal de Tertullien*, 2ª ed., Brepols, 1977, p. 738, Collection des Études augustiniennes. Série Antiquité (EAA 70).
- A *Chronica Tertullianea et Cyprianea* (ChTC) é um repertório que recolhe anualmente, desde 1975, todas as produções bibliográficas sobre o autor e suas obras. Atualmente em curso, a ChTC pode ser encontrada na *Revue des Études augustiniennes* (Paris). Para os anos de 1975 a 1994 pode-se consultar: *Chronica Tertullianea et Cyprianea 1975-1994. Bibliographie critique de la première littérature latine chrétienne*, Paris, Institut d'Études augustiniennes, 1999, XII, p. 629 (Collection des Études augustiniennes. Série Antiquité, 157).

Edições críticas do *De Patientia*

- BORLEFFS, J. W. PH., *Libri De patientia, De baptismo, De paenitentia* (Scriptores Christiani Primaevi 4), The Hague, Comitis sumptibus D.A. Daamen Societatis Editrices, 1948 [também publicado posteriormente no *Corpus Christianorum Series Latina*, 1 (1954), pp. 297-318].
- FREDOUILLE, J-C. = Tertullien, *De la Patience*, Introduction, Texte Critique, Traduction et Commentaire par Jean-Claude Fredouille. Réimpression dela premiere édition revue et corrigé, Bd Latour-Maubourg, Paris, Les Éditions du Cerf, 1999 (Sources Chrétiennes, 310), pp. 61-114 [a primeira edição foi publicada em 1984].
- KROYMANN, AE. = *Quinti Septimi Florentis Tertulliani Opera ex recensione Aemilii Kroymann*, Pars III (Corpus Scriptorum Ecclesiasticorum Latinorum. Vol. XXXVII), Vindobonae/Lipsiae, F. Tempsky/G. Freytag, MDCCCCVI, pp. 1-24.

- OEHLER, F. = *Quinti Septimii Florentis Tertulliani Opera omnia ad fidem optimorum librorum recensuit Franciscus Oehler. Editio Minor*, Lipsiae, T. O. Weigel, MDCCCLIV, pp. 320-338 [há também uma edição anterior em formato maior – *Editio Maior*, cujo texto é exatamente o mesmo, porém a numeração de páginas é diferente –, a qual não localizamos].

Edições não-críticas do *De Patientia*

- HURTER, H. = *Quinti Septimii Florentii Tertulliani Liber de Patientia*, in Sanctorum Patrum Opuscula Selecta ad usum praesertim studiosorum theologae, IV, Edidit et Commentaris auxit H. Hurter, S.J., (...) Oeniponti, Libraria Academica Wagneriana, 1868, pp. 93-130.
- MIGNE = *Q. Sept. Flor. Tertulliani Liber de patientia*, in Patrologia Latina, Tomus I, Paris, 1878, cols. 1359-1386.

Traduções

Indicamos nesta seção apenas as traduções que nos auxiliaram para o cotejamento dos trechos mais obscuros.

- CAUBÈRE, M., *Traités de Tertulien sur l'ornement des femmes, les spectacles, le batême & la patience : avec une lettre aux martirs; traduits en francois*, Paris, Jacques Rollin, 1733.
- CHARPENTIER, M., *Oeuvres de Tertullien: Apologétique. Prescriptions contre les gentils. Du Baptême. De l'Ornement des femmes.* [Contre les spectacles. De la Patience. De la Couronne du soldat. Contre Marcion, extrait. De la Chair de Jésus-Christ. De la Résurrection de la chair. Aux nations.] Paris, Ed. M. Charpentier, 1844.
- DALY, E. J., in: *Tertullian: Disciplinary, Moral and Ascetical Works* (Fathers of the Church, 40), New York, Fathers of Church, 1959, pp. 193-224.
- DE GENOUDE, A., *De la Patience*, Oeuvres de Tertullien, Paris (1852), t. 2, pp. 173-195.
- FREDOUILLE, J-C., Bd Latour-Maubourg, Paris, Les Éditions du Cerf, 1999 (Sources Chrétiennes, 310), pp. 61-114.
- MANERO, P., *Tertuliano, Q. Septimio F., Apología contra los gentiles en*

defensa de los Cristianos, Madrid, Libr. Vda. de Hernando y Cia, 1889 (Series: Biblioteca Clasica 125) [*De patientia* nas pp. 1-51].

- Opere di Tertulliano tradotte in Toscano dalla Signora Selvaggia Borghini, Nobili Pisana, in Roma, MDCCLVI, Nella Stamperia di Pallade Appres, O. Niccola e Marco Pagliarini, con licenza de Superiori, pp. 321-347.
- Ropero, A., *Lo Mejor de Tertuliano*, compilado por Alfonso Ropero, Terrassa, Clie (2001) (Series: Grandes autores de la fe Patrística 4), pp. 189-222.
- Sciuto, F., Tertulliano, Tre opere parenetiche: Ad Martyras, De Patientia, De Paenitentia, Catania, Centro di Studi sull'Antico Cristianesimo (Università di Catania), 1961.
- Seage, A. = Tertulliano, *Tratado de la paciencia y exhortación a los mártires*, Prólogo, traducción y notas de Arsenio Seage, Sevilla, Apostolado Mariano, 1992, pp. 11-43 (Series: Los Santos Padres vol. 4).
- Tertuliano, *De la paciencia y exhortación a los mártires*, Descripción: Introducción, traducción y notas por los padres Juan Leal y Gerardo Lara Santaella, Colección Excelsa, ediciones Aspas, 1947.
- Tertullian. *Of Patience*, transl. Rev. S. Thelwall, in: Ante-Nicene Christian Library: Vol XI. The Writings of Tertullian Vol.1; T&T Clark, 1869, pp. 205-320 [Reprint in: Ante-Nicene Fathers, Vol. III, 1885, pp. 707-717].
- Tertullian, Vol. 1: *Apologetic and practical treatises*, Transl. C. Dodgson, in: A library of fathers of the holy Catholic church: anterior to the division of the East and West, vol. 10, J. G. & F. Rivington, London, John Henry Parker, Oxford, 1842, pp. 327-348.
- Über die Geduld, trad. H. A. Kellner, pp. 34-59 in Bibliothek der Kirchenväter, VII, Kempten & München, Verlag der Jos Köselschen Buchhandlung, 1912.

Estudos sobre o *De Patientia*

- Borleffs, J. W. Ph., *Een nieuw handschrift van Tertullianus*: Handelingen van het 21e Nederl, Philologencongres, Groningen, 1950.

- Carlson, M. L., *Pagan Examples of Fortitude in the Latin Christian Apologists*: Classical Philology 43 (1948), pp. 93-104.
- De Orio = *Commentaria R. P. Ferdinandi De Orio. Ordinis B. Mariae de Mercede, in Librvm De Patientia Qvinti Septimii Florentis Tertvlliani Carthaginensis Presbyteri, Duobus Tomis comprehensa* (...) [Denso trabalho com comentário linear e índice completo, Tomo I, publicado em 1648 com 604 páginas, Tomo II, publicado em 1847 com 627 páginas].
- De Tricalet, Mgr. = pp. 161-162.
- Fredouille, J-C. = pp. 117-282 [o estudo apenas trata o texto do ponto de vista lingüístico].
- Hurter, H. = [Texto do *De patientia* com breves notas].
- Kaderschafka, E., *Quae ratio et rerum materiae et generis dicendi intercedere videatur inter Cypriani libellum 'De bono patientiae' et Tertulliani librum 'De patientia'*, Progr. Gymn. Pilsen, 1913.
- Lo Cicero, C., "Elementi strutturali e motivi neo-testamentari nel De patientia di Tertuliano", Pan. Studi dell'Istituto di Filologia Latina, 3, (1976), pp. 73-86.
- Quellet, H., *Concordance verbale du «De patientia» de Tertullien,* Hildesheim, Olms, 1988.
- Rambaux, C., "La composition du De patientia de Tertullien", RPh 53 (1979), pp. 80-91.
- Sánchez Manzano, M.A., "La exhortación a la paciencia. Tertuliano, San Cipriano y San Agustín y la evolución de la prosa.", *Epos: Revista de filología* (1993), n. 9, pp. 51-65.
- Seage, A., *Tratado de la paciencia*, pp. 5-9 [vide acima Seage].
- Spanneut, M., "Patience", in: *Dictionnaire de Spiritualité: ascétique et mystique, doctrine et histoire*, Tome XII, Paris, Beauchesne, 1983, col. 442.

Referências gerais

- Bardenhewer, O., *Patrology: The lives and works of the Fathers of the Church*, transl. Thomas J. Shahan, Freiburg im Breisgau/St. Louis (MO), B. Herder, 1908.

- Berardino, A., (Org.). *Dicionário Patrístico e de Antigüidades Cristãs*, trad. C. Andrade, Petrópolis, Vozes, 2002.
- Bihlmeyer, K., Tuechle, H., *História da Igreja. vol. I: Antigüidade Cristã*, trad. Ebion de Lima, São Paulo, Paulinas, 1963.
- Cayré, A. A., *Manual of Patrology and History of Theology*, transl. H. Howitt, First Volume: First & Second Books, Paria/Tournai/Roma [Bélgica], Society of St John Evangelist/Desclée & Co., 1936.
- Insuelas, J. B., *Curso de Patrologia (História da Literatura Antiga da Igreja)*, Braga, Escola Tipográfica das Oficinas de S. José, 1943.
- Pierini, F., *A Idade Antiga: Curso de História da Igreja I*, trad. José Maria de Almeida, São Paulo, Paulus, 1998.
- Quasten, J., *Patrología: I: Hasta el Concilio de Nicea*, trad. I. Oñatibia, U. Farre, E. M. Llopart, 3ª ed., Madrid, Biblioteca de los Autores Cristianos (B. A. C.), 1978.
- Romag, D., *Compêndio de História da Igreja. Vol. I: A Antigüidade Cristã*, IIª ed., Petrópolis, Vozes, 1949.
- Trevijano Etcheverria, R., *Patrologia*, Madrid, Biblioteca de los Autores Cristianos (B. A. C.), 1994 (Serie Manuales de Teología, 6).

Estudos específicos sobre o montanismo

- Barnes, T. D., "The Chronology of Montanism," *Journal of Theological Studies*, n.s., Vol. 21 (1970), pp. 403-8.
- Calder, W. M., "The New Jerusalem of the Montanists," *Byzantion* 6 (1931), pp. 421-5.
- Davies, J. G., "Tertullian, De Resurrectione Carnis LXIII: A Note on the Origins of Montanism," *Journal of Theological Studies* 6 (1955), pp. 90-4.
- De Labriolle, P., *La crise montaniste*, Bibliothèque de la Fondation Thiers, 1913.
- Heine, R. E., *The Montanist Oracles and Testimonia*, North American Patristic Society Patristic Monograph Series, 14, Macon, Mercer University Press, 1989.

- TABBERNEE, W., *Montanist Inscriptions and Testimonia: Epigraphic Sources*, Mercer University Press, 1997.

Nota Editorial

Sobre os manuscritos utilizados

O texto latino utilizado, deve ser dito, trata-se de um texto *composito*, isto é, parte oriunda de manuscritos de uma antiga coleção cluniacense, parte oriunda de antigas edições cujos manuscritos utilizados se perderam. Embora não se possa descrever exatamente cada manuscrito utilizado, deve-se dizer que o mais antigo data do século XI e o mais recente do século XV. Os textos latinos das antigas edições, notas e recensões utilizadas para o texto *composito* datam do século XVI.

Sobre a tradução

A presente tradução teve por base o texto latino editado e preparado por Jean-Claude Fredouille cotejando-o com o texto latino preparado por Aemilius Kroymann.

No *stemma codicum* que J-C. Fredouille apresenta (p. 57 da sua edição) encontram-se não só os manuscritos utilizados, mas também as edições, notas e recensões antigas.

O texto de J-C. Fredouille foi publicado pela primeira vez em 1984 e aparece em uma versão corrigida em 1999. Não encontramos qualquer ponto considerável de revisão no texto latino entre as edições de 1984 e 1999.

Embora Fredouille tenha cotejado o texto da edição preparada por A. Kroymann, publicado em 1906, achamos por bem fazer um novo cotejo verificando

aqueles trechos que em nossa opinião oferecem a possibilidade de uma variante considerável. Veja-se, por exemplo, o uso variante dos verbos *obluctatur* e *oblectatur* em IV, 5.

A edição dita corrigida do texto de J-C. Fredouille se encontra em *Tertullien. De la Patience. Introduction, Texte Critique, Traduction et Commentaire par Jean-Claude Fredouille. Réimpression dela premiere édition revue et corrigé*, Bd Latour-Maubourg, Paris, Les Éditions du Cerf, 1999 (Sources Chrétiennes, 310), pp. 61-114.

A edição de Kroymann se encontra em *Quinti Septimi Florentis Tertulliani Opera ex recensione Aemilii Kroymann*, Pars III (*Corpus Scriptorum Ecclesiasticorum Latinorum*, Vol. XXXVII), Vindobonae/Lipsiae, F. Tempsky/G. Freytag, MDCCCCVI, pp. 1-24.

Para uma melhor compreensão das passagens mais obscuras ou difíceis cotejamos também as traduções francesas de M. CAUBÈRE (1733), M. CHARPENTIER (1844), A. DE GENOUDE (1852), J-C. FREDOUILLE (1999); italiano/toscana de S. BORGHINI (1756), F. SCIUTO (1961); inglesas de C. DODGSON (1842), S. THELWALL (1869), E. J. DALY (1959); espanholas de P. MANERO (1899) A. ROPERO (2001), J. LEAL/G. L. SANTAELLA (1947), A. SEAGE (1992) e a alemã de H. A. KELLNER (1912).

No texto em latim:

- As palavras ou letras entre < > ou [ ] são adições ou correções ao texto as quais J-C.Fredouille insere em sua edição, sem no entanto explicitar claramente os critérios utilizados.
- Os números seqüenciais presentes dentro dos capítulos são uma introdução de J-C.Fredouille e, embora sejam muito úteis para localizarmos um texto ou palavra específica, não se encontram nos manuscritos.

Na tradução:

- As palavras entre [ ] são termos ou expressões complementares para melhor inteligência do texto.

Texto bilíngüe

Latim-Português

I, 1. Confiteor ad dominum Deum satis temere me, si non etiam inpudenter, de patientia componere ausum, cui praestandae idoneus omnino non sim, ut homo nullius boni, quando oporteat demonstrationem et commendationem alicuius rei adortos ipsos prius in administratione eius rei deprehendi et constantiam commonendi propriae conuersationis auctoritate dirigere, ne dicta factis deficientibus erubescant. **2.** Atque utinam erubescere istud remedium ferat, uti pudor non exhibendi quod aliis suggestum imus exhibendi fiat magisterium! Nisi quod bonorum quorundam, sicuti et malorum, intolerabilis magnitudo est, ut ad capienda et praestanda ea sola gratia diuinae inspirationis operetur. **3.** Nam quod maxime bonum, id maxime penes Deum nec alius id quam qui possidet dispensat, ut cuique dignatur. **4.** Itaque uelut solacium erit disputare super eo quod frui non datur, uice languentium qui cum uacent a sanitate de bonis eius tacere non norunt. **5.** Ita miserrimus ego semper aeger caloribus inpatientiae, quam non optineo patientiae sanitatem, et suspirem et inuocem et perorem necesse est, cum recordor et in meae inbecillitatis contemplatione digero bonam fidei ualitudinem et dominicae disciplinae sanitatem non facile cuiquam nisi patientia adsideat prouenire. **6.** Ita praeposita Dei rebus est, ut nullum praeceptum obire quis, nullum opus domino complacitum perpetrare extraneus a patientia possit. **7.** Bonum eius etiam qui caeca uiuunt summae uirtutis appellatione honorant; philosophi quidem, qui alicuius sapientiae animalia deputantur, tantum illi subsignant ut, cum inter sese uariis sectarum libidinibus et sententiarum aemulationibus discordent, solius tamen patientiae in commune memores huic uni studiorum suorum commiserint pacem: in eam conspirant, in eam foederantur, in illam adfectatione uirtutis unanimiter student; omnem sapientiae ostentationem de patientia praeferunt. **8.** Grande testimonium eius est cum etiam uanas saeculi disciplinas ad laudem et gloriam promouet! Aut numquid potius iniuria, cum diuina res in saecularibus

I. 1. Confesso a Deus, meu Senhor, que é com temeridade, e quem sabe até mesmo com desfaçatez, que eu me atrevo a escrever sobre a paciência. Porque quando é necessário demonstrar e inculcar alguma coisa, então buscam-se pessoas competentes que, com anterioridade, já a tenham tratado e se tenham ocupado em si mesmos para podê-la recomendar com aquela autoridade que procede da própria conduta; sem que seus ensinamentos tenham que envergonhar-se por falta dos próprios exemplos. **2.** Oxalá esta vergonha traga (consigo) o remédio: de modo que a própria vergonha de carecer daquilo que ensinamos aos outros se converta em mestra daquilo que dizemos! Contudo, há um tipo de bens, assim como de males, detão imponderável magnitude que apenas a graça de uma inspiração divina é capaz de concedê-los. **3.** Porque aquilo que é Sumo Bem se encontra sob o arbítrio de Deus, o qual por ser o único a possuí-lo é também o único a dispensá-lo,[1] **4.** e isto a quem Ele assinala para fazer com que consigam tolerar os males é indispensável dignar-se fazê-lo, por esta mesma razão é de verdadeiro consolo discorrer sobre aquilo do qual não podemos gozar; como os enfermos que, faltando-lhes a saúde, nunca deixam de falar sobre ela. **5.** Desta forma eu, misérrimo, sempre consumido pela febre da minha impaciência, para obter esta virtude necessito suspirar, pedir e dela falar. Vejo minha enfermidade e tenho presente que, sem o socorro da paciência, não se logra facilmente a firmeza da fé nem a boa saúde da doutrina cristã. **6.** De tal modo Deus a antepôs, que sem ela ninguém pode cumprir nenhum preceito nem realizar nenhuma obra grata ao Senhor. **7.** Aqueles que vivem como cegos[2] honram sua excelência proclamando-a suma virtude.[3] E aqueles filósofos pagãos, que se atribuem uma animalesca sabedoria,[4] tanto estimam-na que, apesar de estar, por muitos caprichos e invejas, divididos em seitas e opiniões, sem dúvida apenas concordam com respeito à paciência, e só se põem de acordo para seu estudo. Nela estão de acordo, nela se unem, e de modo unânime se empenham em fingir que a possuem. Buscam ser estimados por sábios, fingindo ser pacientes. **8.** Grande é o testemunho deles que a promove também com suas vãs disciplinas deste mundo! Ou melhor, antes direi, que grande injúria que uma

1 I Cor 12,11.

2 Provável alusão à Sátira II, na qual Juvenal vitupera contra aqueles que dizem seguir os altos preceitos da filosofia estóica mas, ao mesmo tempo, estão cegos pelas orgias, luxos e banquetes.

3 Estes cegos, segundo Tertuliano, são os filósofos pagãos, dado que, apesar de suas vidas pouco condizentes com a moral cristã, eram unânimes em afirmar que a paciência devia ser considerada a virtude máxima.

4 Rm 8,5-13.

artibus uolutatur? **9.** Sed uiderint illi quos mox sapientiae suae cum saeculo destructae ac dedecoratae pudebit!

II, 1. Nobis exercendae patientiae auctoritatem non adfectatio humana caninae aequanimitatis stupore formata, sed uiuae ac caelestis disciplinae diuina dispositio delegat, Deum ipsum ostendens patientiae exemplum, **2.** iam primum qui florem lucis huius super iustos et iniustos aequaliter spargit, qui temporum officia elementorum seruitia totius geniturae tributa dignis simul et indignis patitur occurrere, **3.** sustinens ingratissimas nationes ludibria artium et opera manuum suarum adorantes, nomen familiam ipsius persequentes, luxuria auaritia iniquitate malignitate cottidie insolescentes, ut sua sibi patientia detrahat: plures enim dominum idcirco non credunt, quia saeculo iratum tam diu nesciunt.

III, 1. Et haec quidem diuinae patientiae species quasi de longinquo fors ut de supernis aestimetur: quid illa autem [patientiam], quae inter homines palam in terris quodammodo manu adprehensa est? **2.** Nasci se Deus patitur: in utero matris [et] expectat et natus adolescere sustinet et adultus non gestit agnosci, sed contumeliosus insuper sibi est et a seruo suo tinguitur et temptatoris congressus solis uerbis repellit; **3.** cum de domino fit magister docens hominem euadere mortem, absolutam scilicet ueniam offensae patientiae eruditus, **4.** non contendit, non reclamauit nec quisquam in plateis uocem eius audiuit; arundinem quassatam non

virtude divina seja envolvida pelas artes deste mundo? **9.** Mas eles verão que, em breve, a sua sabedoria será desonrada e humilhada com este mundo.[5]

II. 1. Para nós, a obrigação de praticar a paciência não nos vem da soberba humana, assombrada da resignação canina,[6] mas sim, da divina ordenação de um ensinamento vivo e celestial, que nos mostra o próprio Deus como exemplo dessa virtude. **2.** Pois desde o princípio do mundo Ele derrama de forma igual sobre os justos e os injustos a flor dessa luz,[7] estabeleceu os benefícios das estações, o serviço dos elementos e a rica fecundidade da natureza tanto para aqueles que são dignos quanto para os indignos, **3.** suporta povos ingratíssimos, adoradores de joguetes e obras de suas [próprias] mãos,[8] que perseguem seu nome e o de sua família;[9] sua paciência aguenta constantemente a luxúria, a avareza, a insolente iniqüidade, a tal ponto que, por causa disso, muitos não crêem no Senhor, porque não o vêem irado contra o mundo.

III. 1. E essa espécie de sabedoria divina poderia parecer como talvez demasiado alta e distante para nós. Mas, que dizer daquela [paciência] que se manifestou na terra entre os homens como que para ser tocada com as mãos?[10] **2.** Deus deixa-se nascer: no útero da mãe[11] e [aí] aguardou [o tempo certo para o nascimento], nascido suportou o crescer,[12] e, sendo adulto, não buscou ser conhecido, mas, [tomando] sobre si o que é mais ultrajante, foi batizado[13] por um servo seu,[14] e usando somente as palavras[15] repele o ataque do tentador; **3.** sendo Senhor, faz-se Mestre para ensinar aos homens a escapar da morte; hábil no suportar maximamente a paciência ofendida, **4.** não contesta, não reclama, nem quem quer que seja ouviu a sua voz nas praças, nem quebrou a

5 Is 29,14; I Cor 1,19.

6 Tertuliano emprega a expressão "resignação canina" numa clara alusão aos filósofos cínicos e a Diógenes.

7 Mt 5,45.

8 Is 2,8;17, 8; Jr 1,16.

9 A expressão "sua família" designa aqui não só os cristãos que são perseguidos, mas também os justos que antes de Cristo foram perseguidos por adorar o verdadeiro Deus.

10 I Jo 1,1.

11 Lc 1,31.

12 Lc 2,52.

13 Em Tertuliano se encontra um dos primeiros usos do verbo *tingo* como sinônimo de batizar. Originalmente, *tingo* significava apenas banhar algo, imergir alguma coisa, colocar a lã ou o tecido para ser tingido.

14 Mt 3,13; Mc 1,9; Lc 3,21.

15 Mt 4,1-11; Mc 1,12-13; Lc 4,1-13.

fregit, linum fumigans non restinxit (nec enim mentitus fuerat propheta, immo ipsius Dei contestatio spiritum suum in filio cum tota patientia collocantis!), **5.** nullum uolentem sibi adhaerere non suscepit, nullius mensam tectumue despexit, atquin ipse lauandis discipulorum pedibus ministrauit; **6.** non peccatores, non publicanos aspernatus est, non illi saltim ciuitati quae eum recipere noluerat iratus est, cum etiam discipuli tam contumelioso oppido caelestes ignes repraesentari uoluissent; ingratos curauit, insidiatoribus cessit. **7.** Parum hoc, si non etiam proditorem suum secum habuit nec constanter denotauit. Cum uero traditur, cum adducitur ut pecus ad uictimam (sic enim *non magis aperit os quam agnus sub tondentis potestate*), ille, cui legiones angelorum si uoluisset uno dicto de caelis adfuissent, ne unius quidem discentis gladium ultorem probauit. **8.** Patientia domini in Malcho uulnerata est: itaque et gladii opera maledixit in posterum et sanitatis restitutione ei quem non ipse uexauerat satisfecit, per patientiam misericordiae matrem.

9. Taceo quod figitur, in hoc enim uenerat: numquid tamen subiendae morti etiam contumeliis opus fuerat? Sed saginari patientiae uoluptate discessurus uolebat: despuitur uerberatur deridetur, foedis uestitur,

cana rachada, nem apagou o pavio que fumega,[16] (pois não desmentiu o profeta, ou melhor, o testemunho do próprio Deus que colocou seu Espírito no filho com toda a paciência!), **5.** não deixou de acolher nenhum daqueles que o quiseram seguir, não desprezou nenhuma casa nem nenhuma mesa, com efeito ele mesmo cuidou de lavar os pés dos discípulos,[17] **6.** não afastou nem os pecadores, nem os publicanos,[18] nem ao menos ficou irado contra aquela cidade na qual não o quiseram receber, enquanto seus próprios discípulos queriam fogos celestes[19] sobre aquela afrontosa cidade; curou aos ingratos,[20] nada fez contra os traidores que preparavam ciladas.[21] **7.** Mas, se tudo isso pudesse parecer pouco, ainda agüentou com constância junto a si o traidor sem jamais delatá-lo.[22] Pois que, quando foi traído e levado como gado para o abate (assim, pois, não abriu os lábios mais que um cordeiro quando nas mãos daquele que o tosquia[23]), Ele, a quem, se quisesse, com apenas uma palavra, as legiões de anjos teriam sido enviadas,[24] não aprovou nem sequer a espada vingadora de um de seus discípulos. **8.** A paciência do Senhor foi ferida em Malco;[25] por isso amaldiçoou o uso da espada para sempre[26] e restituiu a saúde a quem Ele mesmo não havia injuriado,[27] por meio da paciência, que é mãe da misericórdia.[28]

9. Eu não digo nada [sobre o fato de] que [Ele] foi crucificado, pois para isso veio:[29] mas, era necessário que esta morte fosse precedida e acompanhada de tantos ultrajes? Mas Ele desejava ser nutrido com o prazer da paciência [antes de] sair vitorioso do combate: foi cuspido, açoitado, foi objeto de riso,

16 Is 42,2-3; Mt 12,19-21.

17 Jo 13,3-12.

18 Mt 9,11; Mc 2,16; Lc 5,30.

19 Lc 9,52-56.

20 Lc 17,17.

21 Mt 26,21; Mc 14,17; Lc 22,21-22; Jo 13,21-30.

22 Lc 22,21; Jo 13,21-22.

23 Is 53,7.

24 Mt 26,53.

25 Mt 26,51; Jo 18,10.

26 Mt 26,52.

27 Lc 22,51.

28 O termo utilizado é *matrix*. Seguramente a noção de *matrix* entendida como "mãe" utilizada por Tertuliano refere-se à noção de *origo* (origem) ou *fons* (fonte). Cf. *Adversus Iudaeos*, II, 4 e *Adversus Marcionem*, IV, 35, 10.

29 Jo 12,27.

foedioribus coronatur. **10.** Mira aequanimitatis fides: qui in hominis figura proposuerat latere, nihil de inpatientia hominis imitatus est! Hinc uel maxime, pharisaei, dominum agnoscere debuistis: patientiam huiusmodi nemo hominum perpetraret! **11.** Talia tantaque documenta, quorum magnitudo penes nationes quidem detrectatio fidei est, penes nos uero ratio et structio, satis aperte, non sermonibus modo in praecipiendo, sed etiam passionibus domini sustinendo, probant his quibus credere datum est patientiam Dei esse naturam, effect*u*m et praestantiam ingenitae cuiusdam proprietatis.

IV, 1. Igitur si probos quosque seruos et bonae mentis pro ingenio dominico conuersari uidemus (siquidem artificium promerendi obsequium est, obsequii uero disciplina morigera subiectio est), quanto magis nos secundum dominum moratos inueniri oportet, seruos scilicet Dei uiui, cuius iudicium in suos non in compede aut pilleo uertitur, sed in aeternitate aut poenae aut salutis! **2.** Cui seueritati declinandae uel liberalitati inuitandae tanta obsequii diligentia opus est, quanta sunt ipsa quae aut seueritas comminatur aut liberalitas pollicetur. **3.** Et tamen nos non de hominibus modo seruitute subnixis uel quolibet alio iure debitoribus obsequii, uerum etiam de pecudibus, etiam de bestiis oboedientiam exprimimus, intellegentes usibus nostris eas a domino prouisas traditasque. **4.** Meliora ergo nobis erunt in obsequii disciplina quae nobis Deus subdit? Agnoscunt denique quae oboediunt: nos, cui soli subditi sumus, domino scilicet, auscultare dubitamus? At quam iniustum est, quam etiam ingratum, quod per alterius indulgentiam de aliis consequaris, idem illi, per quem consequeris, de temetipso non rependere! **5.** Nec pluribus de obsequii exhibitione debiti a nobis domino Deo: satis enim agnitio Dei quid sibi incumbat intellegit. Ne tamen ut extraneum de obsequio uideamur interiecisse, ipsum quoque obsequium de patientia trahitur: numquam

vestido de forma infamante e coroado de forma mais infamante ainda.[30] **10.** Ó admirável igualdade de ânimo e fé: [Ele,] que, tendo se apresentado oculto em figura humana, nada reproduziu da impaciência humana! E isto é o mais importante ou melhor, por isto, ó fariseus, deveríeis ter reconhecido o Senhor, pois nenhum homem praticaria a paciência de tal modo! **11.** Tais e tantos exemplos, cuja grandeza, entre os povos, é [motivo] de recusa da fé, mas entre nós são razão e edificação, provam com bastante clareza, àqueles que devem crer, não só pelas palavras do Senhor ao nos ensinar, mas pela sua paixão ao sofrer, que a paciência é algo da própria natureza de Deus, o efeito e a excelência de uma certa propriedade inata.[31]

IV. 1. Portanto, se observamos que os melhores servos são aqueles que de boa vontade suportam o humor de seu senhor (visto que o servem para merecer um prêmio que é fruto de sua dedicação e de sua complacente submissão), quanto mais a nós nos convém ser encontrados adaptados aos costumes do Senhor, sendo servidores de um Deus vivo, cujo juízo contra os seus não recai nos grilhões ou no barrete, mas na eternidade, seja de pena ou de salvação.[32] **2.** Para evitar aquela severidade ou ganhar sua liberalidade, é necessário haver na obediência um zelo proporcional ao que a severidade ameaça ou ao que a liberalidade oferece. **3.** Nós mesmos exigimos que nos sirvam não apenas os servos[33] e aquelas outras pessoas que, por algum direito nosso, estão-nos submetidas, mas também os próprios animais domésticos e até mesmo as bestas, porque entendemos que Deus as entregou e as submeteu ao nosso uso.[34] **4.** Serão, pois, muito melhores que nós ao submeter-se à disciplina aqueles que por Deus nos foram feitos submissos? Enfim, eles reconhecem a quem obedecem, e nós, que estamos submetidos somente a Ele, a saber, ao Senhor, duvidamos em escutar? Por outro lado, quão injusto e quão ingrato é que, por meio de um outro, consigas a benevolência de outros e, da mesma forma, que não pagues do mesmo modo aquele por meio do qual a consegues. **5.** Nem exporei mais nada a respeito da submissão devida por nós ao Senhor Deus; pois é suficiente o reconhecimento de Deus para que entendas o que é que se lhe

30 Mt 27,27-31; Mc 15,16-20; Jo 19,1-3.

31 Jt 8,14; Sb 15,1; Eclo 18,9; Na 1,3.

32 A sentença de Deus não distingue entre homens livres ou escravos. No mundo antigo, somente os homens livres tinham direito a usar o barrete, enquanto que os grilhões eram – e continuam sendo – sinal claro de um condenado ou escravo.

33 Ef 6,5; Cl 3,22; Tt 2,9-10.

34 Gn 1,26.

inpatiens obsequitur aut patiens quis [non] obl*u*ctatur. **6.** Quam ergo dominus, omnium bonorum et demonstrator et acceptator Deus, in semetipso circumtulit, quis de bono eius late retractet? Cui enim dubium sit omne bonum, quia ad Deum pertineat, pertinentibus ad Deum tota mente sectandum? Per quae in expedito et quasi in praescriptionis compendio et commendatio et exhortatio de patientia constituta est.

V, 1. Verumtamen procedere disputationem de necessariis fidei non est otiosum, quia nec infructuosum: loquacitas in aedificatione nulla [turpis], si quando, turpis. **2.** Itaque si de aliquo bono sermo est, res postulat contrarium eius quoque boni recensere: quid enim sectandum sit, magis inluminabis, si quid uitandum sit proinde digesseris.**3.** Consideremus igitur de inpatientia an, sicut patientia in Deo, ita aduersaria eius in aduersario nostro nata atque comperta sit, ut ex isto appareat quam principaliter fidei aduersetur. **4.** Nam quod ab aemulo Dei conceptum est utique non est amicum Dei rebus. Eadem discordia est rerum quae et auctorum: porro cum Deus optimus, diabolus e contrario pessimus, ipsa sui diuersitate testantur neutrum alteri facere, ut nobis non magis a malo aliquid boni quam a bono aliquid mali editum uideri possit. **5.** Igitur natales inpatientiae in ipso diabolo deprehendo, iam tunc cum dominum Deum uniuersa opera [sua] quae fecisset imagini suae, id est homini, subiecisse inpatienter tulit. **6.** Nec enim doluisset si sustinuisset, nec [enim] inuidisset homini si non doluisset: adeo decepit eum quia inuiderat, inuiderat autem quia doluerat, doluerat quia patienter utique

incumbe. Além disso, não se deve crer que a obediência seja algo estranho à paciência, isso porque a própria obediência provém da paciência: jamais um homem impaciente pode ser obediente, ou um homem paciente que não seja agradável.[35] **6.** Portanto, como haveremos de examinar mais intensamente o que há de bom na paciência, a qual o Senhor Deus, que é o expositor e aprovador de tudo aquilo que é bom, traz em si mesmo? Quem, afinal, duvidará que todo bem, porque pertence a Deus, deve ser buscado de todo coração por aqueles que pertencem a Deus? Eis por que o louvor e a exortação da paciência foram estabelecidos por nós de forma breve e como se fosse em um compêndio prescritivo, como que para recomendar e exortar a ela.

V. 1. Entretanto, alongar-se na discussão sobre aquelas coisas necessárias à fé não é algo ocioso, nem mesmo infrutuoso: a prolixidade na edificação, se é que ela pode existir, não é jamais reprovável. **2.** Assim, por exemplo, se o discurso é sobre algum bem, o próprio discurso exige que se lhe elenque o seu contrário, porque procedendo desta forma lançareis mais luz sobre o que se deve seguir e, por conseguinte, o que se deve evitar. **3.** Quanto à impaciência, portanto, consideremos se, assim como a paciência provém de Deus e n'Ele é encontrada, da mesma maneira a adversária dela [a impaciência] provém do nosso adversário [o diabo] e é encontrada nele; de maneira que a partir disso fique claro o quanto ela se opõe à fé. **4.** Pois aquilo que foi concebido pelo imitador de Deus de forma alguma é agradável às coisas de Deus. Esta mesma discórdia há entre as coisas e seus autores: além disso, sendo Deus ótimo e o diabo, pelo contrário, péssimo, a própria diversidade [entre] eles atesta que não podem entre si ser indiferentes, e para que vejamos que nenhum bem pode ser causado pelo mal, tanto quanto nenhum mal pode ser causado pelo bem. **5.** Portanto, descubro a origem da impaciência no próprio diabo, no momento mesmo em que não aturou que Deus submetesse todas as suas obras àquela que é a Sua imagem, isto é, o homem. **6.** Pois, ele não teria se doído se tivesse suportado, nem mesmo invejaria o homem se não se doesse: enganou-o, porque o invejara; invejava, porém, porque se doera, doera-se porque não suportara

35 Aqui chamamos a atenção para o verbo "obluctatur". Como pode-se ver no texto latino, o editor utilizou a grafia "obl*u*ctatur". Isto porque há uma variação nos manuscritos entre o uso de "obluctatur" (lutar contra, ser agressivo) e "oblectatur" (ser agradável). Como esta variação se encontra tanto nos manuscritos mais antigos como nos mais recentes, optamos por trazer no texto latino a grafia sinalizada de "obl*u*ctatur" e traduzir por "oblectatur".

non tulerat. **7.** Quid primum fuerit ille angelus perditionis, malus an inpatiens, contemno quaerere, palam cum sit aut inpatientiam cum malitia aut malitiam ab inpatientia auspicatam, deinde inter se conspirasse et indiuiduas in uno patris sinu adoleuisse.

8. Atenim quam primus senserat, per quam primus delinquere intrauer*at*, de suo experimento quid ad peccandum adiutaret *in*structus, eandem inpingendo in crimen homini aduocauit. **9.** Conuenta statim illi mulier, non temere dixerim, per conloquium ipsum eius adflata est spiritu inpatientia infecto: usque adeo numquam omnino peccasset, si diuino interdicto patientiam praeseruasset! **10.** Quid quod non sustinuit sola conuenta, sed apud Adam, nondum maritum, nondum aures sibi debentem, inpatiens etiam tacendi est ac traducem [ad] illum eius quod a malo hauserat facit? **11.** Perit igitur et alius homo per inpatientiam alterius, perit *im*mo et ipse per inpatientiam suam utrobique commissam, et circa Dei praemonitionem et circa diaboli circumscriptionem, illam seruare, hanc refutare non sustinens. **12.** Hinc prima iudicii unde delicti origo, hinc Deus irasci exorsus unde offendere homo inductus, inde in Deo pri-

com paciência.[36] **7.** O que aquele anjo da perdição tenha sido primeiro, mau ou impaciente, é uma investigação a que não dou importância, pois é manifesto que, quer tenha a impaciência e a malícia começado ao mesmo tempo, ou a malícia nascido da impaciência, [elas,] em seguida, conjugadas entre si, cresceram juntas no seio paternal.[37]

8. Com efeito, como ele sabia, desde o princípio,[38] por onde entrava o pecado, instruído por sua própria experiência sobre o que ajudaria a pecar, chamou em seu auxílio [a impaciência] para impelir o homem ao crime. **9.** Não seria temerário da minha parte dizer que, no exato instante em que a mulher se encontrou com ele,[39] foi, no próprio colóquio,[40] bafejada com um espírito infecto de impaciência: de tal maneira que ela nunca teria pecado em nada, se tivesse observado com paciência a divina proibição.[41] **10.** Além disso, ela não suportou sozinha, mas na presença de Adão, o qual ainda não era seu marido[42] e, portanto, não tinha a obrigação de dar-lhe ouvidos; e, não tendo a paciência em calar-se, fá-lo transmissor[43] daquele mal que ela havia comido.[44] **11.** Assim, pois, perece um homem por causa da impaciência de outro homem, e, além disso, perece o próprio homem de uma outra forma pela impaciência cometida, seja no que diz respeito à advertência de Deus, a qual não observou, seja no fato de não ter sustentado o rechaço à astúcia do diabo. **12.** Dali, de onde saiu o primeiro delito, saiu também o primeiro julgamento; dali, de onde saiu a primeira ofensa do homem contra Deus, é que saiu a primeira cólera de Deus contra o

36 Sb 2,24.

37 Isto é, a malícia e a impaciência são filhas do diabo.

38 I Jo 3,8.

39 Gn 3,1-6.

40 No *De carne Christi*, possivelmente composto entre os anos 208-211, Tertuliano retoma esta tese de que Eva, enquanto viveu no paraíso, era virgem e teria concebido o fratricida Caim como filho do diabo por meio do hálito infecto da serpente: "*Sed Eva nihil tunc concepit in utero ex diaboli verbo. immo concepit, nam exinde ut abiecta pareret et in doloribus pareret verbum diaboli semen illi fuit: enixa est denique diabolum fratricidam.*" in *De carne Christi,* XVII, 5-6.

41 Gn 3,1-5.

42 Tertuliano aceita uma opinião muito difundida no ambiente cristão antigo, talvez por influência rabínica ou gnóstica, que Adão e Eva não estavam ligados por matrimônio no paraíso, e, portanto, Adão não teria obrigação alguma de dar-lhe atenção. Atribui-se também a Gregório Taumaturgo a idéia que Eva, enquanto viveu no paraíso, era virgem. Tal idéia da virgindade de Eva no paraíso parece reforçar a noção – errônea – que as relações sexuais entre Adão e Eva sejam posteriores à expulsão (Cf. *De carne Christi*, XVII, 5-6). Desta forma, seja por uma noção de pureza rabínica ou gnóstica, transmitiu-se a idéia negativa que as relações sexuais são uma das conseqüências do pecado original.

43 Gn 3,17-19.

44 Talvez aqui possa-se localizar um dos primeiros jogos de palavras entre *malum* (mal) e *malum* (maçã).

ma patientia unde indignatio prima, qui tunc maledictione sola contentus ab animaduersionis impetu in diabolo temperauit. **13.** Aut quod crimen ante istud inpatientiae admissum homini inputatur? Innocens erat et Deo de proximo amicus et paradisi colonus: at ubi semel succidit inpatientiae, desiuit Deo sapere, desiuit caelestia sustinere posse.

14. Exinde homo, terrae datus et ab oculis Dei eiectus, facile usurpari ab inpatientia coepit in omne quod Deum offenderet. **15.** Nam statim illa semine diaboli concepta, malitiae fecunditate irae filium procreauit; editum suis artibus erudiit: quod enim ipsum Adam et Euam morti inmerserat, docuit et filium ab homicidio incipere. **16.** Frustra istud inpatientiae adscripserim, si Cain ille primus homicida et primus fratricida oblationes suas a domino recusatas aequanimiter nec inpatienter tulit, si iratus fratri suo non est, si neminem denique interemit. **17.** Cum ergo nec occidere potuerit nisi iratus, nec irasci nisi inpatiens, demonstrat quod per iram gessit ad eam referendum a qua [ira] suggesta est. **18.** [Per] Haec inpatientiae tunc infantis quodammodo incunabula. Ceterum quanta

homem; aí mesmo onde teve lugar a primeira indignação, teve lugar em Deus a primeira paciência, pois naquele instante amaldiçoa apenas o diabo[45] e suaviza o impulso que o leva a castigar. **13.** Qual crime pode ser imputado ao homem antes do crime da impaciência? Ele era inocente, vivia na amizade íntima de Deus e habitava o paraíso:[46] tão logo sucumbiu à impaciência, deixou de conhecer a Deus, deixou de suportar a posse das coisas celestes.

14. Exilado, o homem foi dado à terra[47] e, banido dos olhos de Deus,[48] começa a ser facilmente dominado pela impaciência em tudo aquilo que pode ofender a Deus. **15.** Pois ela, logo após ser concebida pela semente do diabo, com a fecundidade da malícia procriou o filho da ira.[49] Uma vez nascido, a impaciência educou-o nas suas artes; a mesma[50] que havia submergido Adão e Eva na morte ensinou também a seu filho a começar [a sua série de maldades] por um homicídio.[51] **16.** Seria inútil que eu atribuísse estas coisas [apenas] à impaciência, se Caim, aquele primeiro homicida e primeiro fratricida, tivesse suportado com equanimidade e sem impaciência que suas ofertas fossem recusadas por Deus;[52] se não houvesse se irado contra seu irmão[53] e, por último, se não houvesse matado a ninguém. **17.** Como é certo que não poderia matar se não estivesse irado, nem se irar se não fosse impaciente, demonstra assim que aquilo que pela ira executou deve ser atribuído àquela pela qual a ira foi atiçada. **18.** Tal foi, de certo modo, o berço da impaciência quando ela era ainda criança. Depois, quão grande foi o seu crescimento! Não há o que se admirar:

---

45 Gn 3,14.

46 Gn 2,8.

47 Gn 3,23-24.

48 Adão já não vê Deus face a face, encontra-se desterrado e não está mais sob o olhar de Deus.

49 Como já referenciamos anteriormente, no *De carne Christi*, XVII, 5-6, Tertuliano admite que a geração de Caim não se deveu a Adão, mas ao demônio. Assim como Jesus é o Verbo de Deus, encarnado pelo Espírito Santo em Maria, o diabo, imitador de Deus em tudo, bafeja um espírito pestilento sobre Eva quando teria conversado com ela e a faz gerar seu filho. Daí Tertuliano identificar Caim como "filho da ira". Segundo estudos de J. Ginzberg, a idéia de uma geração diabólica em Eva teria sua origem em alguns textos judaicos e rabínicos e nos apócrifos de origem gnóstica. Cf. Ginzberg, *The legends of the Jews*, t. 1, Philadelphia, 1954, p. 105; t. 5, Filadélfia, 1955, p. 133. Estudando o texto de Efésios 2,3, J. Mehlmann propõe que a idéia de um "filho da ira" estaria ligada à noção da origem do pecado original; cf. Mehlmann, *Natura fili irae. Historia interpretationis Eph. 2, 3 eiusque cum doctrina de Peccato Originali nexus*, Roma, 1957, p. 63s e 80.

50 O diabo fez uso da impaciência tanto para levar Adão e Eva à morte, quanto para educar seu filho Caim a se tornar homicida.

51 Gn 4,8.

52 Gn 4,5.

53 Gn 4,6-8.

mox incrementa! Nec mirum: si prima deliquit, consequens est ut, quia prima, idcirco et sola sit matrix in omne delictum, defundens de suo fonte uarias criminum uenas. **19.** De homicidio quidem dictum est. Sed ira editum a primordio, etiam quascumque postmodum causas sibi inuenit ad inpatientiam, ut ad originem sui, confert: siue enim quis inimicitiis siue praedae gratia id scelus conficit, prius est ut aut odii aut auaritiae fiat inpatiens. **20.** Quidquid compellit, sine inpatientia sui non est ut perfici possit: quis adulterium sine libidinis inpatientia subiit? Quod et si pretio in feminis cogitur, uenditio illa pudicitiae utique inpatientia contemnendi lucri ordinatur.

21. Haec ut principalia penes dominum delicta. Iam uero, ut compendio dictum sit, omne peccatum inpatientiae adscribendum. Malum inpatientia est boni. Nemo inpudicus non inpatiens pudicitiae et inprobus probitatis et impius pietatis et inquietus quietis, ut malus unusquisque fiat, <si> bonus perseuerare non poterit! **22.** Talis igitur excetra delictorum cur non dominum offendat inprobatorem malorum? An non ipsum quoque Israel per inpatientiam semper in Deum deliquisse manifestum est? **23.** Exinde cum, oblitus brachii caelestis quo Aegyptiis adflictationibus fuerat extractus, de Aaron deos sibi duces postulat, cum in idolum auri sui conlationes defundit: tam necessarias enim Moysei cum domino congredientis inpatienter exceperat moras! **24.** Post mannae escatilem

se ela foi a primeira a delinqüir, a conseqüência é que, por ser a primeira [a delinqüir] também ela somente é a mãe de todos os delitos, os quais tiram de sua fonte os vários veios dos crimes. **19.** Já falamos sobre o homicídio. Porém, que ele tem igualmente seu princípio na ira, quaisquer que sejam as causas que se descubra, [elas] devem ser [sempre] referidas à impaciência como sua origem: portanto, quer se cometa o crime por inimizade, quer por amor ao saque, é necessário antes que o criminoso se torne impaciente do seu ódio ou da sua cobiça. O que quer que seja que impila [o homem] não pode ter seu efeito sem a impaciência: quem cometeu adultério sem a impaciência da luxúria? **20.** O que obriga as mulheres a vender o seu pudor pelo preço que recebem, se não a impaciência em desprezar o lucro obtido?[54]

21. Estes são como que os principais delitos diante do Senhor.[55] Na verdade, para resumir, deve-se dizer que todo pecado deve ser adscrito à impaciência. O mal é a impaciência do bem. Com efeito, ninguém é impudico se não é impaciente contra o pudor, ímprobo, se não se impacienta com a probidade, ímpio, se não se impacienta com a piedade, inquieto, se não se impacienta com a quietude, de tal modo que para tornar-se mau [basta] não poder perseverar no bem. **22.** Portanto, como [é possível] que tal hidra[56] de delitos não ofenda ao Senhor, o reprovador dos males? Acaso não é manifesto que o próprio Israel,[57] por impaciência, pecava contra Deus? **23.** Quando, em seguida, esquecido do braço celeste que das aflições do Egito o tirou, exige de Aarão[58] deuses condutores para si, [e] quando oferece o seu ouro para fabricar um ídolo:[59] pois não foi com impaciência que aguardou aquelas tão necessárias demoras quando Moisés se encontrava com Deus?[60] **24.** Após a chuva

54 Aqui trata-se de algumas mulheres que vendem seu corpo porque não conseguem desprezar o lucro obtido. Seria somente o caso de prostituição, ou também de mulheres casadas que negociam seu corpo em vista do dinheiro, poder ou favores? Embora na literatura pagã haja casos em que se descreve tal comportamento como tendo sido coagido pelo amor ao dinheiro, Tertuliano utiliza a expressão "obriga" para indicar a "impaciência em desprezar o lucro obtido", ou seja, o amor ao dinheiro.

55 Nos primeiros tempos da Igreja, três eram os pecados graves severamente punidos, às vezes até mesmo com a excomunhão: homicídio, adultério e a idolatria. Adscreve, assim, a ira a uma espécie de idolatria e a cupidez ao dinheiro à prostituição ou adultério.

56 O termo empregue é *excetra,* o qual, embora fosse utilizado tanto para descrever grandes serpentes quanto mulheres intrigantes, também tinha correspondência na literatura antiga com a mítica hidra de Lerna, serpente de muitas cabeças.

57 Aqui se entende o povo de Israel.

58 Ex 32,1.

59 Ex 32,2-4.

60 At 7,39-40.

pluuiam, post petrae aquatilem sequellam desperant de domino, tridui sitim non sustinendo; nam haec quoque illis inpatientia a domino exprobratur. **25.** Ac, ne singula peruagemur, numquam non per inpatientiam delinquendo perierunt. Quomodo autem manus prophetis intulerunt nisi per inpatientiam audiendi? domino autem ipso per inpatientiam etiam uidendi! Quodsi patientiam inissent, liberarentur.

VI, 1. Ipsa adeo est quae fidem et subsequitur et antecedit. Denique Abraham Deo credidit et iustitiae deputatus ab illo est. Sed fidem eius patientia probauit, cum filium inmolare iussus est, ad fidei non temptationem dixerim, sed typicam contestationem. **2.** Ceterum Deus quem iustitiae deputasset sciebat: tam graue praeceptum, quod nec domino perfici placebat, patienter et audiuit et, si Deus uoluisset, implesset. Merito ergo benedictus quia et fidelis, merito fidelis quia et patiens! **3.** Ita fides patientia inluminata, cum in nationes seminaretur per semen Abrahae, quod est Christus, et gratiam legi superduceret, ampliandae adimplenda-

comestível de maná,[61] após serem seguidos[62] pela pedra que jorra a água,[63] eles se desesperam do Senhor, não suportando três dias de sede;[64] eis porque esta impaciência deles foi reprovada pelo Senhor.[65] **25.** Assim, não é necessário que discorramos a respeito de cada caso, pois não houve caso no qual não se perderam delinqüindo pela impaciência. Como, pois, foi possível terem posto as mãos sobre[66] os profetas, a não ser pela impaciência em ouvi-los? E no próprio Senhor, não foi pela mesma impaciência apenas em vê-lo? Eis porque, se tivessem tomado o caminho da paciência, teriam sido salvos.[67]

VI. 1. Em si, ela é tal, que tanto antecede quanto se segue à fé. Com efeito, Abraão creu em Deus e foi por Ele reputado como justo.[68] No entanto, a paciência provou sua fé quando lhe foi ordenado imolar seu filho,[69] e eu diria que sua fé não foi provada, mas sim que a colocou como modelo de testemunho. **2.** Além disso, Deus sabia a quem reputava a justiça, pois [Abraão] não apenas escutou a tão pesado preceito pacientemente, que em nada agradava a Deus, como o teria cumprido, se assim Deus o quisesse. Com razão é bendito[70] porque é fiel, e é com razão fiel porque é paciente! **3.** Assim também a fé, iluminada pela paciência, quando foi sendo semeada entre os povos pela semente de Abraão – que é Cristo[71] – e colocou a graça acima da Lei, antepôs a paciência

---

61 Ex 16,1-7.

62 Segundo uma tradição judaica, a pedra que foi ferida por Moisés e da qual brotou a água para saciá-los, pela misericórdia de Deus, seguia-os pelo deserto. Esta tradição chegou até São Paulo, que, em I Cor 10,4, afirma: "...todos beberam da mesma bebida espiritual (pois todos bebiam da pedra espiritual que os seguia; e essa pedra era Cristo)".

63 Ex 17,2-6; Nm 20,11.

64 Ex 15,22.

65 Todas as vezes que o povo de Israel, mesmo após ter murmurado contra Deus, foi atendido em abundância com o maná, com as codornizes, e até mesmo com a água que jorrava da pedra. Quando tiveram que passar três dias sem água desagradaram a Deus pela impaciência, isto é, por não confiar que Deus lhes proveria como das outras vezes. Esta impaciência durante a travessia do deserto a que se refere Tertuliano está estreitamente ligada à falta de confiança/fé no Deus que os libertara.

66 "Pôr as mãos sobre", isto é, assassinar.

67 Aqui Tertuliano está usando de uma comparação, a saber, o povo de Israel foi conduzido por um caminho de salvação/libertação por meio do deserto e não pôde ser salvo, a não ser uma pequena parte, porque durante a salvação/libertação se mostrou impaciente. Mais tarde não suportou os profetas nem a Cristo, que indicavam o caminho de salvação/libertação do pecado. *Liberarentur* faz um jogo de palavra entre ser salvo e ser libertado. Em suma, em todos os casos, se não tivesse trilhado o caminho da impaciência, mas sim, da paciência, teria sido salvo/liberto.

68 Gn 15,6 e Rm 4,3; Gl 3,6; Tg 2,23.

69 Gn 22,2.

70 Gn 22,17-18.

71 Gl 3,16.

eque legi adiutricem suam patientiam praefecit, quod ea sola ad iustitiae doctrinam retro defuisset. **4.** Nam olim et oculum pro oculo et dentem pro dente repetebant et malum malo fenerabant: nondum enim patientia in terris, quia nec fides scilicet. Interim inpatientia occasionibus legis fruebatur: facile erat, absente domino patientiae et magistro. **5.** Qui postquam superuenit et gratiam fidei patientia composuit, iam nec uerbo quidem lacessere, nec «fatue» quidem dicere sine iudicii periculo licet; prohibita ira, restricti animi, compressa petulantia manus, exemptum linguae uenenum. **6.** Plus lex quam amisit inuenit, dicente Christo: *Diligite inimicos uestros et maledicentibus benedicite et orate pro persecutoribus uestris ut filii sitis patris uestri caelestis.* Vides quem nobis patrem patientia adquirat!

VII, 1. Hoc principali praecepto uniuersa patientiae disciplina succincta est, quando nec digne quidem malefacere concessum est. Iam uero percurrentibus nobis causas inpatientiae cetera quoque praecepta suis locis respondebunt. **2.** Si detrimento rei familiaris animus concitatur, omni paene in loco de contemnendo saeculo scripturis dominicis commonetur, nec maior ad pecuniae contemptum exhortatio subiacet quam quod ipse dominus in nullis diuitiis inuenitur. **3.** Semper pauperes iustificat, diuites praedamnat. Ita detrimentorum patientiae fastidium opulentiae praeministrauit, demonstrans per abiectionem diuitiarum laesuras quoque earum computandas non esse. **4.** Quod ergo nobis appetere minime opus est, quia nec dominus appetiuit, detruncatum uel etiam ademptum

como sua auxiliar para ampliar a cumprir a mesma Lei,[72] pois somente ela era o que faltava para o anterior ensinamento da justiça.[73] **4.** Pois no passado exigiam olho por olho e dente por dente e cobravam o mal com o mal:[74] porque ainda não havia [chegado] a paciência à terra, evidentemente porque não havia nem mesmo [chegado] a própria fé. Neste meio-tempo, a impaciência aproveitava-se das oportunidades [dadas] da Lei: sem dúvida isto era assim porque o Senhor e Mestre da paciência estava ausente. **5.** O qual, depois que sobreveio, uniu a paciência à graça da fé; então [não é mais permitido] atacar nem mesmo com a palavra, nem mesmo é lícito chamar a alguém de tolo sem o perigo do juízo,[75] a ira foi proibida, os ânimos acalmados, a vivacidade da mão contida[76] e o veneno da língua, suprimido. **6.** A Lei recebeu muito mais do que aquilo que perdeu, segundo Cristo, que diz: "Amai a vossos inimigos, bendizei àqueles que vos maldizem e orai por vossos perseguidores para que sejais filhos do vosso pai celestial."[77] Veja que pai a paciência obteve para nós!

VII. 1. Toda a disciplina da paciência está armada por este principal preceito: pois não é concedido causar o mal nem mesmo quando estiver em seu direito. Na verdade, agora que já percorremos[78] sobre as causas da impaciência em nós, encontraremos em seus lugares outros preceitos correspondentes. **2.** Se o espírito é excitado pela perda dos bens – quase em todos os lugares da Escritura o Senhor nos adverte sobre o desprezo do mundo –, nada nos exorta mais ao desprezo do dinheiro que [saber] que o próprio Senhor não pode ser encontrado em meio a quaisquer tipos de riquezas.[79] **3.** Ele sempre justifica os pobres[80] e condena previamente os ricos.[81] Desta forma, tendo advertido previamente sobre a paciência no desprezo quando da perda da opulência, demonstra, por meio da objeção, que as riquezas que hão de perder-se não devem ser consideradas. **4.** Conseqüentemente, aquelas coisas que não devemos de forma alguma desejar, pois que tampouco o Senhor as desejou, devemos

72 Mt 5,17.

73 Gl 4,9.

74 Ex 21,23-25; Dt 19,21; Lv, 24,19-20; Mt 5,38.

75 Mt 5,21-22.

76 Uma antonomásia entre "mão incontida" e "pessoa beligerante".

77 Mt 5,44-45; Lc 6,27-28.

78 Na Antiguidade o verbo *percorrere* em linguagem retórica tinha como primeira acepção a noção de fazer uma exposição sucessiva e a mesmo tempo sucinta.

79 Mt 8,20; II Cor 8,9.

80 Lc 6,20; Mt 5,3.

81 Lc 6,24; Mt 19,23; Mc 10,25.

non aegre sustinere debemus. **5.** Cupiditatem omnium malorum radicem spiritus domini per apostolum pronuntiauit: eam non in concupiscentia alieni tantum constitutam interpretemur. Nam et quod nostrum uidetur alienum est: nihil enim nostrum, quoniam Dei [sunt] omnia, cuius ipsi quoque nos [sumus]. **6.** Itaque si damno adfecti inpatienter senserimus, non de nostro amissum dolentes adfines cupiditatis deprehendemur: alienum quaerimus, cum alienum amissum aegre sustinemus. **7.** Qui damni inpatientia concitatur terrena caelestibus anteponendo, de proximo in Deum peccat: spiritum enim quem a domino sumpsit saecularis rei gratia concutit. **8.** Libenter igitur terrena amittamus, caelestia tueamur; totum licet saeculum pereat, dum patientiam lucrifaciam! Iam qui minutum sibi aliquid aut furto aut ui aut etiam ignauia non constanter sustinere constituit, nescio an facile uel ex animo ipse rei suae manum inferre poss*i*t in causa elemosinae. **9.** Quis enim ab alio secari omnino non sustinens ipse ferrum in corpore suo ducit? Patientia in detrimentis exercitatio est largiendi et communicandi: non piget donare eum qui non timet perdere.

10. Alioquin quomodo duas habens tunicas alteram earum nudo dabit, nisi idem sit qui auferenti tunicam etiam pallium offerre possit? Quomodo amicos de mammona fabricabimus nobis, si eum in tantum amauerimus, ut amissum non sufferamus? Peribimus cum perdito. **11.** Quid hic inuenimus, ubi habemus amittere? Gentilium est omnibus detrimentis inpatientiam adhibere, [sunt] qui rem pecuniariam fortasse animae anteponant. **12.** Nam et faciunt, cum lucri cupiditatibus quaestuosa pericula mercimoniorum in mari exercent, cum pecuniae causa etiam in foro nihil damnationi timendum adgredi dubitant, cum denique ludo et castris sese locant, cum per uias inmemores bestiarum latrocinantur. **13.** Nos uero,

suportar sem dificuldade a sua perda ou mesmo a sua diminuição. **5.** O Espírito do Senhor, por meio do Apóstolo, declarou que a cobiça é a raiz de todos os males:[82] não compreendamos que ela consista unicamente no desejo de coisas alheias. Pois, mesmo aquilo que parece ser nosso não o é, porque tudo é de Deus, de quem nós mesmos somos. **6.** Portanto, se, quando sofremos uma perda, nós a sentimos com impaciência, sofremos por algo que não é nosso, então estamos próximos da cobiça: cobiçamos o alheio quando suportamos com dificuldade a perda de algo que não é nosso. **7.** Aquele que é agitado com a impaciência pelas perdas, antepondo as coisas terrenas às celestiais, peca diretamente contra Deus: de fato, ultraja o espírito que recebeu do Senhor por causa de coisas mundanas. **8.** Portanto, de boa vontade percamos as coisas terrenas [e] conservemos as celestiais; é preferível perder todo o mundo[83] se com isso lucramos com a paciência! Pois, aquele que não é capaz de suportar com constância a diminuição de algo, seja pelo furto ou pela violência ou mesmo pelo desprezo, eu não sei se ele terá facilidade ou bom coração em colocar a mão sobre o que é seu para dar uma esmola. **9.** Quem, pois, se não suporta ser cortado por outro, aplicará o ferro em seu próprio corpo?[84] A paciência nas perdas é um exercício para dar e distribuir: não é pesaroso em dar aquele que não teme perder.

10. Além disso, de que modo aquele que tem duas túnicas dará uma a quem está nu,[85] a não ser que, do mesmo modo, àquele que nos rouba a túnica ofereça também a capa?[86] De que forma faremos para nós amigos com as riquezas,[87] se as amamos tanto a ponto de não suportar perdê-las? Pereceremos com aquilo que foi perdido. **11.** Que encontraremos aqui [neste mundo], onde havemos de perder?[88] Os gentios demonstram impaciência em todas as coisas perdidas, talvez porque antepõem o dinheiro às suas almas. **12.** Pois, pela cobiça do lucro, eles assim o demonstram, quando enfrentam sobre os mares os perigos lucrativos do comércio, quando, por causa do dinheiro, defendem nos tribunais causas que já podem estar perdidas, quando para os jogos e para o exército alugam-se a si mesmos,[89] quando como feras assaltam

82 I Tim, 6,10.

83 Mc 8,36.

84 Mt 7,12; Lc 6,31.

85 Lc 3,11.

86 Mt 5,40; Lc 6,29.

87 Lc 16,9.

88 Mt 10,39.

89 *Sese locant*, isto é, alugam-se a si mesmos, por dinheiro lutam nas arenas e tornam-se mercenários

secundum diuersitatem qua cum illis stamus, non animam pro pecunia, sed pecuniam pro anima deponere conuenit, seu sponte in largiendo seu patienter in amittendo!

VIII, 1. Ipsam animam ipsumque corpus in saeculo isto expositum omnibus ad iniuriam gerimus eiusque iniuriae patientiam subimus: et minorum delibatione laedemur? Absit a seruo Christi tale inquinamentum, ut patientia maioribus temptationibus praeparata in friuolis excidat! **2.** Si manu quis temptauerit prouocare, praesto est dominica monela: *Verberanti te,* inquit, *infaciem etiam alteram genam obuerte.* Fatigetur inprobitas patientia tua: quiuis ictus ille sit dolore et contumelia constrictus, grauius a domino uapulabit; plus inprobum illum caedes sustinendo: ab eo enim uapulabit cuius gratia sustines. **3.** Si linguae amaritudo maledicto siue conuicio eruperit, respice dictum: *Cum uos maledixerint gaudete.* Dominus ipse maledictus in lege est et tamen solus est benedictus. Igitur dominum serui consequamur et maledicamur patienter, ut benedicti esse possimus! **4.** Si parum aequanimiter audiam dictum aliquod in me proteruum aut nequam, reddam et ipse amaritudinis uicem necesse est aut cruciabor inpatientia muta. **5.** Cum ergo percussero maledictus, quomodo secutus inueniar doctrinam domini, qua traditum est non uasculorum inquinamentis, sed eorum quae ex ore promuntur hominem communicar*i*, item manere nos omnis uani et superuacui dicti reatum? **6.** Sequitur ergo ut, a quo nos dominus arcet, idem ab alio aequanimiter pati admoneat. **7.** Hic iam de patientiae uoluptate. Nam omnis iniuria seu lingua seu manu in-

pelos caminhos. **13.** Nós, porém, tanto quanto nos diferenciamos deles, não renunciamos a alma pelo dinheiro, mas sim, convém renunciar o dinheiro pela alma,[90] quer sendo voluntário no dar ou sendo paciente no perder.

VIII. 1. Nós, que levamos a própria alma e o corpo expostos à perseguição de todos neste mundo e suportamos com paciência as suas injúrias,[91] haveremos de nos sentir feridos com a perda de coisas menores? Longe de um servo de Cristo tal pecado! Seria como se a paciência, treinada para suportar as maiores provas, viesse a romper-se por frivolidades. **2.** Se alguém tentar provocar-te com a violência física, [recorda-te] prontamente da advertência do Senhor: quando te baterem na face, diz, oferece-lhe a outra face.[92] Que a tua paciência canse a maldade. Qualquer que seja este golpe, seja ele acompanhado de dor ou afronta, será mais gravemente castigado pelo Senhor;[93] feres mais ao ímprobo suportando o golpe, pois ele será castigado por Aquele por quem o suportas. **3.** Se o amargor da língua irromper em maldição ou insulto, pondere com atenção aquilo que foi dito: *Quando vos maldisserem, alegrai-vos.*[94] O próprio Senhor foi maldito na Lei,[95] não obstante ser o único bendito. Portanto, nós, servos do Senhor, sigamo-lo e sejamos amaldiçoados pacientemente para que possamos ser abençoados. **4.** Se, no entanto, escutasse com pouca moderação algo dito desaforadamente ou com infâmia contra mim, então seria necessário replicar com o mesmo amargor, ou seria torturado pela impaciência muda. **5.** Se, pois, no momento em que for amaldiçoado eu ferir [aquele que me amaldiçoa], de que modo poderei ser considerado seguidor da doutrina do Senhor, doutrina esta da qual nos foi transmitido que o homem não se contamina pela sujidade dos vasos, mas sim por aquelas coisas que saem da sua boca?[96] E, do mesmo modo, que nós somos réus de toda palavra vã ou inútil que for dita?[97] **6.** Portanto, conclui-se que aquilo que o Senhor nos interdita ensina-nos a suportar com moderação da parte dos outros. **7.** Consideremos agora o prazer da paciência. Pois toda injúria, seja

---

nos exércitos. Talvez uma alusão à *Epistola* LXXXVII, 9, na qual Sêneca utiliza a mesma expressão para descrever tal situação.

90 II Cor 4,8.

91 II Cor 8-11.

92 Mt 5,39; Lc 6,29.

93 Rm 12,19; Dt 32,35.

94 Mt 5,11-12; Lc 6,22-23.

95 Dt 21,23 e Gl 3,11-13.

96 Mt 15,11-18; Mc 7,15-18.

97 Mt 12,36.

cussa, cum patientiam offenderit, eodem exitu dispungetur, quo telum aliquod in petra constantissimae duritiae libratum et obtusum: concidet enim ibidem, inrita opera et infructuosa, et nonnumquam repercussum in eum qui remisit reciproco impetu saeuiet. **8.** Nempe idcirco quis te laedit ut doleas, quia fructus laedentis in dolore laesi est. Ergo cum fructum eius euerteris non dolendo, ipse doleat necesse est amissione fructus sui. **9.** Tunc tu non modo inlaesus ibis (quod etiam solum tibi sufficit), sed insuper aduersarii tui et frustratione oblectatus et dolore defensus. Haec est patientiae et utilitas et uoluptas!

IX, 1. Ne illa quidem inpatientiae species excusatur in amissione nostrorum, ubi aliqua doloris patrocinatur adsertio. Praeponendus est enim respectus denuntiationis apostoli, qui ait: *Ne contristemini dormitione cuiusquam sicut nationes quae spe carent.* **2.** Et merito: credentes enim resurrectionem Christi, in nostram quoque credimus, propter quos ille et obiit et resurrexit. Ergo cum constet de resurrectione mortuorum, uacat dolor mortis, uacat et inpatientia doloris. **3.** Cur enim doleas, si perisse non credis? Cur inpatienter feras subductum interim quem credis reuersurum? Profectio est quam putas mortem. Non est lugendus qui antecedit, sed plane desiderandus. Id quoque desiderium patientia temperandum: cur enim inmoderate feras abisse quem mox subsequeris? **4.** Ceterum inpatientia in huiusmodi et spei nostrae male ominatur et fidem praeuaricatur, et Christum laedimus cum euocatos quosque ab illo quasi miserandos non aequanimiter accipimus. **5.** *Cupio,* inquit apostolus, *recipi iam et esse cum domino.* Quanto melius ostendit uotum! Christianorum ergo uotum, si alios consecutos inpatienter dolemus, ipsi consequi nolumus!

verbal ou fisicamente causada, quando se choca contra a paciência se desfaz em seu próprio movimento, assim como um dardo, quando se quebra ao ser lançado contra uma pedra de inalterável dureza, perde sua ponta e utilidade: ele cai ali mesmo, tornando a obra de quem o lançou inútil e infrutuosa e, às vezes, em seu rebote, poderá ferir aquele que o lançou. **8.** Com efeito, por esta razão, se alguém te fere é para que sofras, pois, a recompensa daquele que te faz sofrer reside na dor do sofredor. Portanto, quando tu suprimes a sua recompensa ao não sofrer [com o ataque], o único que deverá sofrer com a perda de sua recompensa será aquele que te atacou. **9.** Então, tu não [só] sairás ileso (o que, para ti, já é suficiente), mas, além disso, satisfeito pela frustração de teu adversário e por ter sido defendido contra sua própria dor. Esta é a utilidade e o prazer da paciência!

IX. 1. Não há escusa nem mesmo naquela impaciência que se manifesta quando da perda dos entes queridos, ainda que certa dor a justifique.[98] Deve-se, pois, dar preferência à advertência do Apóstolo, que diz: Não vos entristeçais com a morte de quem quer que seja como fazem os gentios, os quais não têm esperança.[99] **2.** E com razão: se, pois, cremos na ressurreição de Cristo, também cremos na nossa, pela qual Ele morreu e ressuscitou.[100] Portanto, dado que a ressurreição dos mortos é certa, a dor da morte é sem sentido e não tem sentido a impaciência da dor. **3.** Por que hás de sofrer, se não crês na sua morte? Por que suportarias com impaciência a perda temporária daquele que crês há de retornar? Considera a morte [apenas] como uma partida. Não deves chorar por aquele que nos precede, mas antes desejá-lo. Este mesmo desejo deve ser moderado pela paciência: pois por que há de desejar imoderadamente a quem se foi se em breve hás de segui-lo? **4.** Além disso, a impaciência neste caso é um mau presságio à nossa esperança, prevaricação contra a fé; ofendemos a Cristo quando não aceitamos com moderação, como se fossem dignos de pena, que aqueles foram chamados por Ele. **5.** Desejo, diz o Apóstolo, ser já recebido e estar no Senhor.[101] Quão bem demonstra este desejo! Portanto, se sofremos com impaciência por aqueles que já conseguiram alcançar esse desejo dos cristãos, mostramos não querer alcançá-lo.

98 A dor pela perda de entes queridos é algo natural ao ser humano, aceitável diante de Deus. O próprio Senhor chorou a perda do amigo Lázaro (Cf. Jo 11, 35). O que é reprovado é a impaciência pela dor, o desespero, pois o cristão crê na ressurreição e não teme a morte.

99 I Ts 4,13.

100 Rm 6,5-11; I Cor 6,14; II Cor 4,14.

101 Fl 1,23-24.

X, 1. Est et alius summus inpatientiae stimulus, ultionis libido, negotium curans aut gloriae aut malitiae. Sed et gloria ubique u*a*na et malitia numquam non domino odiosa, hoc quidem loco cum maxime, cum alterius malitia prouocata superiorem se in exsequenda ultione constituit et remuneraris nequam duplicat quod semel factum est. **2.** Vltio penes errorem solacium uidetur doloris, penes ueritatem certam*en* redarguitur malignitatis. Quid enim refert inter prouocantem et prouocatum, nisi quod ille prior in maleficio deprehenditur, at ille posterior? Tamen uterque laesi hominis domino reus est qui omne nequam et prohibet et damnat. **3.** Nulla in maleficio ordinis ratio est nec locus secernit quod similitudo coniungit. Absolute itaque praecipitur malum malo non rependendum: par factum par habet meritum. **4.** Quomodo id obseruabimus, si [fastidientes] in fastidio ultionis non erimus? quem autem honorem litabimus domino Deo, si nobis arbitrium defensionis arrogauerimus? **5.** Nos putres, uasa fictilia, seruulis nostris adsumentibus sibi de conseruis ultionem grauiter offendimur eosque qui nobis patientiam obtulerint suam ut memores humilitatis seruitutis, ius dominici honoris diligentes, non probamus modo, sed ampliorem quam ipsi sibi praesumpsissent satisfactionem facimus: id nobis in domino tam iusto ad aestimandum, tam potenti ad perficiendum periclitatur? **6.** Quid ergo credimus iudicem illum, si non et ultorem? Hoc se nobis repromittit dicens: *Vindictam mihi et ego uindicabo,* id est: «patien-

X. 1. Há um outro grande aguilhão para a impaciência: o desejo de vingança, tanto aquele [desejo] que se ocupa em defender o renome, quanto aquele que se ocupa [da vingança] por malícia. Porém, [tanto o desejo de conservar] o renome é sempre vão,[102] como a maldade é sempre odiosa ao Senhor, maximamente nos casos em que alguém, provocado pela maldade de outrem, constitui-se superior em executar uma vingança e paga com o mal, [e] duplica assim o [mal] que foi feito uma única vez.[103] **2.** Em meio ao erro a vingança parece ser um consolo, em meio à verdade[104] ela é refutada como sendo uma disputa de maldades. Qual é, pois, a diferença entre o agressor e o agredido, senão que aquele é surpreendido na prática do mal anteriormente, e este posteriormente? Entretanto, diante do Senhor que proíbe e condena toda a maldade, tanto um quanto o outro são considerados réus por ofender a um homem. **3.** Não há relação de ordem no que diz respeito à maldade, nem mesmo o lugar distingue aquilo que a semelhança reúne.[105] Porque o preceito é absoluto, não se deve pagar o mal com o mal:[106] para igual ato, igual pagamento. **4.** De que forma observaremos este preceito, se nós, com nosso desprezo, não repugnarmos[107] a vingança? Que honra ofereceremos ao Senhor Deus se nos arrogarmos o arbítrio de nossa própria defesa? **5.** Nós, que somos podridão,[108] vasos de barro,[109] ofendemo-nos gravemente quando um servo nosso toma para si a vingança contra um de seus companheiros. No entanto, nós aprovamos aqueles servos que, recordando a sua servidão e o respeito devido aos direitos de seu senhor, oferecem-nos a sua paciência deixando-nos uma satisfação muito maior do que eles poderiam exigir. E quanto a nós, tentaremos contra o Senhor, que é tão justo no ponderar e tão potente no executar? **6.** Se, pois, cremos nele como juiz, como não havemos de crê-lo como vingador? Ele, por sua vez, nos prometeu dizendo: Deixai-me a vingança a mim e eu vos vingarei;[110] o que é o mesmo que dizer: Deixai a [vossa] paciência a mim

102 Gl 5,26; Fl 2,3.

103 Duplica o mal na medida em que, tomando vingança, comete um dano ao voltar-se contra a ordem de Cristo e outro dano ao injuriar alguém.

104 "Em meio ao erro", isto é, entre aqueles que vivem no erro, os pagãos; "em meio à verdade", isto é, entre aqueles que vivem na posse da verdade, os cristãos.

105 Diante de Deus, não interessa se foste ofendido primeiramente e por isso revidaste, daí Tertuliano falar em "ordem" e "lugar".

106 Rm 12,17; I Ts 5,15.

107 Rm 12,9.

108 Is 64,6.

109 Sl 2,9; Jr 19,11; Rm 9,20; II Cor 4,7; II Tm 2,20-21.

110 Dt 32,35; Rm 12,19; Hb 10,30.

tiam mihi et ego patientiam remunerabo». **7.** Cum enim dicit: *Nolite iudicare ne iudicemini,* nonne patientiam flagitat? Quis enim non iudicabit alium, nisi qui patiens erit non defendi? Quis idcirco iudicat ut ignoscat? Ac si ignoscet, tamen iudicantis inpatientiam non cauit et honorem unici iudicis, id est Dei, abstulit!

8. Quantos uero casus huiusmodi inpatientia incursare consueuerat, quotiens paenituit defensionem, quotiens instantia eius deterior inuenta est causis suis, quoniam nihil inpatientia susceptum sine impetu transigi nouit, nihil impetu actum non aut offendit aut corruit aut praeceps abiit! **9.** Iam si leuius defendaris, insanies; si uberius, oneraberis. Quid mihi cum ultione, cuius modum regere non possum per inpatientiam doloris? Quodsi patientiae incubabo, non dolebo; si non dolebo, ulcisci non desiderabo.

XI, 1. Post has principales inpatientiae materias ut potuimus regestas, quid inter ceteras euagemur quae domi, quae foris? Lata atque diffusa est operatio mali multiplicia *i*psius incitamenta iaculantis et modo paruula, modo maxima. **2.** Sed paruula de sua mediocritate contemnas, maximis pro sua exuperantia cedas. Vbi minor iniuria, ibi nulla necessitas

e eu vos recompensarei. **7.** Pois, quando ele diz: *Não julgueis para não serdes julgados,*[111] acaso não nos exige paciência? Quem é aquele que não julga o outro a não ser aquele é paciente em não se defender? Quem, portanto, julga para perdoar? Mesmo se perdoa, ainda que evite a impaciência daquele que julga, rouba a honra do único juiz, que é Deus![112]

8. Na verdade, em quantos desses casos a impaciência acostumou-se a atirar-se? Quantas vezes teve que arrepender-se por haver se defendido? Dado que nada que a impaciência tenha empreendido concluiu-se sem violência, nem que tenha sido feita com violência sem ofender ou arruinar ou sem precipitação, quantas vezes a sua aplicação foi descoberta como sendo pior que as causas que a motivaram? **9.** Além disso, se buscas defender-te com suavidade, enlouquecerás; se excessivamente, terás que pagar o ônus. Se a dor da impaciência não me permite [uma] forma de regular [a intensidade], de que serve, pois, a vingança? Eis por que se eu repouso sobre a paciência não sofrerei e, não sofrendo, não me vingarei.

XI. 1. Depois de haver registrado, conforme o podemos fazer, as principais matérias[113] da impaciência, é necessário que nos estendamos sobre aquelas outras, sejam dentro de casa, sejam fora.[114] Ampla e difusa é a operação do mal,[115] lançando seus múltiplos dardos,[116] ora pequenos, ora grandes. **2.** Mas, se os pequenos podes desprezar por sua pequenez, aos grandes podes fugir, dada a sua grandeza. Onde a ofensa[117] for menor, aí não haverá necessidade

111 Mt 7,1; Lc 6,37.

112 A idéia central neste trecho indica que: a) segundo a noção clássica na Antiguidade, nenhum juiz humano julga para absolver; armando-se da impaciência contra o crime, julga para condenar, cominando tal ou qual pena ao condenado, b) quando nos colocamos como juiz incorremos na impaciência, c) o julgamento pertence exclusivamente a Deus, d) quando julgamos roubamos a honra do único juiz. Segundo Tertuliano, é até possível que julguemos sem incorrer na impaciência, mas não que deixemos de roubar a honra do único juiz.

113 As "principais matérias da impaciência" são aquelas que foram tratadas anteriormente por Tertuliano, a saber: o desprezo das riquezas, o perdão das injúrias e ataques, o não se desesperar pela perda dos entes queridos, o não se vingar dos inimigos e perseguidores.

114 A expressão "sejam dentro de casa, sejam fora" refere-se àquelas causas de impaciência e revela um quadro de oposições interessantes. As causas internas, isto é, de dentro de casa, simbolizam a impaciência que deve ser imputada a nós mesmos, enquanto que as de fora, isto é, externas, simbolizam aquelas que podem ser causadas pelo demônio ou por Deus. J-C. Fredouille encontrou nesta oposição a presença formal de uma expressão estóica na qual a oposição se dá entre as coisas boas e as indiferentes; estas representando as coisas externas, aquelas, as disposições engendradas em nós (Cf. J-C Fredouille, *Commentaire*, p. 210).

115 Há aqui, como se poderá observar nos textos que seguem, uma antonomásia entre o diabo e o mal.

116 Ef 6,16.

117 Recorde-se que *iniuria* tanto pode significar injúria, ofensa, quanto pode significar lesão provo-

patientiae; at ubi maior iniuria, ibi necessarior iniuriae medela, patientia. **3.** Certemus igitur quae a malo infliguntur sustinere, ut hostis studium aemulatio nostrae aequanimitatis eludat. Si uero quaedam ipsi in nos aut inprudentia aut sponte etiam superducimus, aeque patienter obeamus quae nobis inputamus. **4.** Quodsi a domino nonnulla credimus incuti, cui magis patientiam quam domino praebeamus? Quin insuper gratulari et gaudere nos docet dignatione diuinae castigationis: *Ego,* inquit, *quos diligo castigo.* O seruum illum beatum cuius emendationi dominus instat, cui dignatur irasci, quem admonendi dissimulatione non decipit! **5.** Vndique igitur adstricti sumus officio patientiae administrandae, qui a*li*qua ex parte aut erroribus nostris aut mali insidiis aut admonitionibus domini interuenimus. Eius officii magna merces, felicitas scilicet. **6.** Quos enim felices dominus nisi patientes nuncupauit dicendo: *Beati pauperes spiritu, illorum est enim regnum caelorum*? Nullus profecto spiritu pauper nisi humilis: quis enim humilis nisi patiens, quia nemo subicere sese potest sine prima patientia subiectionis ipsius?

7. *Beati,* inquit, *flentes atque lugentes.* Quis talia sine patientia tolerat? Itaque talibus et aduocatio et risus promittitur. **8.** *Beati mites.* Hoc quidem uocabulo inpatientes non licet omnino censeri. Item cum pacificos eodem titulo felicitatis notat et filios Dei nuncupat, numquid inpatientes

de paciência, porém, onde a ofensa for maior, aí mesmo é mais necessário o remédio para a lesão, a saber, a paciência. **3.** Lutemos, portanto, para suportar aquelas coisas com as quais o mal nos aflige, de tal modo que o esforço de nossa moderação possa zombar do esforço do inimigo. Se, no entanto, nós, por imprudência ou por livre vontade, acrescentamos a nós mesmos algum dano, da mesma forma enfrentemos pacientemente aquilo que atribuímos a nós mesmos.[118] **4.** Além disso, se nós cremos que algumas [aflições] vêm da parte do Senhor, a quem devemos oferecer mais paciência que ao próprio Senhor? Quem nos ensina a dar graças e alegrar-se acima de tudo por sermos dignos do castigo divino? Eu, diz [o Senhor], castigo aqueles a quem amo.[119] Bendito o servo no qual repousa a correção do Senhor, com o qual ele se digna irar-se, com o qual, admoestando-o, não enganará com dissimulação![120] **5.** Portanto, em todas as partes, somos obrigados a exercitar a paciência, seja [a aflição] causada por nós, pelo mal ou pela admoestação do Senhor. O seu exercício [nos traz] uma grande recompensa, a saber, a felicidade. **6.** A quem, pois, o Senhor chamou de felizes, a não ser os pacientes, dizendo: *Felizes os pobres em espírito, porque deles é o reino dos céus*?[121] Com certeza, ninguém é pobre em espírito a não ser os humildes: quem, pois, é humilde a não ser aquele que é paciente – porque ninguém pode humilhar-se a não ser que primeiramente tenha tido a paciência da submissão?

7. *Felizes*, diz, *aqueles que choram e lamentam*.[122] Quais dessas coisas [se] tolera sem paciência? Assim, pois, para tais a consolação e o riso foram prometidos.[123] **8.** *Felizes os mansos*.[124] De forma alguma é lícito supor que esta palavra se refira aos impacientes. Do mesmo modo, quando Ele aponta os pacíficos com o mesmo título da felicidade e os chama de filhos de Deus,[125] acaso poderão

---

cada fisicamente.

118 Tais são as chamadas causas internas (de dentro de casa) da impaciência. Em síntese, Tertuliano está a dizer que há causas de impaciência as quais devemos reputar a nós mesmos, sem necessidade de em tudo atribuir a origem da impaciência ao demônio ou a Deus.

119 Pr 3,11-12; Ap 3,19; Hb 12,6.

120 O texto quer indicar uma purgação, já nesta vida, daqueles que são amados por Deus. O fato de Deus castigar nossos pecados já nesta vida significa que não nos decepcionará ou dissimulará, isto é, utilizando a terminologia bíblica: "não seremos confundidos". Enfim, significa que Deus permite que os eleitos sofram nesta vida para, purificados, passar à vida eterna.

121 Mt 5,3.

122 Mt 5,4.

123 Lc 6,21.

124 Mt 5,5.

125 Mt 5,9.

pacis adfines? Stultus hoc senserit! **9.** Cum uero *Gaudete et exultate* dicit, *quotiens uos maledicent et persequentur: merces enim uestra plurima in caelo,* id utique non exultationis inpatientiae pollicetur, quia nemo in aduersis exultabit, nisi ante contempserit ea, nemo contemnet, nisi patientiam gesserit.

XII, 1. Quod <ad> pacis gratissimae Deo adtinet disciplinam, quis omnino inpatientiae natus uel semel ignoscet fratri suo, non dicam septies et septuagies septies? **2.** Quis ad iudicem cum aduersario suo dirigens negotium conuenientia soluet, nisi prius i*r*am dol*o*re*m* duritiam amaritudinem, uenena scilicet inpatientiae, amputar*i*t? **3.** Quomodo remittes et remittetur tibi, si tenax iniuriae per absentiam patientiae fueris? Nemo conuulsus animum in fratrem suum munus apud altare perficiet, nisi prius reconciliando fratri reuersus ad patientiam fuerit. **4.** Sol super iram nostram si occiderit, periclitamur: non licet nobis una die sine patientia manere. Atenim cum omnen speciem salutaris disciplinae gubernet, quid mirum quod etiam paenitentiae ministrat solitae lapsis subuenire? **5.** Haec expectat, haec exoptat, haec exorat paenitentiam quandoque inituris salutem. Cum disiuncto matrimonio — ex ea tamen causa qua licet seu uiro seu feminae ad uiduitatis perseuerantiam sustineri — alterum ad*u*lterum non facit, alterum emendat, quantum boni utrique confert! **6.** Sic et [in] illis dominicarum similitudinum exemplis de pa*eni*t*entia sanctis adest: er-

ter os impacientes qualquer afinidade com a paz? O tolo julga dessa forma! **9.** Quando, porém, Ele diz: *Alegrai-vos e exultai cada vez que vos amaldiçoarem e perseguirem, pois, grande será a vossa recompensa no céu*;[126] certamente não é à impaciência que Ele promete a exultação, porque ninguém exulta nas adversidades, a não ser que anteriormente as tenha desprezado; e ninguém as despreza a não ser que tenha praticado a paciência.

XII. 1. E quanto à prática da paz, que é tão agradável a Deus,[127] quem é que, tendo nascido da impaciência, haverá de perdoar a seu irmão, não digo sete vezes ou setenta vezes sete,[128] mas uma vez sequer? **2.** Quem será que, enquanto caminha com seu adversário ao juiz, poderá resolver a sua contenda de modo amigável,[129] a não ser que antes ampute[130] de si a ira, a dor e a dureza da amargura, que são, na verdade, venenos da impaciência? **3.** De que modo *perdoarás* e *serás perdoado*[131] se, pela falta de paciência, permaneces preso à ofensa? Ninguém que tenha o espírito agitado contra seu irmão poderá levar sua oferta ao altar, a não ser que primeiramente volte à paciência e se reconcilie com seu irmão.[132] **4.** Se o sol se puser sobre a nossa ira,[133] estaremos em perigo: não nos é permitido permanecer um dia sequer sem a paciência. E, de fato, dado que ela governa toda forma de disciplina salutar, quem é que há de se maravilhar que também ajude a penitência que costuma vir em auxílio dos pecadores? **5.** É ela quem espera, é ela quem os exorta à penitência para que algum dia alcancem a salvação. Quando um matrimônio acaba, – também naquele caso[134] em que é lícito ao homem ou à mulher suportar com perseverança a viuvez, – ela impede de a um tornar adúltero [e] ao outro corrige; quanto bem ela confere a ambos! **6.** Assim, também, nas parábolas do Senhor são

126 Lc 6,22-23; Mt 5,11-12.

127 Jo 14,27.

128 Mt 18,22.

129 Mt 5,25.

130 Mt 5,29-30.

131 Lc 6,37.

132 Mt 5,23-24.

133 Ef 4,26.

134 Mt 5,32; 19,9. Na prática penitencial antiga a Igreja punia o adultério com a separação dos corpos, isto é, os esposos continuavam unidos em matrimônio, mas sem coabitar. Ao mesmo tempo dava-se uma penitência ao cônjuge adúltero enquanto que ao cônjuge ofendido pelo pecado fazia penitência ou oração pela sua conversão. Tertuliano aqui afirma que a paciência na penitência é que faz com que um cônjuge não torne o outro adúltero. Durante o período de penitência do cônjuge adúltero, cessavam os chamados direitos do leito conjugal, o débito, ou como os apresenta São Paulo em I Cor 7,3-4.

roneam ouem patientia pastoris requirit et inuenit (nam inpatientia unam facile contemneret, sed laborem inquisitionis patientia suscipit) et humeris insuper aduehit baiulus patiens peccatricem derelictam. **7.** Illum quoque prodigum filium patientia patris et recipit et uestit et pascit et apud inpatientiam irati fratris excusat. Saluus est igitur qui perierat, quia paenitentiam iniit; paenitentia non perit, quia patientiam inuenit. **8.** Nam dilectio, summum fidei sacramentum, Christiani nominis thesaurus, quam apostolus totis uiribus sancti spiritus commendat, cuius nisi patientiae disciplinis eruditur?

9. *Dilectio,* inquit, *magnanimis est:* id a patientia sumit; *benefica est:* malum patientia non facit; *non aemulatur:* id quidem *in*patientiae proprium est; *nec proteruum sapit:* modestiam de patientia traxit; *non inflatur, non proteruit:* non enim ad patientiam pertinet; *nec sua requirit:* suffert sua, dum alteri prosit; *nec incitatur:* ceterum quid inpatientiae reliquisset? Ideo, inquit, *dilectio omnia sustinet, omnia tolerat,* utique quia [ipse] patiens. **10.** Merito ergo numquam excidet. Nam cetera euacuabuntur consummabuntur: exhauriuntur linguae scientiae prophetiae, permanent autem fides spes dilectio, fides quam Christi patientia induxit, spes quam hominis patientia expectat, dilectio quam Deo magistro patientia comitatur.

XIII, 1. Vsque huc de patientia tandem simplici et uniformi et tantum in animo constituta, cum eandem etiam in corpore demerendo domino multipliciter adlaborem*us*, utpote quae ab ipso domino in corporis quoque uirtute edita est, siquidem rector animus facile communicat spiritus inuecta cum habitaculo suo. **2.** Quae igitur negotiatio patientiae

propostos santos exemplos de penitência: a paciência do pastor que busca e encontra a ovelha perdida – pois para a impaciência seria fácil desprezá-la por ser apenas uma única ovelha, mas a paciência suscita o trabalho de procurá-la – e carrega-a sobre os ombros, portador paciente da pecadora perdida.[135] **7.** A paciência do pai que acolhe o filho pródigo, veste-o e o alimenta e o desculpa diante do irmão irado pela impaciência.[136] É salvo, portanto, aquele que morrera, porque ele encetou a penitência, [e] a penitência não é perdida, porque encontra a paciência. **8.** Pois o amor, sacramento máximo da fé e tesouro do nome cristão, o qual o Apóstolo recomenda com todas as forças do Espírito Santo, por qual disciplina, a não ser a da paciência, é formado?

9. *O amor*, diz, *é magnânimo*: e ele supõe a paciência. É benéfico: a paciência não causa o mal, não inveja: e isto é próprio da paciência; não se ensoberbece, a modéstia advém da paciência; não se orgulha,[137] pois isto não pertence à paciência; não busca o seu próprio interesse: ela sofre conquanto que possa ser útil ao próximo; não se irrita:[138] [se ela se irritasse] o que restaria à impaciência? Portanto, diz, o amor tudo suporta, tudo tolera[139] e tudo isso porque é paciente. **10.** Com razão, pois, nunca acabará. Pois, todos os demais [dons] terão seu término, acabarão: as línguas, as ciências, as profecias; permanecem, porém, a fé, a esperança e o amor.[140] A fé que nos foi comunicada pela paciência de Cristo, a esperança que a paciência do homem espera,[141] o amor com o qual a paciência acompanha a Deus como a seu mestre.

XIII. 1. Até aqui tratei apenas a respeito da paciência simples e uniforme, enquanto constituída no espírito, mas, também por meio do corpo a paciência auxilia de muitas formas, adquirindo mérito diante do Senhor na medida em que o próprio Senhor mostrou [esta] virtude em seu corpo; visto que, se a alma guia o corpo, facilmente a comunica estabelecendo-a como em sua morada. **2.** Qual é, pois, o trato da paciência no corpo?[142]

---

135 Lc 15,4-7.

136 Lc 15,11-32.

137 I Cor 13,4.

138 I Cor 13,5.

139 I Cor 13,7.

140 I Cor 13,8;13.

141 Tanto a Fé quanto a Esperança necessitam ser envolvidas pela paciência, pois, a Fé crê, mas ainda não vê; a Esperança ainda não possui aquilo que espera.

142 A cooperação entre a carne a alma aparece mais claramente na belíssima descrição feita por Tertuliano no opúsculo *De Resurrectione Carnis*, VIII, 3: "*Sed et caro abluitur ut anima emaculetur, caro unguitur ut anima consecretur, caro signatur ut et anima muniatur, caro manus impositione adumbratur ut et anima spiritu illuminetur, caro corpore et sanguine Christi vescitur ut et anima de deo saginetur. Non*

in corpore? Inprimis adf*li*ctatio carnis, hostia domino placatoria per humiliationis sacrificium, cum sordes cum angustia uictus domino libat, contenta simplici pabulo puroque potu, cum ieiunia coniungit, cum cineri et sacco inolescit. **3.** Haec patientia corporis precationes commendat, deprecationes adfirmat; haec aures [Christi] Dei aperit, seueritatem dispergit, clementiam eli*c*it. **4.** Sic ille rex Babylonius, offenso domino, cum squalore et paedore septenni, ab humana forma exulasset, immolata patientia corporis sui, et regnum recuperauit et, quod optabilius homini est, satis Deo fecit. **5.** Iam si altiores et feliciores gradus corporalis patientiae digeramus, eadem sanctitati quoque procurat continentia carnis: haec et uiduam tenet et uirginem adsignat et uoluntarium spadonem ad regna caeli leuat. **6.** Quod de uirtute animi uenit in carne perficitur: carnis patientia in persecutionibus denique proeliatur. Si fuga urgeat, incommoda fugae caro militat; si et carcer praeueniat, caro in uinculis, caro in ligno, caro in solo, et in illa paupertate lucis et in illa p*enur*ia mundi.

Primeiramente a mortificação da carne, que é uma vítima capaz de aplacar o Senhor por meio do sacrifício da humilhação,[143] ao fazer uma libação ao Senhor com suas vestimentas miseráveis, com a frugalidade de seu alimento, quando se contenta com alimentos simples e água pura, quando acrescenta o jejum, quando começa a usar o saco e as cinzas.[144] **3.** Esta paciência do corpo recomenda as nossas preces, garante nossos rogos, abre os ouvidos de Cristo Deus, afasta a Sua severidade, provoca a Sua clemência. **4.** Assim, aquele rei da Babilônia,[145] por haver ofendido ao Senhor, viu-se despojado da forma humana, vivendo com aspecto repugnante, em meio à imundície, durante sete anos; pela imolação da paciência em seu corpo recuperou o reino e, o que é mais desejável para um homem, satisfez a Deus. **5.** Além disso, indiquemos os mais altos e felizes graus de paciência corporal. É ela quem cuida da continência da carne: sustenta a viúva,[146] assinala a virgem[147] e eleva o eunuco voluntário[148] ao reino dos céus. **6.** Aquilo que vem da virtude da alma é aperfeiçoado na carne: enfim, é a paciência da carne que luta em meio às perseguições. Se o fugir[149] se faz necessário, a carne luta contra os incômodos da fuga; se a prisão nos alcança, é a carne [que está] nas cadeias; a carne no lenho,[150] a carne no solo, naquela privação de luz[151] e naquela privação do mundo.

---

possunt ergo separari in mercede quas opera coniungit."

143 O perfeito louvor da penitência corporal, vista como uma disciplina, a qual prostra e torna humilde o homem em sua totalidade, pode ser encontrado no livro *De Paenitentia*, IX, 3-6. Os atos corpóreos de penitência não são um fim em si, mas apontam para a realidade que, ao penitenciar-se o corpo, seja quebrantado na alma o orgulho e elevada a confiança no perdão de Deus.

144 Is 58,5; Jn 3,6; Dn 9,3; Mt 11,21.

145 Dn 4,25-33.

146 I Tm 5,3, 9-10; I Cor 7,39-40.

147 I Cor 7,34.

148 Mt 19,12.

149 Em alguns textos, depois de tornar-se montanista e, portanto, rigorista, Tertuliano vai se posicionar contra a fuga dos cristãos diante das perseguições. A idéia geral a que acena é a de que as perseguições estão nos planos de Deus e que, assim como Deus permite as perseguições, não deixará de coroar aqueles que não fogem do martírio. Veja-se, por exemplo, nos livros *De Fuga in Persecutione*, III; *Ad Uxorem*, II, 8-9 e no *De Corona Militis*, I.

150 Cf. At 16,24. *Lignum* tanto pode se referir ao lenho da cruz, pois os cristãos eram crucificados, quanto ao cepo fincado no chão, no qual eram amarrados ou algemados enquanto prisioneiros.

151 O cárcere. Os cárceres da Antiguidade não raro eram localizados em subterrâneos, total ou parcialmente privados de luz, em meio às fezes e dejetos da cidade. Como em Roma, por exemplo, o *Carcere Mamertino*, junto a cujo cárcere passavam os dejetos da *Cloaca Maxima* (a rede de esgotos romana). Arqueólogos especulam até hoje que os corpos dos prisioneiros mortos no *Carcere Mamertino* eram lançados na *Cloaca Maxima*.

7. Cum uero producitur ad experimentum felicitatis, ad occasionem secundae intinctionis, ad ipsum diuinae sedis ascensum, nulla plus illic quam patientia corporis. Si *spiritus promptus, sed caro* (sine patientia) *infirma,* ubi salus spiritus et carnis ipsius? **8.** At cum hoc dominus de carne dicit, infirmam pronuntians, quid ei firmandae opus sit ostendit, patientia scilicet, aduersus omnem subuertendae fidei uel puniendae paratura*m*, ut uerbera, ut ignem, ut crucem bestias gladium constantissime toleret quae prophetae, quae apostoli sustinendo uicerunt.

XIV, 1. His patientiae uiribus secatur Esaias et de domino non tacet, lapidatur Stephanus et ueniam hostibus suis postulat. **2.** O felicissimum illum quoque, qui omnem patientiae speciem aduersus omnem diaboli uim expunxit, quem non abacti greges, non illae in pecore diuitiae, non filii uno ruinae impetu adempti, non ipsius denique corporis in uulnere

7. Quando, porém, levam-na a experimentar a felicidade por ocasião do segundo batismo,[152] elevando-a à própria sede divina,[153] nada mais é necessário aí que a paciência corporal. Se o espírito está pronto, mas a carne – sem a paciência – é fraca,[154] então onde se encontra a salvação do espírito e da própria carne? **8.** Mas, quando o Senhor fala da carne dizendo-a "fraca", mostrou que ela necessita ser fortalecida, a saber, pela paciência para suportar com toda a constância a todas aquelas coisas que estão preparadas para subverter ou punir a fé, como, por exemplo, os golpes, o fogo, a cruz, as feras e a espada, as quais os profetas e os apóstolos, suportando, venceram.[155]

XIV. 1. Graças às forças da paciência Isaías foi serrado ao meio e mesmo assim não deixou de falar do Senhor,[156] Estêvão foi lapidado e mesmo assim implorou o perdão a seus inimigos.[157] **2.** Ó quão feliz foi aquele[158] que, com toda a espécie de paciência, destruiu a força do diabo; aquele que nem quando lhe arrebataram os rebanhos, nem a riqueza de suas ovelhas, nem quando perdeu seus filhos de uma só vez nas ruínas,[159] nem mesmo quando foi atormentado em

---

152 A morte pelo martírio, também chamado segundo batismo. Era crença comum entre os Padres da Igreja que o martírio devia ser considerado como um batismo de sangue. Assim, aqueles que, após terem recebido o batismo nas águas, eram martirizados, recebiam o segundo batismo, o de sangue. Na falta do batismo nas águas, o batismo de sangue, isto é, o martírio, supre-o. Veja-se por exemplo, no *De Baptismo*, escrito entre os anos 205-206, no qual Tertuliano diz (16, 1-2): "*Est quidem nobis etiam secundum lavacrum, unum et ipsum, sanguinis scilicet, de quo dominos Habeo, inquit, baptismo tingui, cum iam tinctus fuisset. venerat enim per aquam et sanguinem, sicut Ioannes scripsit, ut aqua tingueretur sanguine glorificaretur. proinde nos faceret aqua vocatos sanguine electos hos duos baptismos de vulnere percussi lateris emisit, quia qui in sanguinem eius crederent aqua lavarentur, qui aqua lavissent et sanguine oporterent. hic est baptismus qui lavacrum et non acceptum repraesentat et perditum reddit.*" ["Portanto, para nós, há ainda um segundo batismo, que, contudo, é um e o mesmo, isto é, o batismo de sangue, do qual disse o Senhor: Devo batizar-me, quando já era batizado. Veio, pois, como escreveu João, pela água e pelo sangue: pela água para ser batizado, pelo sangue, para ser glorificado. Assim, pela água nos fez chamados, e pelo sangue, eleitos. Ele deixou estes dois batismos saírem do seu lado direito, porque aqueles que crêem no seu sangue ainda têm de ser lavados na água; e os lavados na água ainda receberão seu sangue. Este segundo batismo substitui o batismo da água não recebido e restitui o perdido."]

153 Am 9,6.

154 Mt 26,41.

155 Rm 8,37-39.

156 Certamente uma referência ao texto apócrifo do martírio de Isaías conhecido como *Ascensio Isaiae* (5, 14). Trata-se de um apócrifo com várias redações, a mais antiga provavelmente do final do século VIII-VII a.C, e a mais recente deve datar do século II a.C. Sua leitura foi muito difundida no ambiente monástico do Egito até o século VI da era cristã.

157 At 7,59-60.

158 Refere-se a Jó.

159 Jó 1,15-19.

cruciatus a patientiae fide domino de*b*ita exclusit, quem diabolus totis uiribus frustra cecidit! **3.** Neque enim a respectu Dei tot doloribus auocatus ille est, sed constitit nobis in exemplum et testimonium tam spiritu quam carne, tam animo quam corpore patientiae perpetrandae, ut neque damnis saecularium nec amissionibus carissimorum nec corporis quidem conflictationibus succidamus. **4.** Quale in illo uiro feretrum Deus de diabolo extruxit, quale uexillum de inimico gloriae suae extulit, cum ille homo ad omnem acerbum nuntium nihil ex ore promeret nisi « Deo gratias », cum uxorem iam malis delassatam et ad praua remedia suadentem execraretur! **5.** Quid? ridebat Deus, quid? dissecabatur malus, cum Iob inmundam ulceris sui redundantiam magna aequanimitate destringeret, cum erumpentes bestiolas inde in eosdem specus et pastus refossae carnis ludendo reuocaret! **6.** Itaque operarius ille uictoriae Dei, retusis omnibus iaculis temptationum lorica clipeoque patientiae, et integritatem mox corporis a Deo recuperauit et quae amiserat co*nd*uplicata possedit. **7.** Et si filios quoque restitui uoluisset, pater iterum uocaretur. Sed maluit in illo die reddi sibi: tantum gaudii securus [sit] de domino distulit, sustinuit *e*am uoluntariam orbitatem, ne sine aliqua patientia uiueret!

seu próprio corpo com as feridas[160] afastou a paciência da fé devida ao Senhor, aquele que o diabo fustigou com todas as forças, em vão. **3.** Nem mesmo todas as dores o afastaram do respeito [devido] a Deus, mas [Ele] o constituiu para nós um exemplo e testemunha do exercício da paciência tanto no espírito quanto na carne, tanto na alma quanto no corpo, a fim de que não sucumbamos seja com a perda das coisas deste mundo, seja com a perda dos entes queridos, nem mesmo com as aflições do corpo. **4.** Que féretro[161] para o diabo Deus ergueu naquele homem, que estandarte desfraldou contra o inimigo de Sua glória quando aquele homem, diante de cada anúncio amargo, nada fez e somente deixou sair de sua boca: *Graças a Deus*;[162] quando sua mulher, já esgotada pelos males o aconselhou a usar de maus remédios, ele a amaldiçoou.[163] **5.** E o que [acontecia]? Do que Deus sorria? O mal[164] se despedaçou enquanto Jó, com grande serenidade, raspava o excesso imundo de suas chagas[165] e quando se entretinha em recolocar nos mesmos buracos e no mesmo pasto [de sua carne] os vermes que dela saíam.[166] **6.** Assim, pois, aquele operário da vitória de Deus, depois de haver quebrado todos os dardos das tentações com a armadura e o escudo da paciência, recuperou de Deus em pouco tempo a integridade do corpo e todas as coisas que havia perdido voltou a possuí-las em dobro.[167] **7.** E se ele quisesse que até mesmo seus filhos lhe fossem restituídos, novamente seria chamado de pai. Mas ele preferiu que eles lhe fossem restituídos naquele último dia:[168] estava tão seguro a respeito do Senhor que dilatou sua alegria, suportou voluntariamente esta perda para não viver sem alguma paciência!

---

160 Jó 2,7.

161 Embora em português a palavra "féretro" usualmente tenha a acepção de cortejo fúnebre, esta não era a acepção tipicamente romana. No latim utilizado por Tertuliano, muitas vezes fazendo alusão à acepção militar, *feretrum* significa uma bandeja na qual se traziam os despojos preciosos de guerra na marcha triunfal, podendo significar também um rico monumento ou mesa preciosa na qual os despojos preciosos eram conduzidos. O *feretrum* não se trata, portanto, de um troféu, mas o lugar onde se colocavam os troféus de guerra. Segundo o texto, em Jó Deus construiu/ergueu um *feretrum* para ridicularizar o demônio. Mais tarde sim, *feretrum* será também o vocábulo utilizado para a maca ou padiola usada para levar os cadáveres.

162 Jó 2,10.

163 Jó 2,9-10.

164 Antonomásia entre mal e diabo.

165 Jó 2,8.

166 Uma possível referência ao apócrifo vétero-testamentário conhecido como *Testamentum Iob* (20, 8-9). Trata-se de um apócrifo grego de origem ainda dúbia (essênio ou cristão). Sua redação deve datar dentre os séculos I a.C e I d.C.

167 Jó 42,10.

168 Último dia: o dia da ressurreição.

XV, 1. Adeo satis idoneus patientiae sequester Deus: si iniuriam deposueris penes eum, ultor est; si damnum, restitutor est; si dolorem, medicus est; si mortem, resuscitator est. Quantum patientiae licet, ut Deum habeat debitorem! **2.** Nec inmerito [enim]. Omnia enim placita eius tuetur, omnibus mandatis eius interuenit: fidem munit, pacem gubernat, dilectionem adiuuat, humilitatem instruit, paenitentiam expectat, exhomologesin adsignat, carnem regit, spiritum seruat, linguam frenat, manum continet, temptationes inculcat, scandala pellit, martyria consummat; **3.** pauperem consolatur, diuitem temperat, infirmum non extendit, ualentem non consumit, fidelem delectat, gentilem inuitat; seraum domino, dominum Deo commendat, feminam exornat, uirum adprobat; amatur in puero, laudatur in iuuene, suspicitur in sene; in omni sexu, in omni aetate formosa est! **4.** Age iam, si et effigiem habitumque eius conprehendamus? Vultus illi tranquillus et placidus, frons pura nulla maeroris aut irae rugositate contracta; remissa aeque in laetum modum supercilia, oculis humilitate, non infelicitate deiectis; **5.** os taciturnitatis honore signatum, color qualis securis et innoxiis, motus frequens capitis in diabolum et minax risus; ceterum amictus circum pectora candidus et corpori inpressus, ut qui nec inflatur nec inquietatur. **6.** Sedet enim in throno spiritus eius mitissimi et mansuetissimi, qui non turbine glomeratur, non nubilo liuet, sed est tenerae serenitatis, apertus et simplex, quem tertio uidit Helias. Nam ubi Deus, ibi et alumna eius, patientia scilicet. **7.** Cum ergo spiritus Dei descendit, indiuidua patientia comitatur eum. Si non cum spiritu admiserimus, in nobis morabitur semper? Immo nescio an diutius perseueret: sine sua comite ac ministra omni loco ac tempore angatur necesse est; quodcumque inimicus eius inflixerit solus sustinere non poterit, carens instrumento sustinendi!

XV. 1. Até neste ponto Deus é o mais fiel depositário da paciência: se colocares uma injúria aos seus cuidados, Ele é vingador; se um dano, Ele é restituidor; se uma dor, Ele é médico; se a morte, Ele é ressuscitador. Quanta honra para a paciência o fato de ter Deus como seu devedor! **2.** E não sem razão, porque ela defende todos aqueles que O estimam, intervêm em todos os Seus mandatos: fortifica a fé, governa a paz, anima o amor, instrui a humildade, espera a penitência, confirma a confissão, modera a carne, conserva o espírito, freia a língua, contém a mão, pisa as tentações, repele os escândalos, aperfeiçoa os martírios, **3.** consola o pobre, modera o rico, não força o fraco, não esgota o forte, deleita o fiel, convida ao pagão, torna recomendável o servo junto a seu senhor e o senhor junto a Deus, orna a mulher, distingue o homem, é amada na criança, louvada no jovem, vista com admiração nos velhos e é formosa em todos os sexos e em todas as idades. **4.** Vejamos, pois se a reconhecemos por seu porte e ornamento? O seu rosto é tranqüilo e plácido, sua fronte lisa e sem qualquer ruga causada por tristeza ou por ira, suas sobrancelhas são uniformes de modo aprazível, os olhos baixos, não por infelicidade, mas por humildade, **5.** os lábios selados pelo silêncio, a sua cor é a daqueles que estão seguros e sem culpas, move constantemente a cabeça com um riso ameaçador contra o diabo, uma veste cândida cinge o seu peito, ajustada ao seu corpo, para que nada a infle nem a inquiete. **6.** Senta-se, pois, no trono daquele Espírito manso e clementíssimo, que não [foi encontrado] em meio ao turbilhão de vento, nem em meio à nuvem escura, mas de modo claro e simples, como Elias o viu na terceira vez, em meio a uma brisa serena.[169] Pois, aí onde está Deus, aí está também a sua discípula, isto é, a paciência. **7.** Portanto, quando o Espírito de Deus desce [sobre alguém], a paciência inseparavelmente o acompanha. Se nós não a acolhemos ao mesmo tempo em que o Espírito,[170] como ela poderá habitar em nós para sempre? Não, eu não sei se ela permaneceria por mais tempo: sem a sua companheira e servidora, Ele deve sentir-se angustiado em todo e qualquer tempo e lugar e não poderá, sozinho, suportar quaisquer que sejam as coisas que seu inimigo lhe infligir, porque está necessitado do instrumento [adequado] para suportar.[171]

169 I Rs 19,11-13.

170 Ef 4,29-30.

171 Alguns comentaristas quiseram ver aqui uma identificação entre Espírito de Deus e graça de Deus. A graça de Deus não pode habitar por muito tempo em quem não exercita a paciência. É necessário, pois que acolhamos a paciência, isto é, permaneçamos pacientes ante as investidas do diabo; caso contrário, até mesmo a graça de Deus não poderá permanecer em nós. Como quer que seja, penso que a interpretação também é válida. No entanto, atendo-me à outra obra de Tertuliano (*De*

XVI, 1. Haec patientiae ratio, haec disciplina, haec opera, caelestis et uerae scilicet: Christiana non, ut illa patientia gentium terrae, falsa probrosa. **2.** Nam ut in isto quoque domino diabolus aemularetur, quasi plane ex pari (nisi quod ipsa diuersitas mali et boni aequaliter magnitudinis par est), docuit et suos patientiam propriam, **3.** illam dico quae maritos dote uenales aut lenociniis negotiantes uxorum potestatibus subicit, quae aucupandis orbitatibus omnem coacti obsequii laborem mentitis adfectionibus tolerat, quae uentris operarios contumeliosis patrociniis, subiectione libertatis gulae, addicit. **4.** Talia nationes patientiae studia nouerunt et tanti boni nomen foedis operationibus occupant: patientes riualium et diuitum et inuitatorum, inpatientes solius Dei uiuunt. Sed uiderint sua et sui praesid*is* patientia, quam *subterraneus* ignis expectat. **5.** Ceterum nos amemus patientiam Dei, patientiam Christi; rependamus illi quam pro nobis ipse dependit, offeramus patientiam spiritus, patientiam carnis, qui in resurrectionem carnis et spiritus credimus!

XVI. 1. Tal é razão, a disciplina e as obras da paciência, isto é, da Cristã; não como aquela paciência dos povos da terra, falsa e desonesta. **2.** Pois também nisto quis o diabo copiar o Senhor, como se estivesse plenamente em igualdade (a não ser naquilo que a própria diversidade de bons e maus é exatamente a par com a sua grandeza), ensinou aos seus a sua própria paciência, **3.** falo daquela [paciência] por meio da qual os maridos se tornam venais ou negociantes lenocidas submetendo-se às suas esposas[172] por causa de um dote, daquela [paciência] que os faz buscar,[173] com grande empenho, a pessoas sem filhos pelas quais são coagidos a tolerar e prestar trabalhos forçados com fingidas demonstrações de afetos, daquela [paciência] que faz com que os servidores do estômago[174] se tornem escravos de protetores que os ultrajam, na sujeição da sua liberdade pela gula. **4.** Tais são as coisas que os pagãos aprenderam de sua paciência e desfiguram tal bom nome com as ações que praticam: são pacientes para com os rivais, com os ricos e com aqueles que os convidam, no entanto, vivem como impacientes apenas para com Deus. Evitemos, pois, a sua paciência e a de seu chefe, os quais o fogo subterrâneo espera. **5.** Ao contrário, quanto a nós, amemos a paciência de Deus, a paciência de Cristo, paguemos-lhe com aquilo que Ele mesmo pagou por nós, ofereçamo-lhe a paciência do espírito, a paciência da carne, porque nós acreditamos na ressurreição da carne e do espírito!

Spectaculis, XV, 2) encontro que o Espírito de Deus é o proprio Espírito Santo, incapaz de permanecer em uma alma impaciente ou irada: "*Deus praecipit nobis Spiritum Sanctum (utpote pro naturae suae bono tenerum, ac delicatum) tranquilitate, laenitate e pace tractare; non furore, non bile, non ira, non dolore inquietare...*"

172 Trata-se de alguns tipos de homens que, por causa do dote da esposa, submetiam-se à sua tirania. Tal fato devia ser muito comum na Antiguidade, pois diversos autores, tanto pagãos quanto cristãos, recriminarão tal comportamento, isto é, casar-se com uma mulher com posses e ser submisso a ela.

173 Note-se que Tertuliano utiliza o verbo *aucupare* que significa "caçar", fala, pois de pessoas que caçam gente sem filhos para prestar-lhes favores em busca de uma herança e se submetem aos trabalhos e afetos mais vis.

174 Servidores do estômago, literalmente glutões, mas também quem quer que prefira as riquezas desta vida às coisas celestes. Cf. Fl 3,19.

S. Cipriano de Cartago

Sobre o bem da paciência

(De bono patientiae)

Cipriano e o De bono patientiae

PE. CLÉBER EDUARDO DIAS

Vida de São Cipriano

Cipriano de Cartago (*Thaschus Cæcilius Cyprianus*), de família pagã, nascido no século III, provavelmente entre 210/211 e martirizado a 14 de Setembro de 258, é outro dos Padres Latinos cuja reconstrução de sua vida pessoal anterior à conversão repousa ainda no campo das hipóteses. Três, no entanto, são as fontes nas quais podemos colher informações sobre sua vida, obras, ministério e martírio: a) *Vita Caecilii Cipriani*, b) suas obras, em especial a *Ad Donatum*, na qual descreve sua conversão, c) os Atos do Martírio (*Acta Proconsularia*).

A fonte principal de informações sobre sua vida é a biografia – *Vita Caecilii Cipriani* – escrita pelo diácono Pôncio. Por meio dela sabemos que Cipriano nasceu em uma família de posses, provavelmente da nobreza, que recebera uma excelente formação clássica, que estudara retórica, chegando a ser *rector* em uma escola em Cartago; que, interessado em conhecer melhor a doutrina e as idéias professadas pelos cristãos, busca um presbítero de nome Cecílio para instruí-lo. A partir dos diálogos com Cecílio e pela ação da graça, Cipriano pedirá o batismo. Anteriormente à sua conversão, renuncia a seus bens, distribuindo-os aos pobres e socorrendo as viúvas. Após fazer o itinerário catequético, será batizado no Sábado Santo de 246 (18 de Abril).

Ávido leitor, Cipriano ruminará os escritos de Tertuliano e Minúcio Félix, a Sagrada Escritura e o patrimônio deixado pelas gerações anteriores de intelectuais cristãos. Entre o seu batismo e o ano 249 escreve as obras *Quod idola*

dii non sint, suas notas marginais às leituras que faz de Tertuliano e Minúcio Félix, o seu *Testimonia ad Quirinum* no qual, demonstrando extrema erudição, compõe um verdadeiro florilégio bíblico, com o qual se propõe a mostrar como se passou da Antiga Lei até ao pleno cumprimento da Lei e dos Profetas em Cristo. O contato com as obras de Tertuliano deixará marcas indeléveis na vida intelectual de Cipriano. S. Jerônimo escreve que Cipriano não passava um dia sem ler algum trecho de Tertuliano, ao qual chamava de Mestre.

Homem dotado de elevados atributos intelectuais e administrativos, em 249 é eleito por aclamação bispo de Cartago, não sem suscitar a inveja e a intriga de alguns presbíteros que disputavam entre si o cargo. Sua obra *De zelo et livore* traz ecos das controvérsias suscitadas contra ele da parte daqueles que foram preteridos em seu lugar.

As perseguições de Décio e Valeriano

Sob Septímio Severo, o Império Romano já se ressente das invasões culturais vindas do Oriente e do esfacelamento político militar. Cresce, no entanto, a idéia de que Roma só voltaria à sua grandeza quando retornasse ao culto oficial do Estado, banindo toda e qualquer religiosidade estrangeira. Os imperadores que se sucedem terão em comum a busca pelo retorno do culto oficial do Estado, entendido ora como culto divino prestado ao próprio imperador, ora como a introdução do culto ao deus sol invictus (Mithras) como divindade superior às demais. Nota-se, desde Caracala (Marcus Aurelius Antoninus, 211-217), uma influência sempre crescente das mulheres, esposas, amantes ou filhas dos imperadores sobre as questões religiosas e políticas. No caso específico de Caracala, por influência de sua mãe Júlia Domna, filha do sumo sacerdote de Mithras, serão decretados dois éditos imperiais, um estendendo a cidadania romana a todos os habitantes livres no território do Império (212), outro concedendo a inserção do culto mistérico oriental a Mithras no panteão romano. Caracala obtém duas importantes vitórias; com o Édito de 212 pode aumentar os rendimentos sobre as heranças e estender sua política fiscal a novos cidadãos, enquanto que agrada sua mãe e torna-se principal defensor do culto a Mithras, no qual via a possibilidade de reunir o Estado politicamente fragmentado.

Sendo cidadãos livres e tendo seu culto a Mithras aprovado e cultuado pelo imperador, os novos cidadãos orientais não tardarão a infestar Roma com sua cultura. Os imperadores romanos posteriores a Caracala arrogarão a si o culto

a Mithras – não esqueçamos que tal divindade já era cultuada por boa parte dos exércitos, e quem os agradava recebia sua proteção –, mas não verão com bons olhos a crescente influência dos cidadãos orientais e sua ascensão aos postos de governo e liderança.

Após a morte de Caracala, sucedem-lhe no trono uma série de imperadores cujo reinado, em alguns casos, durou pouquíssimos meses: Macrino, 217-218, Heliogábalo, 218-222, Alexandre Severo, 222-235, Maximino Trácio, 235-238, Gordiano I, 238, Gordiano II, 238, Pupieno, Balbino e Gordiano III, 238, Gordiano III, 238-244 e Felipe, o árabe, 244-249. Apesar da mais díspar forma de governar e movimentar as forças político-militares romanas, todos parecem concordar em unificar o Império no culto ao imperador. Durante todo esse período cresce, paulatinamente, uma perseguição aos cristãos e judeus. Sabemos que, embora não tenha havido perseguições sistemáticas, o rescrito de Trajano era usado segundo a discrição de governadores, juízes e prefeitos.

No entanto, com Décio (Gaius Messius Quintus Traianus Decius, 249-251) e Valeriano (253-260), as perseguições serão parte do programa para forçar a unidade do Império na figura do imperador. Entre os cristãos, retorna a tétrica figura de Nero, e a concretização das profecias do Apocalipse parece ser a tônica do dia. O programa de Décio foi uma tentativa de restaurar o Império em grande estilo, acabando com a corrupção e detendo a influência oriental cristã; para tanto, julgou que devia submeter primeiramente os cristãos à antiga religião romana. Por meio de um édito de 249/250, ordenou que todos os súditos, livres ou não, oferecessem, juntamente com suas mulheres e filhos, uma *supplicatio*, isto é, um solene sacrifício propiciatório ao deuses e ao imperador. Tal *supplicatio* constava nalguns casos em queimar uns grãos de incenso ou algum animal em sacrifício aos deuses, segundo a fórmula prescrita. A execução de tal édito levou prefeitos, juizes e governadores, ávidos de mostrar submissão ao imperador, a montar campanhas públicas para a concretização dos objetivos imperiais. Após a *supplicatio* cada súdito recebia um *libellus*, uma espécie de salvo-conduto. Aos recalcitrantes, ordenavam-se penalidades progressivas: cárcere, privação dos bens, exílio, trabalhos forçados, tortura e a pena de morte. Houve quem, contando com a boa graça ou a corrupção de funcionários públicos, conseguisse, seja em troca de favores, seja por uma soma de dinheiro ou bens, o tão desejado *libellus* sem precisar fazer a *supplicatio*.

O ambiente cristão em Alexandria, Cartago, Esmirna e Roma, que até então tinha vivido cerca de 40 anos sem perseguições sistemáticas, verá uma

onda de defecções em massa,[i] nalguns casos até mesmo com bispos aceitando fazer a *supplicatio*. Segundo Cipriano,[ii] não faltaram também os verdadeiros confessores da fé, uma multidão de todos os sexos e idades, que receberam o martírio para se manterem fiéis a Cristo. Destacam-se nesta perseguição os exemplos do Papa Fabiano em Roma, dos bispos Babila de Antioquia e Alexandre de Jerusalém; Orígenes, por sua vez, sofreu graves torturas que o incapacitaram para o resto de sua vida. Gregório o Taumaturgo, Dionísio de Alexandria e Cipriano de Cartago[iii] fugiram de suas sedes para escapar da morte. Nem mesmo os pagãos de cultos orientais foram poupados de fazer a *supplicatio*.

Com a morte de Décio em 251 e o advento de Treboniano Galo (251-253) e Emiliano (253), a Igreja pareceu gozar de um curto período de paz. São deste período as primeiras discussões sobre a reintegração dos *lapsi*.

Valeriano (253-260), inicialmente indiferente aos cristãos a ponto de ter funcionários cristãos no palácio, diante da miséria econômica do Estado e, segundo Eusébio de Cesaréia,[iv] seduzido pela hostilidade de seu ministro de finanças Macriano, iniciará uma das mais cruéis perseguições aos cristãos. Macriano tinha bem claro que a influência dos cristãos somente na Urbe já era de todo sentida, não só nos cargos públicos, mas também na questão econômica, com cerca de 41 cemitérios próprios, inúmeras casas próprias e com suas igrejas propriamente ditas (*domus ecclesiae*) e não mais precisavam se servir para o culto das casas de particulares (*domestica ecclesiae*). Pela carta do Papa Cornélio ao bispo Fábio de Antioquia sabemos que, somente em Roma, a Igreja tinha 46 presbíteros, 7 diáconos, 7 subdiáconos, 42 acólitos, 52 exorcistas, leitores e ostiários e assistia com doações e alimentação a 1500 viúvas e indigentes.[v] Calcula-se entre 30 a 50 mil os cristãos habitantes em Roma.

A perseguição de Valeriano pode ser dividida em duas fases. Durante a primeira perseguição, em 257, Cipriano é informado que deve juntamente com todo o clero participar dos sacrifícios e das demais cerimônias pagãs públicas. Recusa-se a tais atos por serem impróprios a um cristão e sofre o exílio de

---

[i] Cf. Eusébio de Cesaréia, *Historia Eclesiástica*, VI, 39-41, 11-12. Cf. Cipriano, *De lapsis*, 7-9.

[ii] Cf. Cipriano, *De lapsis*, 2.

[iii] Dada a oposição que havia contra S. Cipriano pelos presbíteros que gostariam de ter assumido o bispado de Cartago, a fuga dele não foi de toda bem vista. Seus opositores fizeram Roma saber de sua "deserção". Na Carta XX, escrita ao clero de Cartago e enviada a Roma, S. Cipriano se defende da acusação de desertor e indica como alguns motivos a busca das autoridades e uma sublevação popular para sua fuga, bem como, mesmo no exílio, os modos como continuou a animar e a reger espiritualmente Cartago.

[iv] Cf. Eusébio de Cesaréia, *Historia Eclesiástica*, VII, 10.

[v] *Idem, Ibidem*, VI, 43.

um ano. Durante a segunda perseguição à Igreja em África, em 258, o édito de Valeriano ordena que todos os eclesiásticos de grau superior – bispos – e membros eminentes do laicato – catequistas – que permanecessem irredutíveis fossem sumariamente executados, as matronas ameaçadas com o exílio e os funcionários imperiais com a pena de trabalhos forçados.

Assim, por sua fidelidade a Cristo e à Igreja, Cipriano é executado a 14 de Setembro de 258. Para além da multidão de cristãos martirizados, são mártires eminentes deste período o Papa Sixto II e seus 6 diáconos, decapitados enquanto celebravam (6 de Agosto de 258), Lourenço, diácono de Sixto, queimado vivo em uma grelha em Útica (10 de Agosto de 258), e grande quantidade de bispos de Roma a Espanha e em toda Ásia Menor. Cipriano é o primeiro Bispo de Cartago a ser martirizado.

A questão dos *lapsi*

Com o Édito de 249 e a apostasia em massa de muitos cristãos, surge no ambiente africano uma grande controvérsia. Os cristãos que para salvar suas vidas abjuraram a fé cristã foram prontamente alcunhados de *caídos* (*lapsi*) e se encontravam impedidos de participar da Igreja. Sobre este tema Cipriano escreverá uma obra, o *De lapsis* (Sobre os caídos), para indicar as condições para readmissão ao seio da Igreja daqueles que abjuraram ou apostataram da fé cristã ao aceitar fazer a *supplicatio*. A controvérsia se deve em grande parte porque era uma prática comum que os chamados *confessores da fé* – cristãos que foram presos e sofreram torturas para não renegar a Cristo – pudessem readmitir os *lapsi* sem quaisquer práticas penitenciais, dando-lhes um *libellus* ou papel no qual constava sua reintegração à Igreja. Cipriano, cioso da autoridade episcopal e da tradição apostólica, recordará que compete exclusivamente ao bispo readmitir os culpados. Traçará as condições para a penitência para cada caso, procurando fazer a distinção entre aqueles *lapsi* que apostataram obrigados e aqueles que o fizeram voluntariamente. Reprovará o costume daqueles que pediam a readmissão imediata – convidando-os a uma larga penitência e à doação de esmolas aos pobres, uma vez que, se tivessem fugido da perseguição, teriam de abandonar seus bens –, que não viessem desesperados da misericórdia de Deus, nem que exigissem tal misericórdia.[vi] Contra a intransigência dos novacianos, defenderá que a Igreja não é uma sociedade de puros, mas de pecadores que

[vi] Cf. Cipriano, *De lapsis*, 35.

vivem da misericórdia e bondade de Deus. Data certamente deste período sua obra *De unitate catholicae ecclesiae* ("Sobre a unidade da Igreja Católica"), com a qual pretende dar respostas aos cismas e divisões causadas por Novaciano, Felicíssimo e Novato.

A controvérsia do (re)batismo dos hereges e cismáticos

Entre os anos de 252-254, um grande peste assola toda a África. Cipriano recupera sua diocese e toma as medidas religiosas e administrativas para auxiliar a população de Cartago. Durante este período, foi o esteio do povo cristão e não-cristão, abandonado à sua própria sorte pelas autoridades civis. Datam desta época seus escritos *De opere et eleemosynis* ("Sobre as obras e as esmolas"), no qual, diante da perseguição e da peste, inculca os fiéis a serem generosos com os despossuídos e perseguidos, e o *De mortalitate* ("Sobre a mortalidade") no qual trata da visão cristã diante da morte.

A questão sobre a necessidade de batizar ou rebatizar os hereges e cismáticos que procuravam voltar à comunhão com a Igreja despertará uma longa controvérsia entre a Igreja em África e o Papa Estêvão entre os anos 255-256/257.

O personagem principal em África era Cipriano, bispo de Cartago. Embora em África tivessem ocorrido sínodos em várias cidades, o bispado de Cartago, mesmo no tempo dos bispos anteriores a Cipriano, sempre deteve uma certa primazia. Nos Sínodos de 255 e 256, ambos presididos por Cipriano, cerca de 90 bispos foram unânimes em negar a validade dos batismos conferidos por hereges e cismáticos.

Os bispos africanos tinham bem claras na memória as lutas contra o esfacelamento da unidade cristã provocado pelos hereges no tempo de Tertuliano. O mesmo Tertuliano, na obra *De baptismo*[vii] negava que o batismo administrado por quem quer que estivesse fora da comunhão da Igreja fosse válido. O sínodo da Numídia de 220 já havia perfilhado as idéias de Tertuliano sobre esta questão. Tal era a inspiração dos bispos africanos.

A controvérsia revela dois modos de interpretação, a saber, um disciplinar e um dogmático. Para o Papa Estêvão I (254-257) estava em jogo principalmente uma questão disciplinar: se o batismo empregue pelos hereges e cismáticos usou a fórmula trinitária, devia ser considerado válido; uma vez que era válido,

[vii] Cf. Tertuliano, *De baptismo*, 15.

o rebatismo, nesses casos, devia ser proibido. Para Cipriano e para os bispos africanos, o problema girava em torno não somente da questão disciplinar, mas principalmente da questão dogmática: os hereges e cismáticos não tinham uma noção clara nem sobre a Trindade, nem sobre a Igreja, portanto seu batismo, mesmo que usasse a fórmula correta, por um vício de noção errônea, não poderia ser considerado válido; tampouco estavam na graça de Deus, por estarem separados da Igreja.[viii]

Ao ser informado da prática do rebatismo nas igrejas em África e das conclusões dos sínodos de 255 e 256, Estêvão I afirmará que o batismo é sempre válido, porque procede do Senhor, e proibirá, sob pena de excomunhão, que se continue a rebatizar, por ser tal ato uma coisa nova na Igreja.[ix] Estêvão I julgava que aos hereges e cismáticos que quisessem voltar à Igreja bastava impor a penitência. Uma ordem semelhante foi enviada por Estêvão I também aos bispos da Ásia Menor, os quais, como os africanos, rebatizavam os hereges e cismáticos. Em um sínodo (256) no qual se destacaram os bispos Firmiliano de Cesaréia e Heleno de Tarso, 87 bispos da Ásia Menor se colocarão a favor da prática dos africanos. Como toda a Igreja em África persistiu na prática do rebatismo, o Papa Estêvão I não enviou nem permitiu que seus legados participassem de um terceiro sínodo sob a presidência de Cipriano. Tal atitude equivalia a dizer que a Igreja em África estava fora da comunhão. Por fim, a controvérsia ficou pendente, não por culpa das partes, mas pela perseguição de Valeriano, pois no ano de 257 morre pelo martírio Estêvão, e Cipriano é desterrado a Cucubis. Em 14 de Setembro de 258 será a vez de Cipriano receber o martírio. Caberá ao Papa Sixto II (257-258) reatar os bispos africanos à comunhão com Roma. No entanto, a prática do rebatismo entre os africanos, segundo o testemunho do Sínodo de Arles em 314, permanecia ainda viva.

Data, certamente, do período da controvérsia batismal o *De bono patientiae*, obra na qual Cipriano demonstra, mais do que em outras obras, sua dívida a Tertuliano.

[viii] Cf. Cipriano, *Epistula* LXXIII, 23.

[ix] O trecho da carta do Papa Estêvão I consta na Carta 74 de Cipriano, *op. cit*: "Se, pois, de qualquer heresia vierem a vós, nada se inove além do que foi transmitido, de modo que se lhes imponha a mão em sinal de penitência, já que os mesmo hereges não batizam de modo próprio os que vêm a eles, mas só lhes oferecem comunhão". Com isso, no entender de Cipriano e dos demais bispos africanos, Estêvão estava afirmando que, indiscriminadamente, não se deveriam batizar os hereges. Ora, a Igreja em África ainda tinha bem claro o ensinamento de Tertuliano, além da presença dos montanistas (que batizavam seu membros com uma fórmula alterada) e de uma série de heresiarcas e seus seguidores.

Obras e possível datação

A atividade literária de Cipriano não está representada por grandes elaborações teológicas, antes se reveste de uma caráter prático-pastoral pelas perseguições e dissensões no seio da Igreja em sua época. Assim, pois, há de se entender os escritos de Cipriano, sejam as obras, sejam as numerosas cartas, que procuram antes de tudo dar soluções pastorais ao conflitos e necessidades surgidas. A datação, incerta em muitos casos, pode ser obtida por três fontes antigas[x] e por algumas referências que Cipriano faz em outras obras.

- **Em 246, após o batismo:**
  Ad Donatum
- **Anterior a 249:**
  Ad Quirinum (Testimoniorm libri III)
  Quod idola dii non sunt
- **Após a consagração episcopal em 249:**
  De habitu virginum
- **Antes da primavera de 251:**
  De lapsis
  De Ecclesiae unitate
- **Finais de 251 ou princípio de 252:**
  De dominica oratione
- **Entre 252 e 255:**
  Ad Demetrianum
  De mortalitate
  De opere et eleemosynis
- **Em 256:**
  De bono patientiae
- **Entre 256 e 257:**
  De zelo et livore
- **250/251? - 253? ou 257?**
  Ad Fortunatum de exhortatione martyrii

[x] As três fontes antigas são o *Vita Caecilii Cipriani*, escrito pelo diácono Pôncio, o catálogo de Cheltenham de 359 e o sermão 313 C de S. Agostinho, *De natale S. Cypriani*.

Além destas obras, sobreviveram 81 cartas nas quais podemos conhecer o ambiente cristão do século III, o latim culto e com a nova terminologia utilizado pelos cristãos, as divisões e heresias, o proceder jurídico e pastoral, a dogmática e a eclesiologia de Cipriano enquanto bispo de Cartago.

O *De bono patientiae*

Não há como negar que o *De bono patientiae* de Cipriano assume as figuras e exemplos encontrados no *De Patientia* de Tertuliano. Porém, ao contrário do que afirmam Insuelas[xi] e outros autores, nele Cipriano retoma o tema da paciência colocando novas formas de apresentá-la e mostrando-se em muitos aspectos afastado do modo de escrita e do pensamento de Tertuliano. Se originalidade significa apenas ser o primeiro autor a escrever sobre um determinado tema, então a humanidade não tem escrito nada de original desde o início dos tempos.[xii]

No *De bono patientiae* Cipriano afirma que a paciência é o sinal distintivo dos humildes e mansos.[xiii] Os "filósofos", isto é, os estóicos, pregam uma sabedoria capaz de alcançar a paciência. Cipriano afirma que, como eles não conhecem a Deus, conseqüentemente a sabedoria deles é falsa por propor a resignação ou indiferença como sinônimo da paciência.

Ela é a virtude comum a nós e a Deus. Ela tem sua origem n'Ele, os ensinamentos divinos fazem-na brilhar e d'Ele ela haure sua dignidade.[xiv] Afirma que a paciência em Deus é antes de tudo longânime, por Ele tolerar e suportar as afrontas dos homens. O modo como Deus ama os homens revela que Ele difere sua ira e os suporta com clemência, esperando pela sua conversão.[xv] Aquele que é paciente e manso pode ser chamado imitador de Deus Pai, filho perfeito de Deus, se permanece paciente, manifestando em

[xi] Insuelas, que ao que parece não leu o *De bono patientiae* nem o *De dominica oratione*, escreve: "Não têm nada de original. São simples e pálidas imitações das obras congêneres de Tertuliano". INSUELAS, J. B., *Curso de Patrologia (História da Literatura Antiga da Igreja)*, Braga, Escola Tipográfica das Oficinas de S. José, 1943, p. 196.

[xii] Na disputa contra os pelagianos, Santo Agostinho não deixou de citar o *De bono patientiae* – nem o *De dominica oratione* – encontrando neles argumentos sobre a transmissão do pecado original, a necessidade de rendermos graças a Deus, reconhecermos a necessidade da virtude da paciência e a origem divina de tal virtude. Assim, em *Contra duas Epistolas Pelagianorum libri quatuor*, encontramos no livro IV, 8, 22 dois trechos do *De bono patientiae*, 11 e 17, e no mesmo livro IV, 9, 25, um trecho do *De bono patientiae*, 3.

[xiii] *Sobre o bem da paciência*, 2, p. 105 desta edição.

[xiv] *Idem, Ibidem*, 3, p. 107.

[xv] *Idem, Ibidem*, 4, pp. 107-9.

seus atos esta virtude divina, e não impaciente como Adão, que perdera os dons recebidos de Deus.[xvi]

Cristo, Deus Filho, nos deu os ensinamentos celestes da paciência suportando, humilhando-se, usando de mansidão, complacência e clemência para com o traidor, para com os judeus, para com os ingratos.[xvii] A paciência do Senhor manifesta-se também em acolher até mesmo os blasfemos e aqueles que atacam e perseguem a Sua Igreja.[xviii]

Os Profetas, Patriarcas e justos do Antigo Testamento que prefiguraram a Cristo servem-nos também de modelos de paciência, mansidão, tolerância, perdão, equanimidade de espírito.[xix] A vida eterna só pode ser obtida em meio à dor e ao sofrimento se tais estados estiverem envolvidos pelo exercício da paciência.

A vida do homem sobre a terra, enquanto que herdeiro do pecado original, é dor e sofrimento, e não tem sentido tal dor e sofrimento se não vividos na constância da paciência.[xx] Nascido sob o jugo do pecado original, resta ao homem o único consolo nesta vida: a paciência. Tal é a grandeza da paciência, que faz com que o cristão tolere, por meio da fé, os ataques do mundo e do diabo, as perseguições, os açoites, o perder os bens na fuga e a morte pelo martírio.[xxi]

O fruto da esperança e da fé, isto é, a vida eterna, só pode ser alcançado mediante a paciência.[xxii] A luta contra o diabo e o mundo é muitas vezes acrescida pela luta contra a carne, isto é, as próprias disposições ou inclinações contrárias à vontade divina. Nesta luta contra as más tendências, o cristão encontra na paciência, vivida de modo forte e corajoso em seu coração, o remédio para não se macular, mundanizar ou cair em pecado.[xxiii]

A paciência intercede para a manutenção do vínculo da paz e da concórdia entre irmãos.[xxiv] Para exercitá-la é antes de tudo necessária a tolerância.[xxv]

[xvi] *Idem, Ibidem,* 5, pp. 109-111.

[xvii] *Idem, Ibidem,* 6, p. 111.

[xviii] *Idem, Ibidem,* 8, pp. 113-5.

[xix] *Idem, Ibidem,* 10, pp. 115-7.

[xx] *Idem, Ibidem,* 11, p. 117.

[xxi] *Idem, Ibidem,* 12, pp. 117-9.

[xxii] *Idem, Ibidem,* 13, pp. 119-121.

[xxiii] *Idem, Ibidem,* 14, pp. 121-3.

[xxiv] Veja-se, por exemplo, a carta LXXIII, 26 ao bispo Iubaiano, na qual Cipriano afirma que um dos motivos para ter escrito esta obra foi a manutenção da concórdia entre irmãos, isto é, o clero entre si e os fiéis: "*Servatur a nobis patienter et leniter caritas animi, collegii honor, vinculum fidei, concordia sacerdotii propter hoc etiam libellum nunc de bono patientiae quantum valuit nostra mediocritas permittente Domino et inspirante conscripsimus, quem ad te pro mutua dilectione transmisimus.*"

[xxv] *Loc. cit.*

A caridade, que é o dom maior e total, não pode existir naqueles que não lhe dão sustentação. Ora, segundo Cipriano, a caridade perde suas forças e não deita raízes se não for sustentada pela paciência.[xxvi]

O cristão deve ser antes de tudo alguém que exercita a paciência, caso contrário não conseguirá suportar a perda dos bens, o dar a outra face, o dar o perdão sem limites. Mesmo que tenha vencido o mar proceloso da luta contra a carne, o diabo e o mundo, não poderá sequer irar-se, ou então não entrará no "porto de Cristo".[xxvii]

Permanecer paciente é, pois, tornar-se imitador de Deus Pai, é permanecer e configurar-se a Cristo, é deixar brotar em si uma exuberante e rica fonte que se difunde em múltiplos veios que nos recomendam e nos conservam em união com Deus. Todas as demais virtudes, bens e dons podem ser obtidos pela guarda da paciência.[xxviii]

Àqueles que sofreram as perseguições, prisões e açoites ou tiveram seus familiares martirizados, Cipriano recomenda que se observe a vontade de Deus expressa na Sagrada Escritura: deixar a vingança do sangue dos mártires e dos perseguidos ao Justo Juiz.[xxix] A precipitação no querer colher a vingança contra os maus antes que Deus, juiz e vingador, se manifeste é demonstrar impaciência e irreligiosidade.[xxx]

A observância dos mandamentos, o temor de Deus e a confiança na Sua justiça é o que farão que sejamos contados e honrados entres os justos e pacientes.

Referências bibliográficas

As referências bibliográficas aqui elencadas seguem o critério de apresentarem apenas o essencial sobre o autor e a obra traduzida.

Estudos sobre o autor

O número de estudos sobre o autor, suas obras, bem como sobre a bibliografia crítica é vastíssimo. Indicamos, no entanto:

- A *Chronica Tertullianea et Cyprianea* (ChTC) é um repertório que recolhe anualmente, desde 1975, todas as produções bibliográficas sobre o autor e suas obras. Atualmente em curso, a ChTC pode ser encontrada

---

[xxvi] *Idem, Ibidem*, 15, p. 123.
[xxvii] *Idem, Ibidem*, 16, pp. 123-5.
[xxviii] *Idem, Ibidem*, 20, p. 129.
[xxix] *Idem, Ibidem*, 21, pp 129-131.
[xxx] *Idem, Ibidem*, 24, pp. 133-5.

na *Revue des Études augustiniennes* (Paris). Para os anos de 1975 a 1994 pode-se consultar: *Chronica Tertullianea et Cyprianea 1975-1994. Bibliographie critique de la première littérature latine chrétienne*, Paris, Institut d'Études augustiniennes, 1999, XII, p. 629 (Collection des Études augustiniennes. Série Antiquité, 157).

- Benson, E. W., *Cyprian: His Life, His Times, His Work*, London, Macmillan, 1897.
- Bouet, P. *et alii* (eds), *Cyprien, traités: concordance: documentation lexicale et grammaticale*, 2 vol., Alpha-Omega, Reihe A, Lexika, Indizes, Konkordanzen zur klassischen Philologie, 67, Hildesheim/Zürich/New York, Olms-Weidmann, 1986.
- Burns, J. P., *Cyprian the Bishop*, Routledge Early Church monographs. London/New York, Routledge, 2002.
- De Tricalet, Mr., *Biblioteca Portatil de los Padres de la Iglesia desde el tiempo de los Apostoles*, trad. F. Vazquez, Tomo Primero, Madrid, Imprenta Real, 1790, pp. 250-334.
- Langa, P., "San Cipriano en la eclesiología de san Agustín contra los donatistas", *Teología y Catequesis*, 75 (2000), pp. 23-41.
- Sage, M. M., *Cyprian*, Patristic monograph series, 1, Cambridge (MA), Philadelphia Patristic Foundation, 1975.
- Salamito, J-M., "Cipriano de Cartago", in: *Dicionário Patrístico e de Antigüidades Cristãs*, (A. Di Berardino), trad. Cristina Andrade, Petrópolis, Vozes, 2002, pp. 386-8.
- Saxer, R., "Cipriano", in: *Dicionário Crítico de Teologia* (J-Y. Lacoste), trad. Paulo Meneses et alii., São Paulo, Paulinas/Loyola, 2004, pp. 292-4.
- Veronese, M., *Introduzione a Cipriano*, Brescia, Morcelliana, 2009 (Letteratura cristiana antica, 19).

Edições críticas do *De bono patientiae*

- Hartel, G. (1868) = S. Thasci Caecili Cypriani Opera Omnia. Recensuit et commentario critico instruxit Guilelmus Hartel, *Corpus Scriptorum Ecclesiasticorum Latinorum*, Vol. III, Pars I, Vindobonae, C. Geroldi, MDCCCLXVIII, pp. 395-415.

- KRABINGER, Jo G. (1859) = S. Caecili Cypriani Episcopi Karthaginensis et Martyris Libri ad Donatum, De Dominica oratione, De mortalitate, Ad Demetrianum, De opere et eleemosynis, De bono patientiae et De zelo et livore. Ad codicum mss. vetustissimorum fidem recognovit et adnotatione critica instruxit Jo. Georgius Krabinger, Tubingae, Libraria Henrici Laupp, MDCCCLIX, pp. 248-290.

Edições não-críticas do *De bono patientiae*

- OXONIENSE = Sancti Caecilii Cypriani Opera recognita & illustrata per Joannem Oxoniensem episcopum: Accedunt Annales Cyprianici, sive Tredecim annorum, quibus S. Cyrianus inter Christianos versatus est, brevis historia chronologice delineata per Joannem Cestriense, Oxonii, Theatro Sheldoniano, MDCLXXXII.
- BALUZE = cols. 579-594 (1758): Sancti Caecilii Cypriani episcopi carthaginensis ... Opera ad mss. codices recognita & illustrata studio ac labore Stephani Baluzii Tutelensis. Absolvit post Baluzium, ac praefationem & vitam Sancti Cypriani adornavit unus ex monachis congregationis S. Mauri, Venetiis, ex Typographia Hyeronimi Dorigoni, MDCCLVIII.
- MIGNE, cols. 621C-638B (1844), Liber de bono patientiae: *Patrologia Latina*, Tomus IV.

Traduções

Indicamos nesta seção apenas as traduções que nos auxiliaram para o cotejamento dos trechos mais obscuros.

- B. A. C.[1] = pp. 295-315 (1964: Obras de San Cipriano, Edición bilingüe. Tratados. Cartas. Introducción, versión y notas por Julio Campos, Sch. P. Madrid, Biblioteca de Autores Cristianos, MCMLXIV, Vol. 241 [utiliza o texto de Migne].
- B. A. C.[2] = pp. 343-370 (2013: *San Cipriano de Cartago.* Obras Completas I. *Testimonios a Quirino - A Donato - La unidad de la Iglesia católica -La oración dominical - La condición mortal del hombre - A Demetriano - Sobre los bienes de la paciencia - Cartas.* Edición Bilingüe, preparada por Juan Antonio Gil-Tamayo, Madrid, Biblioteca de Autores Cristianos,

MMXIII (Volume 717 da coleção) [utiliza o texto do *Corpus Christianorum. Series latina*, que é o texto de G. Hartel].

- BKV = pp. [1]-32 (1918): Des heiligen Kirchenvaters Caecilius Cyprianus sämtliche Schriften aus dem Lateinischen übers [von Julius Baer], Kempten [München], J. Kösel, 1918 (Bibliothek der Kirchenväter, 1, Reihe, Band 34) [provavelmente utiliza o texto de Krabinger].
- CITTÀ NUOVA = pp. 178-198 (2004): Cipriano, Trattati, Introduzione, traduzione e note a cura di Antonella Cerretini, Roma, Città Nuova, 2004, (Collana di Testi Patritici, 175) [provavelmente utiliza o texto de Hartel].
- EMMENSCHULTHEISS, U. = (s.d.) [edição eletrônica; utiliza o texto da alemã da BKV, disponível em http://www.unifr.ch/bkv/bucha157.htm].
- RIALP = pp. 78-101 (2010): Tertuliano, San Cipriano, San Agustín. *La paciencia*, Prólogo y notas de José María Sanabria, Madrid, Rialp, 2010 (Nebli, Clásicos de Espiritualidad, 57) [não informa o texto latino utilizado, nem o tradutor].
- SCHAFF = pp. 484-491 (1885): On the Advantage of Patience, translated by the Rev. Ernest Wallis, Ph.D., in: *Ante-Nicene Fathers V.* Fathers of the Third Century: Hippolytus, Cyprian, Caius, Novatian. Christian Literature Company, New York-Edinburgh, 1885, Philip Schaff (ed.) [utiliza o texto da edição Oxoniense].

Tradução não publicada

A título de curiosidade bibliográfica, informo que a Biblioteca Nacional de Portugal, código 13263, possui em seu espólio uma antiga tradução das obras de Cipriano em dois volumes. Ao que nos consta, foi a primeira e única tradução completa de todas as obras. Não tivemos acesso a tal tradução, razão pela qual não podemos avaliá-la. O *De bono patientiae* encontra-se nos fólios 42-58v.:

- Tratados de S. Cypriano B. e Martyr. Tratados de S. Cecilio Cypriano Bispo e Martyr postos em lingoagem por Bento Joze de Souza Farinha Mestre de Filosofia na cid.e de Evora e agora nesta de Lisboa. Era de 1788. tirados em lingoagem da ediçam de Henrique Dodwelli... por Bento José de Souza Farinha, professor régio de Filozofia em Lisboa, era de 1787.

Estudos sobre o *De bono patientiae*

- SÁNCHEZ MANZANO, M. A., "La exhortación a la paciencia. Tertuliano, San Cipriano y San Agustín y la evolución de la prosa.", *Epos: Revista de filología* (1993), n. 9, pp. 51-65.
- SPANNEUT, M., "Patience", in: *Dictionnaire de Spiritualité: ascétique et mystique, doctrine et histoire*, Tome XII, Paris, Beauchesne, 1983, col. 443.

Referências gerais

- BARDENHEWER, O., *Patrology: The lives and works of the Fathers of the Church*, transl. Thomas J. Shahan, Freiburg im Breisgau/St. Louis (MO), B. Herder, 1908.
- BERARDINO, A. (Org.), *Dicionário Patrístico e de Antigüidades Cristãs*, trad. C. Andrade, Petrópolis, Vozes, 2002.
- BIHLMEYER, K., TUECHLE, H., *História da Igreja. vol. I: Antigüidade Cristã*, trad. Ebion de Lima, São Paulo, Paulinas, 1963.
- CAYRÉ, A. A., *Manual of Patrology and History of Theology*, transl. H. Howitt, First Volume: First & Second Books, Paria/Tournai/Roma [Bélgica], Society of St John Evangelist/Desclée & Co., 1936.
- INSUELAS, J. B., *Curso de Patrologia (História da Literatura Antiga da Igreja)*, Braga, Escola Tipográfica das Oficinas de S. José, 1943.
- PIERINI, F., *A Idade Antiga: Curso de História da Igreja I*, trad. José Maria de Almeida, São Paulo, Paulus, 1998.
- QUASTEN, J., *Patrología: I: Hasta el Concilio de Nicea*, trad. I. Oñatibia, U. Farre, E. M. Llopart, 3ª ed, Madrid, Biblioteca de los Autores Cristianos (B. A. C.), 1978.
- ROMAG, D., *Compêndio de História da Igreja. Vol. I: A Antigüidade Cristã*, IIª ed., Petrópolis, Vozes, 1949.
- TREVIJANO ETCHEVERRIA, R., *Patrologia*, Madrid, Biblioteca de los Autores Cristianos (B. A. C.), 1994 (Serie Manuales de Teología, 6).

Nota Editorial

Sobre a tradução

A presente tradução do *De bono patientiae* tem por base exclusivamente a edição crítica editada por G. Hartel, presente em *Corpus Scriptorum Ecclesiasticorum Latinorum*, Vol. III, Pars I (1868), pp. 395-415. Portanto, o texto latino é o da edição supracitada.

Para um completo controle de variantes do texto latino foram cotejadas as seguintes edições antigas:

- Oxoniense = *Sancti Caecilii Cypriani Opera recogaita & illustrata per Joannem Oxoniensem episcopum: Accedunt Annales Cyprianici, sive Tredecim annorum, quibus S. Cyrianus inter Christianos versatus est, brevis historia chronologice delineata per Joannem Cestriense*, Oxonii: e Theatro Sheldoniano, MDCLXXXII.
- Baluze = cols. 579-594 (1758): *Sancti Caecilii Cypriani episcopi carthaginensis... Opera ad mss. codices recognita & illustrata studio ac labore Stephani Baluzii Tutelensis. Absolvit post Baluzium, ac praefationem & vitam Sancti Cypriani adornavit unus ex monachis congregationis S. Mauri.* Venetiis, ex Typographia Hyeronimi Dorigoni, MDCCLVIII.
- Migne = cols. 621C-638B (1844): *Liber de bono patientiae*, Patrologia Latina, Tomus IV.
- Krabinger = pp. 248-290 (1859): *S. Caecili Cypriani Episcopi Karthaginensis et Martyris Libri ad Donatum, De Dominica oratione, De mortalitate, Ad Demetrianum, De opere et eleemosynis, De bono patientiae*

et De zelo et livore. Ad codicum mss. vetustissimorum fidem recognovit et adnotatione critica instruxit Jo. Georgius Krabinger, Tubingae, MDCCCLIX in Libraria Henrici Laupp.

Para o cotejo em línguas modernas foram utilizadas as seguintes traduções das quais informamos o texto latino utilizado: B. A. C.[1](1964), B. A. C.[2] (2013), BKV (1918), CITTÀ NUOVA (2004), U. EMMENSCHULTHEISS (s.d.), RIALP (2010) e SCHAFF (1885).

No texto em latim:

- As palavras ou letras entre [ ] são complementações ou correções ao texto feitas por G. Hartel.

Na tradução:

- As palavras entre [ ] são termos ou expressões complementares para melhor inteligência do texto.

Texto bilíngüe

Latim-Português

1. De patientia locuturus, fratres dilectissimi, et utilitates eius et commoda praedicaturus unde potius incipiam, quam quod nunc quoque ad audientiam uestram patientiam uideo esse necessariam, ut nec hoc ipsum quod auditis et discitis sine patientia facere possitis? tunc enim demum sermo et ratio salutaris efficaciter discitur, si patienter quod dicitur audiatur. nec inuenio, fratres dilectissimi, inter ceteras disciplinae caelestis uias quibus ad consequenda diuinitus praemia spei ac fidei nostrae secta dirigitur quid magis sit uel utilius ad uitam uel maius ad gloriam quam ut qui praeceptis dominicis obsequio timoris ac deuotionis innitimur patientiam maxime tota obseruatione tueamur.

2. Hanc se sectari philosophi quoque profitentur, sed tam illic patientia falsa est quam et falsa sapientia est. unde enim uel sapiens esse uel patiens possit qui nec sapientiam nec patientiam Dei nouit? quando ipse de his qui sibi sapere in mundo uidentur moneat et dicat: perdam sapientiam sapientium et prudentiam prudentium reprobabo, item beatus apostolus Paulus plenus Spiritu sancto et uocandis formandisque gentibus missus contestetur et instruat dicens: uidete ne qui uos depraedetur per philosophiam et inanem fallaciam secundum traditionem hominum, secundum elementa mundi et non secundum Christum, quia in ipso habitat omnis plenitudo diuinitatis. et alio loco, nemo se, inquit, decipiat. si qui putat sapientem se esse in uobis, mundo huic stultus fiat ut fiat sapiens. sapientia enim huius mundi stultitia est apud Deum. scriptum est enim: reprehendens sapientes in astutia ipsorum. et iterum: cognouit Deus cogitationes sapientium quia sunt stultae. quare si sapientia illic uera non est, esse non potest et uera patientia. nam si patiens ille est qui est humilis et mitis, philosophos autem nec humiles uidemus esse nec mites sed sibi multum placentes et hoc ipso quod sibi placeant Deo displicentes, apparet illic non esse patientiam, ubi sit insolens adfectatae libertatis audacia et exerti ac seminudi pectoris inuerecunda iactantia.

1. Por onde melhor devo começar, irmãos caríssimos, para falar-lhes sobre a paciência, suas utilidades e vantagens, senão que neste momento percebo que também para ouvir-me é necessária a vossa paciência, pois não podereis ouvir-me e aprender de mim sem paciência? Nesse caso, de fato, o discurso e o argumento salutar somente são apreendidos eficazmente se pacientemente se escuta aquilo que foi dito. Nem encontro, irmãos caríssimos, entre as demais vias da doutrina celestial, pelas quais nossa fé é dirigida para que sejam obtidos da parte de Deus os prêmios da fé e da nossa esperança, outra [via] maior ou mais util à vida, ou maior para a glória, que o apoiar-se nos preceitos do Senhor, graças ao temor e também à devoção, de modo que observemos a mais perfeita paciência.

2. Os filósofos professam segui-la, mas a sua paciência é tão falsa quanto o é a sua sabedoria.[1] Como, afinal, pode alguém ser sábio ou paciente se não conhece nem a sabedoria nem a paciência de Deus? Pois que o próprio [Deus] adverte e diz sobre aqueles que vêem a si mesmos como sábios no mundo: *Destruirei a sabedoria dos sábios e reprovarei a prudência dos prudentes*,[2] e também o santo apóstolo Paulo, cheio do Espírito Santo, enviado para chamar à conversão e para converter as nações, testemunha o mesmo e nos ensina dizendo: *Prestai atenção para que ninguém vos escravize com a filosofia e o vazio sofisma conforme as tradições humanas, conforme os conhecimentos do mundo e não conforme Cristo, porque nele habita toda a plenitude da divindade.*[3] E em outra passagem diz: *Ninguém se engane a si mesmo. Se alguém dentre vós se julga sábio, faça-se louco para este mundo para tornar-se sábio. Porque a sabedoria deste mundo é loucura diante de Deus. Pois, está escrito: Repreende os sábios em sua própria astúcia.*[4] E também: *Deus conheceu que os pensamentos dos sábios são néscios.*[5] Por isso, se sabedoria entre eles não é verdadeira, não pode ser verdadeira a paciência. Com efeito, se é paciente aquele que é humilde e manso, vemos que os filósofos não são humildes nem mansos, mas sim muito complacentes consigo mesmos, e pelo fato de serem auto-complacentes,[6] desagradam a Deus, donde é manifesto que onde haja uma insolente liberdade afetada pela audácia, e o que é mais, uma vanglória descarada,[7] aí não existe a paciência.

---

1 Cf. Tertuliano, *Sobre a Paciência*, I, 7-9, pp. 37-9 desta edição.

2 Is 29,14 e I Cor 1,19.

3 Cl 2,8-9.

4 I Cor 3,18-19 e Jó 5,13.

5 Sl 93,11 e I Cor 3,20.

6 Rm 12,16.

7 "[...] *exerti ac seminudi pectoris inuerecunda iactantia*", literalmente, uma vanglória desabrida de peito aberto. Note-se aqui a força da expressão idiomática: *exerti* provém de *exsero* (tirar algo debaixo

3. Nos autem, fratres dilectissimi, qui philosophi non uerbis sed factis sumus, nec uestitu sapientiam sed ueritate praeferimus, qui uirtutum conscientiam magis quam iactantiam nouimus, qui non loquimur magna sed uiuimus, quasi serui et cultores Dei patientiam quam magisteriis caelestibus discimus obsequiis spiritalibus praebeamus. est enim nobis cum Deo uirtus ista communis. inde patientia incipit, inde claritas eius et dignitas caput sumit. origo et magnitudo patientiae Deo auctore procedit. diligenda res homini quae Deo cara est: bonum quod amat maiestas diuina commendat. si dominus nobis et pater Deus est, sectemur patientiam domini pariter et patris, quia et seruos esse oportet obsequentes et filios non decet esse degeneres.

4. Qualis uero in Deo et quanta patientia, quod in contumeliam suae maiestatis et honoris instituta ab hominibus profana templa et terrena figmenta et sacra sacrilega patientissime sustinens super bonos et malos aequaliter facit diem nasci et lumen solis oboriri, et cum imbribus terras rigat, nemo a beneficiis eius excluditur quominus iustis similiter et iniustis indiscretas pluuias largiatur. uidemus inseparabili aequalitate patientiae nocentibus et innoxiis, religiosis et impiis, gratias agentibus et ingratis Dei nutu tempora obsequi, elementa famulari, spirare uentos, fontes fluere, grandescere copias messium, fructus mitescere uinearum, exuberare pomis arbusta, nemora frondescere, prata florere. et cum crebris immo continuis exacerbetur offensis Deus, indignationem suam temperat et praestitutum semel retributionis diem patienter expectat, cumque habeat in potestate uindictam, mauult diu tenere patientiam sustinens scilicet clementer et differens, ut si fieri potest multum malitia protracta aliquando mutetur

3. Nós, por nossa parte, irmãos amantíssimos, que somos filósofos não de palavras, mas de atos e manifestamos a sabedoria, não no modo de vestir-se, mas em verdade; que sabemos ser mais virtuosos pela consciência que pela vanglória, nós que não falamos de coisas grandes mas antes as vivemos;[8] da mesma forma que somos servidores e adoradores de Deus, pratiquemos com a submissão de espírito a paciência que aprendemos graças aos ensinamentos celestes. De fato, esta virtude é comum a nós e a Deus. Dele principia a paciência, dele recebe a sua dignidade e o seu brilho. A origem e a grandeza da paciência procedem de Deus. Uma coisa tão cara a Deus deve ser amada pelo homem: é bom que o homem ame aquilo que é recomendado pela majestade divina. Se Deus é nosso Pai e Senhor, imitemos a paciência do Senhor e Pai, porque é necessário que os servos sejam obedientes e que os filhos não degenerem.

4. Na verdade, a paciência em Deus é de tal natureza que suporta pacientissimamente as afrontas que os homens fazem à sua majestade erigindo templos profanos, modelando esculturas da terra e praticando sacrifícios sacrílegos; Ele que, de igual forma, faz o dia nascer e surgir a luz do sol sobre os bons e sobre os maus e que rega as terras com chuvas sem que ninguém fique excluído de seus benefícios, porque dá as chuvas aos justos e injustos indicriminadamente.[9] Vemos que, por vontade de Deus, por uma eqüidade inseparável da paciência, tanto aos inocentes quanto os culpados, tanto aos piedosos quanto os ímpios, tanto aos que lhe rendem ação de graça quanto aos ingratos, as estações do ano estão à disposição, os elementos da natureza os servem, sopram os ventos, as fontes seguem o seu curso, aumentam em quantidade as messes, amadurecem as uvas nas videiras, as árvores se enchem de frutos, os bosques se tornam verdes e florescem os campos. E, apesar de ser repetidamente – e mais, continuamente – irritado, Deus refreia a sua cólera e espera pacientemente o dia da retribuição; mesmo que tenha em suas mãos a vingança, prefere suportar este longo tempo pacientemente, a saber, com clemência e diferindo [o tempo] para oferecer a possibilidade de que o homem cesse em sua prolongada malícia pelo menos alguma vez e

de um peça do vestuário para mostrar), *ac seminudi pectoris* (este algo que foi mostrado, foi retirado e deixa entrever um peito/torso seminu). Em suma, diríamos em linguagem corrente: estufam o peito em uma vanglória descarada.

8 O mesmo pensamento ou argumento deste trecho pode ser encontrado também na obra *Octavius* de Minúcio Felix (XXVIII, 6): "*Nos, non habitu sapientiam sed mente praeferimus, non eloquimur magna sed uiuimus, gloriamur nos consecutos quod illi summa intentione quaesiuerunt nec inuenire potuerunt.*"

9 Mt 5,45.

et homo in errorum et scelerum contagio uolutatus uel sero ad Deum conuertatur ipso monente et dicente: nolo mortem morientis, quantum ut reuertatur et uiuat. [et iterum: reuertimini ad me, dicit Dominus.] et iterum: reuertimini ad Dominum Deum uestrum, quoniam misericors et pius est et patiens et multae miserationis et qui sententiam flectat aduersus malitias inrogatas. quod beatus apostolus Paulus commemorans et peccatorem ad paenitentiam reuocans proponit et dicit: an nunquid opulentiam bonitatis eius et sustinentiam et patientiam contemnis ignorans quoniam patientia et bonitas Dei ad paenitentiam te adducit? tu autem secundum duritiam tuam et cor inpaenitens thesaurizas tibi iram in die irae et reuelationis iusti iudicii Dei qui reddet unicuique secundum opera sua. iustum iudicium Dei dixit esse, quia serum est, quia diu multumque differtur ut homini ad uitam longa Dei patientia consulatur. tunc repraesentatur poena impio et peccatori, quando iam non potest paenitentia prodesse peccati.

5. Adque ut plenius intellegere possimus, fratres dilectissimi, quia patientia Dei res est et quisque lenis patiens et mitis est Dei patris imitator est, cum in euangelio suo Dominus praecepta in salutem daret et diuina monita depromens ad perfectum discipulos erudiret, posuit et dixit: audistis quia dictum est: diliges proximum tibi et odio habebis inimicum tibi. ego autem dico uobis: diligite inimicos uestros et orate pro eis qui uos persecuntur, ut sitis filii patris uestri qui in caelis est, qui solem suum oriri facit super bonos et malos et pluit super iustos et iniustos. si enim dilexeritis eos qui uos diligunt, quam mercedem habebitis? nonne et publicani sic faciunt? et si salutaueritis fratres uestros tantum, quid amplius facitis? nonne et ethnici id ipsum faciunt? eritis itaque uos perfecti, quomodo pater uester caelestis perfectus est. sic perfectos dixit fieri Dei filios, sic consummari ostendit et docuit caelesti natiuitate reparatos, si patientia Dei patris maneat in nobis, si similitudo diuina quam peccato Adam perdiderat manifestetur et luceat in actibus nostris. quae gloria est similem

que, infectado pelos erros e crimes, ao menos ao final [de sua vida] se converta a Deus. Este mesmo homem Deus adverte dizendo: *Não quero a morte daquele que morre, antes que se arrependa e viva.*[10] E, novamente: *Voltai-vos para mim, diz o Senhor.*[11] E, novamente: *Voltai-vos para o Senhor vosso Deus, porque é misericordioso e benigno, e paciente e de grande comiseração e suspende a sentença pronunciada contra os maldades cometidas.*[12]

E o apóstolo Paulo, recordando isto e para convidar o pecador à penitência, propõe e diz: *Acaso vais desprezar as riquezas de sua bondade e paciência, ignorando que a paciência e a benignidade de Deus te convidam ao arrependimento? Mas tu, porém, pela tua dureza e teu coração impenitente, acumulas para ti para o dia da ira e da manifestação do juízo justo de Deus que pagará a cada um conforme a suas obras.*[13] Denomina justo ao juízo de Deus porque é tardo, porque ele o difere, para dar ao homem, durante a sua vida, lugar à paciência de Deus. No momento em que a penitência já de nada adianta, então é aplicada a pena ao pecador e ao ímpio.

5. E para que possamos compreender melhor, irmãos amantíssimos, que a paciência é algo [próprio] de Deus e que aquele que é paciente e manso é imitador de Deus Pai, quando no seu Evangelho o Senhor dava os preceitos da salvação, quando ensinava aos discípulos a extrair dos divinos ensinamentos aquilo que era necessário à perfeição, assim se expressou e disse: *Ouvistes o que foi dito: amarás o teu próximo e odiarás o teu inimigo. Mas eu afirmo a vós: Amai a vossos inimigos e orai por aqueles que vos perseguem, para que sejais filhos do vosso Pai que está nos céus, o qual faz surgir o sol sobre os bons e os maus e faz chover sobre os justos e injustos. Se, pois, amardes aqueles que vos amam, que recompensa tereis? Acaso não fazem assim também os publicanos? E se saudais apenas vossos irmãos, o que fazeis a mais? Acaso não fazem isto também os gentios? Sereis, portanto, perfeitos como o vosso Pai celestial é perfeito.*[14] Desta forma disse que se fariam perfeitos filhos de Deus, desta forma mostrou e ensinou que completaremos a regeneração pelo nascimento celestial,[15] se a paciência de Deus Pai permanecer em nós, se a semelhança divina que Adão perdera pelo pecado for manifestada e resplandecer em nossos atos. Que glória há no

10 Ez 18,32; 18,23 e 33,11.

11 Ml 3,7.

12 Jl 2,13.

13 Rm 2,4-6.

14 Mt 5,43-48.

15 O Batismo, o nascimento para a vida divina.

Deo fieri, qualis et quanta felicitas habere in uirtutibus quod diuinis laudibus possit aequari.

6. Nec hoc, fratres dilectissimi, Iesus Christus Dominus et Deus noster tantum uerbis docuit, sed impleuit et factis. et qui ad hoc descendisse se dixerat ut uoluntatem patris faceret inter cetera mirabilia uirtutum quibus indicia diuinae maiestatis expressit paternam quoque patientiam tolerantiae tenore seruauit. omnis denique actus eius ab ipso statim aduentu patientia comite signatur, quod primum de [illa] sublimitate caelesti ad terrena descendens non aspernatur Dei filius carnem hominis induere et cum peccator ipse non esset aliena peccata portare. inmortalitate interim posita fieri se mortalem patitur ut innocens pro nocentium salute perimatur. Dominus baptizatur a seruo et remissam peccatorum daturus ipse non dedignatur lauacro regenerationis corpus abluere. diebus quadraginta ieiunat per quem ceteri saginantur: esurit et famem sensit ut qui in fame sermonis et gratiae fuerant caelesti pane saturarentur. cum diabolo temptante congreditur et inimicum tantum uicisse contentus nihil ultra uerba conatur. discipulis non ut seruis dominica potestate praefuit, sed benignus et mitis fraterna eos caritate dilexit, dignatus etiam pedes apostolorum lauare, ut dum circa seruos talis est dominus, exemplo suo doceret qualis circa conpares et aequales debeat esse conseruus. nec mirandum quod circa obaudientes talis extiterit qui Iudam potuit usque ad extremum longa patientia sustinere, cibum cum inimico capere, hostem domesticum scire nec palam ostendere, traditoris osculum non recusare. in Iudaeis uero tolerandis aequanimitas quanta et quanta patientia incredulos ad fidem suadendo flectere, obsequio ingratos fouere, contradicentibus respondere leniter, superbos sustinere clementer, humiliter persequentibus cedere, prophetarum interfectores et aduersus Deum semper rebelles usque ad crucis et passionis horam uelle colligere.

7. Sub ipsa autem passione et cruce, priusquam ad crudelitatem necis et effusionem sanguinis ueniretur, quae conuiciorum probra patienter

tornar-se semelhante a Deus, quão grande felicidade há em ter entre as nossas virtudes aquela que pode ser comparada aos louvores divinos!

6. E Jesus Cristo, Senhor e Deus nosso, irmãos amantíssimos, ensinou-nos isto não só com palavras mas o cumpriu com os atos. E Ele, que afirmou haver descido [dos céus] para fazer a vontade do Pai, entre outras admiráveis virtudes com as quais deu provas de sua divina majestade, conservou também a paciência do Pai por meio da constância de sua resistência. Enfim, todo o seu agir desde o primeiro instante de sua vinda está assinalado pela paciência que o acompanha,[16] primeiramente pelo fato de não haver rejeitado o descer das alturas do céu à terra e revestir-se o Filho de Deus da carne humana e, não sendo ele um pecador, carregar [sobre si] os pecados alheios. Tendo se despojado de sua imortalidade, suporta o fazer-se mortal para poder morrer como inocente para a salvação do culpado. O Senhor é batizado pelo servo e, pronto a conceder o perdão dos pecados, ele mesmo não se recusa a purificar seu corpo no lavacro da regeneração.[17] Aquele pelo qual outros serão alimentados jejua por quarenta dias: sente sede e fome para que fossem saciados com o pão do céu aqueles que sentiam fome das palavras e da graça. Quando luta com o diabo que o tenta, fica satisfeito de haver vencido o inimigo apenas com palavras. Não governou os discípulos como servos, com o poder de um senhor, mas ao contrário, benévolo e manso, amou-os com caridade fraterna, dignou-se até mesmo a lavar os pés dos apóstolos, para que, sendo este o comportamento do Senhor a respeito dos servos, ensinasse com seu exemplo qual deve ser o comportamento de um discípulo para com seus pares e iguais. Nem se deve admirar que se portou de tal forma para com os obedientes aquele que suportou com paciência até o extremo limite a Judas, tomando o pão com o inimigo, conhecendo o inimigo pessoal que tinha entre os seus sem delatá-lo publicamente, sem rechaçar o beijo do traidor. Na verdade, com quão grande paciência suportou equanimemente os judeus, para comover os incrédulos persuadindo-os à fé, favorecendo com complacência aos ingratos, respondendo com mansidão àqueles que o contradiziam, suportando com clemência os soberbos, para resistir com humildade aos que o perseguiam, no fato de querer reunir até [o momento da] cruz e [da] paixão os assassinos dos profetas[18] e os sempre rebeldes contra Deus.

7. Antes, porém, da própria paixão e da cruz, antes mesmo de ser conduzido àquela morte cruel e à efusão do seu sangue, que ofensas não suportou

---

16 Cf. Tertuliano, *Sobre a Paciência*, III, 1-6, pp. 39-41 desta edição.

17 Tt 3,5.

18 Mt 23,31.

audita, quae contumeliarum tolerata ludibria, ut insultantium sputamina exciperet qui sputo suo caeci oculos paulo ante formasset et cuius nomine a seruis eius nunc diabolus cum angelis suis flagellatur flagella ipse pateretur, coronaretur spinis qui martyras floribus coronat aeternis, palmis in faciem uerberaretur qui palmas ueras uincentibus tribuit, spoliaretur ueste terrena qui indumento inmortalitatis ceteros uestit, cibaretur felle qui cibum caelestem dedit, aceto potaretur qui salubri poculo propinauit. ille innocens, ille iustus, immo innocentia ipse et ipse iustitia inter facinorosos deputatur et testimoniis falsis ueritas premitur, iudicatur iudicaturus et Dei sermo ad crucem tacens ducitur. et cum ad crucem Domini confundantur sidera, elementa turbentur, contremescat terra, nox diem cludat, sol ne Iudaeorum facinus aspicere cogatur et radios et oculos suos subtrahat, ille non loquitur nec mouetur nec maiestatem suam sub ipsa saltim passione profitetur: usque ad finem perseueranter ac iugiter tolerantur omnia ut consummetur in Christo plena et perfecta patientia.

8. Et post ista adhuc interfectores suos, si conuersi ad eum uenerint, suscipit et patientia salutari ad conseruandum benignus ecclesiam suam nemini cludit. illos aduersarios, illos blasphemos, illos nominis sui semper inimicos, si paenitentiam delicti agant, si admissum facinus agnoscant, non solum ad indulgentiam criminis sed ad praemium regni caelestis admittit. quid potest patientius, quid benignius dici? uiuificatur Christi sanguine etiam qui fudit sanguinem Christi, talis est Christi ac tanta patien-

com a mais provada paciência, que ultrajes injuriosos não tolerou, ao ponto de receber as cusparadas daqueles que o insultavam,[19] ele que pouco antes com seu cuspe havia restituído a vista a um cego;[20] ele em cujo nome o diabo e seus anjos[21] são açoitados por seus servos,[22] foi flagelado pelos açoites, coroado de espinhos[23] aquele que coroa os mártires com flores eternas, golpeado na face com as palmas [das mãos][24] aquele que dá as verdadeiras palmas aos vencedores, espoliado das vestes terrenas[25] aquele que veste a outros com a veste da imortalidade, alimentado com fel[26] aquele que deu o alimento celeste, bebeu o vinagre[27] aquele que deu o cálice da salvação. Ele, o inocente, ele, o justo, ou, melhor dizendo, a própria inocência e a própria justiça, foi contado entre os facínoras[28] e com falsos testemunhos a verdade[29] é esmagada, foi julgado aquele que há de julgar e a palavra de Deus é conduzida à cruz sem dizer uma palavra.[30] Durante a morte do Senhor na cruz os astros se eclipsam, os elementos são perturbados, estremece-se a terra, a noite cobre o dia, o sol oculta seus raios e cobre seus olhos para não ser obrigado a contemplar o crime dos judeus.[31] Ele não fala, não se move e nem manifesta a sua majestade sequer durante a paixão: até o fim, com constância e com firmeza suporta todas essas coisas para que se consume, em Cristo, uma completa e perfeita paciência.

8. E, após tudo isso, ainda acolhe a seus próprios assassinos, se eles se convertem e voltam a ele, e benigno, com sua salutar paciência, a ninguém fecha as portas da sua Igreja, para poder salvá-los. Aos adversários, aos blasfemos, aos eternos inimigos de seu nome, se se arrependem de seu delito, se reconhecem a culpabilidade do seus erros, admite-os não só ao perdão mas também à recompensa do Reino do Céus. O que pode ser apresentado como mais paciente, como mais benigno? É vivificado pelo sangue de Cristo também aquele

19 Mt 27,30.

20 Mc 8,23.

21 Lc 10,17.

22 Cipriano dedicou uma parte de sua carta a Demetriano sobre o poder que os cristãos têm sobre os demônios e os temores que lhes infudem. Cf. *Ad Demetrianum*, XV.

23 Mt 29.

24 Mc 14,65; Lc 22,63 e Jo 19,3.

25 Mt 27,28.

26 Mt 27,34.

27 Lc 23,36.

28 Lc 23,32-33.

29 Mt 26,59.

30 Mt 27,12.

31 Lc 23,44-45.

tia: quae nisi talis et tanta existeret, Paulum quoque apostolum ecclesia non haberet.

9. Quodsi et nos, fratres dilectissimi, in Christo sumus, si ipsum induimus, si ipse est salutis nostrae uia, qui Christum uestigiis salutaribus sequimur per Christi exempla gradiamur, sicut Iohannes apostolus instruit dicens: qui dicit se in Christo manere debet quomodo ille ambulauit et ipse ambulare. item Petrus super quem ecclesia Domini dignatione fundata est in epistula sua ponit et dicit: Christus passus est pro uobis relinquens uobis exemplum, ut sequamini uestigia eius qui peccatum non fecit, nec dolus inuentus est in ore eius, qui cum malediceretur non remaledixit, cum pateretur non minabatur, tradebat autem se iudicanti iniuste.

10. Inuenimus denique et patriarchas et prophetas et iustos omnes qui figuram Christi imagine praeeunte portabant nihil magis custodisse in laude uirtutum suarum quam quod patientiam forti et stabili aequanimitate tenuerunt. sic Abel originem martyrii et passionem iusti initians primus et dedicans aduersus fratrem parricidam non resistit nec reluctatur, sed humilis et mitis patienter occiditur. sic Abraham Deo credens et radicem ac fundamentum fidei primus instituens temptatus in filio non dubitat neque cunctatur, sed praeceptis Dei tota patientia deuotionis obsequitur. et Isaac ad hostiae dominicae similitudinem praefiguratus quando a patre immolandus offertur, patiens inuenitur. et Iacob fugatus a fratre de terra sua patienter excedit et maiore patientia postmodum supplex adhuc magis impium et persecutorem muneribus pacificis ad concordiam redigit. Ioseph uenundatus a fratribus et relegatus non tantum patienter ignoscit, sed

que derramou o sangue de Cristo, tal é em Cristo e tão grande a paciência que, se não fosse de tal forma, a Igreja não teria pois o apóstolo Paulo.

9. E se nós, irmãos amantíssimos, estamos em Cristo,[32] se nos revestimos dele,[33] se ele mesmo é o caminho de nossa salvação, se seguimos os seus passos, caminhemos por meio dos exemplos de Cristo; assim como nos ensina o apóstolo João: *Aquele que diz estar em Cristo deve andar como ele andou.*[34] Da mesma forma Pedro, sobre o qual pela graça do Senhor foi fundada a Igreja, na sua carta assim se expressa e diz: *Cristo padeceu por vós, dando-vos o exemplo para que sigais seus passos, ele, que não cometeu pecado nem em sua boca foi encontrada a mentira, quando era amaldiçoado não amaldiçoava, quando padecia, não ameaçava e se entregava a quem injustamente o julgava.*[35]

10. Por último, descobrimos que os patriarcas, profetas e todos os justos[36] que prefiguravam a imagem de Cristo nenhuma virtude guardaram como a mais digna de seu louvor que a observância de uma forte paciência e de uma estável equanimidade. Assim Abel, quem primeiro iniciou e consagrou a origem do martírio e da paixão, não resitiu nem lutou contra seu irmão fratricida,[37] senão que é morto com paciente humildade e mansidão.[38] Da mesma forma Abraão, crendo em Deus e sendo o primeiro a instituir a raiz e o fundamento da fé, sendo posto à prova no filho, não duvida nem hesita, senão que obedece os preceitos de Deus com toda devotada paciência.[39] Também Isaac, que prefigura o sacrifício do Senhor, quando é ofertado pelo pai para ser imolado, mostra-se de todo paciente. E Jacó, expulso por seu irmão de sua terra, pacientemente parte e demonstra uma maior paciência mais tarde quando suplica [ao irmão,] mais infiel e perseguidor ainda, e o leva à concórdia com seus dons de paz.[40] José, vendido por seus irmãos e desterrado, não somente os perdoa pacientemente, senão que lhes dá gratuitamente o trigo com largueza

32 II Cor 5,17.

33 Gl 3,27.

34 I Jo 2,6.

35 I Pd 2,21-23.

36 Cf. Tertuliano, *Sobre a Paciência*, VI, 1-3, pp. 53-5 desta edição.

37 Na Antiguidade latina a expressão *parricida* (como está no original latino) não era usada exclusivamente para o assassino do próprio pai. Assim eram também chamados aqueles que matassem qualquer um de seus parentes ou um concidadão ou que de alguma forma causassem grave dano à República ou ao Império.

38 Gn 4,8.

39 Gn 21,1-13.

40 Gn 33,10.

et gratuita uenientibus frumenta largiter et clementer impertit. Moyses ab ingrato et a perfido populo contemnitur frequenter et paene lapidatur, et tamen lenis et patiens pro eisdem Dominum deprecatur. in Dauid uero, ex quo secundum carnem Christi natiuitas oritur, quam magna et mira et christiana patientia habuisse in manu saepe ut Saul regem persequentem se et interficere concupiscentem posset occidere et tamen subditum sibi et traditum maluisse seruare nec rependisse inimico uicem, sed occisum adhuc insuper et uindicasse. tot denique prophetae interfecti, tot martyres gloriosis mortibus honorati, qui omnes ad caelestes coronas patientiae laude uenerunt. neque enim potest accipi dolorum et passionum corona, nisi praecedat in dolore et passione patientia.

11. Quam sit autem patientia utilis et necessaria, fratres dilectissimi, ut manifestius possit et plenius nosci, Dei sententia cogitetur quam in origine statim mundi et generis humani Adam praecepti inmemor et datae legis transgressor accepit. tunc sciemus quam patientes esse in isto saeculo debeamus, qui sic nascimur, ut pressuris istic et conflictationibus laboremus. quia audisti, inquit, uocem mulieris tuae et manducasti ex illa arbore, de qua sola praeceperam tibi ne manducares, maledicta terra erit in omnibus operibus tuis, in tristitia et gemitu edes ex ea omnibus diebus uitae tuae. spinas et tribulos eiciet tibi et edes pabulum agri. in sudore uultus tui edes panem tuum, donec reuertaris in terram de qua sumptus es: quoniam terra es et in terram ibis. huius sententiae uinculo conligati omnes et constricti sumus, donec morte expuncta de isto saeculo recedamus. in tristitia et gemitu simus necesse est omnibus diebus uitae nostrae, edamus panem necesse est cum sudore et labore.

12. Vnde unusquisque cum nascitur et hospitio mundi huius excipitur, initium sumit a lacrimis et quamuis adhuc omnium is nescius et ignarus nihil aliud nouit in illa ipsa prima natiuitate quam flere. prouidentia naturali lamentatur uitae mortalis anxietates et labores et procellas mundi quas ingreditur in exordio statim suo ploratu et gemitu rudis anima tes-

e clemência quando eles vêm até ele.[41] Moisés é freqüentemente desprezado pelo povo ingrato e infiel e é quase apedrejado, e, no entanto, ora a Deus por eles com mansidão e paciência.[42]

E Davi, pois, em quem Cristo tem origem segundo a carne, quão grande, admirável e cristã a paciência; pois que tinha em suas mãos muitas vezes a vida do rei Saul, que o perseguia e desejava matá-lo, mas preferiu salvá-lo quando o teve à sua disposição e não devolver o mal a seu inimigo, pelo contrário, vingou-o quando este foi assassinado.[43] Enfim, quantos profetas foram mortos, quantos mártires honrados com uma morte gloriosa; todos alcançaram as coroas celestes graças ao louvor da paciência. Pois ninguém pode receber a coroa da dor e da paixão, se na dor e na paixão não preceder a paciência.

11. Irmãos amantíssimos, para conhecer mais clara e plenamente a utilidade e a necessidade da paciência, que se medite na sentença de Deus que Adão recebeu logo após a origem do mundo e do gênero humano, quando esqueceu o preceito e a lei dada [por Ele]. Então compreenderemos o quão devemos ser pacientes neste mundo, nós que aqui nascemos para sofrer entre as dificuldades e em meio às lutas. *Porque ouviste* – diz – *a voz de tua mulher e comeste daquela única árvore da qual ordenei a ti que não comesses, será maldita a terra em todos os teus trabalhos, comerás dela, em meio à tristeza e ao gemido, todos os dias de tua vida. Ela produzirá para ti espinhos e abrolhos e te alimentarás da erva do campo. Com o suor do teu rosto comerás o teu pão até que retornes à terra da qual foste tirado; porque és terra e à terra voltarás.*[44] Todos nós somos ligados e sujeitados por esta sentença, até que, tendo passado a morte, nos afastemos deste mundo. É necessário que em todos os dias de nossa vida estejamos em meio à tristeza e ao gemido, é necessário que comamos o nosso pão com o suor e o trabalho.

12. Por isto, cada qual quando nasce e entra na pousada deste mundo, começa inicialmente em meio às lágrimas e, apesar de ser ainda desconhecedor e ignorante sobre estas coisas, no seu primeiro momento de vida não faz outra coisa que chorar. Pelo conhecimento natural ele se lamenta dos sofrimentos e trabalhos da vida mortal e das infelicidades do mundo no qual entrou, e, logo após sua entrada, a alma [até então] ignorante o atesta com seus choros e ge-

41 Gn 45.
42 Nm 11,1-2.
43 II Sm 1.
44 Gn 3,17-19.

tatur. sudatur enim quamdiu istic uiuitur et laboratur. nec sudantibus et laborantibus possunt alia magis quam patientiae subuenire solacia: quae cum apta sint et necessaria in isto mundo uniuersis, tum magis nobis qui diabolo inpugnante plus quatimur, qui in acie cotidie stantes inueterati et exercitati hostis conluctationibus fatigamur, quibus praeter uarias et adsiduas temptationum pugnas in persecutionum quoque certamine patrimonia relinquenda sunt, subeundus carcer, portandae catenae, animae inpendendae, gladius, bestiae, ignes, cruces, omnia denique tormentorum ac poenarum genera fide et uirtute patientiae perferenda Domino ipso instruente et dicente: haec locutus sum uobis, ut in me pacem habeatis, in saeculo autem pressuram: sed fidite, quoniam ego uici mundum. si autem qui diabolo et mundo renuntiauimus pressuras et infestationes diaboli et mundi crebrius ac uiolentius patimur, quanto magis patientiam tenere debemus qua adiutrice et comite omnia infesta toleremus.

13. Domini et magistri nostri salutare praeceptum est: qui tolerauerit usque ad finem hic saluus erit. et iterum: si permanseritis in uerbo meo, uere discipuli mei estis: et cognoscetis ueritatem, et ueritas liberabit uos.

midos.[45] Porque enquanto aqui viver há de suar e lutar. E não há outro maior consolo a ser proporcionado àqueles que suam e lutam que o da paciência. E dado que tal consolo seja necessário a todos deste mundo, muito mais o é a nós que somos mais atormentados e assaltados pelo diabo,[46] a nós que estando de pé diariamente no campo de batalha somos atormentados reiteradamente por um inimigo hábil e bem preparado, e, além das várias e constantes lutas contra as tentações durante as perseguições, temos também de abandonar os nossos bens, suportar o cárcere, levar cadeias, sacrificar a vida, a espada, as feras, o fogo, as cruzes; em suma, toda classe de tormentos e penas suportando-as por meio da fé e da virtude da paciência, de acordo com aquilo que o próprio o Senhor nos instrue e diz: *Estas coisas foram ditas para vós, para que em mim tenhais a paz, no mundo porém,* [tereis] *tribulações: mas confiai, porque eu venci o mundo.*[47] Se nós, porém, que renunciamos ao diabo e ao mundo, suportamos as tribulações e os ataques mais intensos e também os mais violentos da parte do diabo e do mundo, quanto maisdevemos conservar a paciência como aquela que nos auxilia e acompanha para que suportemos todas as adversidades?

13. É salutar o preceito de nosso Mestre e Senhor: *Aquele que suportar até o fim será salvo.*[48] E também: *Se permanecerdes em minha palavra, sereis verdadeiramente meus discípulos e conhecereis a verdade e a verdade vos libertará.*[49]

---

45 Note-se a semelhança deste trecho com os trechos da *Historia Naturalis*, de Plínio e o *De rerum natura*, de Lucrécio:

Mundus et in eo terrae, gentes, maria, flumina insignia, insulae, urbes ad hunc modum se habent, animantium in eodem natura nullius prope partis contemplatione minore, etsi ne hic quidem omnia exsequi humanus animus queat. elior homini an tristior noverca fuerit.

ante omnia unum animantium cunctorum alienis velat opibus. ceteris sua varie tegimenta tribuit, testas, cortices, coria, spinas, villos, saetas, pilos, plumam, pinnas, squamas, vellera; truncos etiam arboresque cortice, interdum gemino, a frigoribus et calore tutata est: hominem tantum nudum et in nuda humo natali die abicit ad vagitus statim et ploratum, nullumque tot animalium aliud ad lacrimas, et has protinus vitae principio; at Hercule risus praecox ille et celerrimus ante XL diem nulli datur.

— Caio Plínio Segundo, *Naturalis Historia*, VII, 1-2.

[...]

tum porro puer, ut saevis proiectus ab undis
navita, nudus humi iacet infans indigus omni
vitali auxilio, cum primum in luminis oras
nixibus ex alvo matris natura profudit,
vagituque locum lugubri complet, ut aequumst
cui tantum in vita restet transire malorum.

— Tito Lucrécio Caro, *De rerum natura*, V, 222-7.

46 Ef 6,11-12.

47 Jo 16,33.

48 Mt 10,22.

49 Jo 8,31-32.

tolerandum est et perseuerandum, fratres dilectissimi, ut ad spem ueritatis et libertatis admissi ad ueritatem et libertatem ipsam peruenire possimus, quia hoc ipsum quod christiani sumus fidei et spei res est. ut autem peruenire spes et fides ad fructum possint sui patientia opus est. non enim praesentem gloriam sequimur sed futuram secundum quod et Paulus apostolus monet dicens: spe saluati sumus. spes autem quae uidetur non est spes. quod enim uidet quis, quid sperat? si autem quod non uidemus speramus per expectationem sustinemus. expectatio et patientia necessaria est, ut id quod esse coepimus impleamus et quod speramus et credimus Deo repraesentante capiamus. denique alio in loco idem apostolus iustos et operantes et de diuini faenoris incremento caelestes sibi thesauros recondentes ut patientes quoque sint instruit et docet dicens: ergo dum tempus habemus, operemur quod bonum est ad omnes, maxime uero ad domesticos fidei. bonum autem facientes non deficiamus: tempore enim suo metemus. admonet ne quis inpatiens in operatione deficiat, ne quis temptationibus aut auocatus aut uictus in medio laudis et gloriae itinere desistat et pereant praeterita, dum quae coeperant desinunt esse perfecta, sicut scriptum est: iustitia iusti non liberabit eum in quocumque die exerrauerit, et iterum: tene quod habes ne alius accipiat coronam tuam. quae uox adhortatur patienter et fortiter perseuerare, ut qui ad coronam laude iam proxima nititur durante patientia coronetur.

14. Patientia autem, fratres dilectissimi, non tantum bona custodit, sed et repellit aduersa. Spiritui sancto fauens et caelestibus ac diuinis cohaerens contra facta carnis et corporis quibus anima expugnatur et capitur uirtutum suarum propugnaculo reluctatur. inspiciamus denique pauca de multis, ut de paucis intellegantur et cetera, adulterium, fraus, homicidium mortale crimen est. sit fortis et stabilis in corde patientia, nec adulterio sanctificatum corpus et Dei templum polluitur nec iustitiae dicata inno-

Devemos suportar e perseverar, irmãos amantíssimos, para que, sendo admitidos à esperança da verdade e da liberdade, possamos alcançar a mesma verdade e liberdade, porque o fato de sermos cristãos o é pela fé e pela esperança. No entanto, a paciência é-nos necessária para que se possa alcançar o fruto da esperança e da fé. Com efeito, nós não buscamos a glória presente mas sim a futura, conforme o que nos ensina o apóstolo Paulo dizendo: *Fomos salvos pela esperança. A esperança, porém, que se vê não é mais esperança; quem é que vê aquilo que também espera? Se, ao contrário, o que não vemos esperamos, suportemos pela espera.*[50] A esperança e a paciência nos são necessárias para completar em nós o que iniciamos a ser e para que recebamos em pagamento da parte de Deus aquilo que esperamos e cremos. Por último, em outra passagem, o mesmo apóstolo instrue os justos e aqueles que fazem obras de caridade e que acumulam e guardam para si tesouros celestes com juros divinos para que sejam de igual forma pacientes, e os ensina dizendo: *Portanto, enquanto temos tempo, façamos o bem a todos, principalmente aos irmãos de fé. Não deixemos de fazer o bem, porque a seu tempo colheremos.*[51] Admoesta que ninguém por impaciência deixe de fazer o bem, nem que ninguém, desviado ou vencido pelas tentações, desista em meio ao caminho do louvor e da glória e perca aquelas coisas que já conquistou por deixar inacabado aquilo que iniciou, de acordo com o que está escrito: *A justiça do justo não o livrará no dia em que se desviar,*[52] e também: *Conserva o que tens, para que ninguém receba a tua coroa.*[53] Esta palavra exorta-nos a perseverar com paciência e coragem, para que aquele que já está próximo de alcançar a coroa da glória se esforce para ser coroado por meio da perseverante paciência.

14. Portanto, irmãos amantíssimos, a paciência não somente conserva as coisas boas, como também repele as más. Auxiliando o Espírito Santo e unindo-se estreitamente ao divino e celestial, ela combate por meio de suas virtudes contra as obras da carne e do corpo, pelas quais a alma é tomada de assalto e feita cativa. Examinemos, por fim, alguns dos muitos [pecados], para que, aquilo que for entendido a partir de alguns, também o seja dos demais; o adultério, a fraude e o homicídio são delitos mortais. Seja a paciência forte e estável no coração e nenhum corpo que é santificado e templo de Deus poderá ser manchado pelo adultério, nem a inocência votada à justiça poderá ser

50 Rm 8,24-25.

51 Gl 6,9-10.

52 Ez 33,12.

53 Ap 3,11.

centia contagio fraudis inficitur nec post gestatam eucharistiam manus gladio et cruore maculatur.

15. Caritas fraternitatis uinculum est, fundamentum pacis, tenacitas ac firmitas unitatis, quae et spe et fide maior est, quae et opera et martyria praecedit, quae nobiscum semper aeterna in regnis caelestibus permanebit. tolle illi patientiam, et desolata non durat, tolle sustinendi tolerandique substantiam, et nullis radicibus ac uiribus perseuerat. apostolus denique cum de caritate loqueretur, tolerantiam illi et patientiam iuncxit. caritas, inquit, magnanima est, caritas benigna est, caritas non aemulatur, non inflatur, non inritatur, non cogitat malum, omnia diligit, omnia credit, omnia sperat, omnia sustinet. ostendit inde illam perseuerare tenaciter posse, quod nouerit omnia sustinere. et alio loco, sustinentes, inquit, inuicem in dilectione, satis agentes seruare unitatem spiritus in coniunctione pacis. probauit nec unitatem seruari posse nec pacem, nisi se inuicem fratres mutua tolerantia foueant et concordiae uinculum patientia intercedente custodiant.

16. Quid deinde, ut non iures neque maledicas, ut tua ablata non repetas, ut accepta alapa et alteram maxillam uerberanti praebeas, ut fratri in te peccanti non tantum septuagies septies sed omnia omnino peccata dimittas, ut diligas inimicos tuos, ut pro aduersariis et persecutoribus precem facias, poterisne ista perferre nisi patientiae et tolerantiae firmitate? quod factum uidemus in Stephano, qui cum a Iudaeis ui et lapidibus necaretur, non sibi uindictam sed interfectoribus ueniam postulabat dicens: Domine, ne statuas illis hoc peccatum. sic esse oportuit primum martyrem Christi qui martyras secuturos gloriosa morte praecurrens non tantum praedicator esset dominicae passionis sed et patientissimae lenitatis imitator.

corrompida pelo contágio da fraude, nem mesmo após ter levado a Eucaristia podem ser as mãos maculadas pelo sangue e pela espada.

15. A caridade é o vínculo da fraternidade, o fundamento da paz, a tenacidade e também a firmeza da unidade, a qual é superior à esperança e à fé; precede as obras e o martírio e permanecerá conosco para sempre no reino dos céus.[54] Suprima-lhe a paciência e, desamparada, ela não se mantém; suprima-lhe, pois a natureza do tolerar e do suportar, e [a caridade] permanece sem as raízes e forças. Enfim, quando o Apóstolo falava da caridade, unia-a à tolerância e à paciência. *A caridade* – diz – *é magnânima, a caridade é benigna, a caridade não inveja, não se infla, não se irrita, não maquina o mal, tudo ama, tudo crê, tudo espera, tudo suporta.*[55] Com isto demonstra que ela pode resistir com firmeza, porque sabe tudo suportar. E em outra passagem: *Suportai-vos* – diz – *uns aos outros no amor, sede prontos em conservar a unidade de espírito no vínculo da paz.*[56] Ele provou que não se pode conservar a unidade nem a paz, a não ser que os irmãos auxiliem-se com a mútua tolerância e guardem o vínculo da concórdia graças à intercessão da paciência.[57]

16. E, além disso, para que não jures[58] nem maldigas, para que não exijas de volta as coisas que te foram tomadas,[59] para que, tendo recebido um tapa, ofereças a outra face para ser esbofeteada,[60] para que perdoes ao irmão que pecou contra ti não apenas setenta e sete vezes, mas todas as vezes,[61] para que ames aos teus inimigos, para que rezes por teus adversários e perseguidores;[62] acaso poderás suportar tudo isso sem a firmeza da paciência e da tolerância? Vemos que isto aconteceu com Estêvão, o qual, enquanto era assasinado a pedradas pela violência dos judeus, não pedia vingança para si, mas o perdão para seus assasinos dizendo: *Senhor, não lhes imputes este pecado.*[63] Assim convinha que fosse o primeiro mártir de Cristo, o qual, antecipando na sua gloriosa morte os mártires que haveriam de seguir o seu exemplo, fosse não tanto o pregador da paixão do Senhor, mas antes, pacientíssimo imitador de

54 I Cor 13,13.
55 I Cor 13,4-7.
56 Ef 4,2-3.
57 Cf. Tertuliano, *Sobre a Paciência,* XII, 8-10, p. 71 desta edição.
58 Mt 5,34-37.
59 Mt 5,40.
60 Mt 5,39.
61 Mt 18,21-22.
62 Mt 5,44.
63 At 7,60.

quid dicam de ira, de discordia, de simultate, quae in christiano esse non debent? sit patientia in corde, et haec illic locum habere non possunt, aut si adire temptauerint, cito exclusa discedunt, ut domicilium pacificum perseueret in corde, ubi Deum pacis delectet habitare. admonet denique apostolus et docet dicens: nolite contristare Spiritum sanctum Dei in quo signati estis in diem redemptionis. omnis amaritudo et ira et indignatio et clamor et blasphemia auferatur a uobis. si enim christianus a furore et contentione carnali tamquam de maris turbinibus excessit et tranquillus ac lenis in portu Christi esse iam coepit, nec iram nec discordiam debet intra pectus admittere cui nec malum pro malo reddere liceat nec odisse.

17. Nec non ad uaria quoque carnis incommoda et crebros corporis durosque cruciatus quibus humanum genus cottidie fatigatur et quatitur patientia necessaria est. nam cum in illa prima transgressione praecepti firmitas corporis cum immortalitate discesserit et cum morte infirmitas uenerit nec possit firmitas recipi nisi cum recepta et immortalitas fuerit, oportet in hac fragilitate atque infirmitate corporea luctari semper et congredi, quae luctatio et congressio non nisi patientiae potest uiribus sustineri. examinandis autem nobis adque explorandis diuersi inportantur dolores et multiplex temptationum qualitas inrogatur de iacturis facultatum, de ardoribus febrium, de cruciatibus uulnerum, de amissione carorum. nec aliud magis iniustos discernit et iustos quam quod in aduersis per inpatientiam queritur et blasphemat iniustus, patientia iustus probatur, sicut scriptum est: in dolore sustine et in humilitate tua patientiam habe, quoniam in igne probatur aurum et argentum.

18. Sic Iob examinatus est et probatus et ad summum fastigium laudis patientiae uirtute prouectus. quanta aduersus eum diaboli iacula emissa, quanta admota tormenta. iactura rei familiaris infligitur, numerosae subolis orbitas inrogatur: diues in censu dominus et in liberis pater ditior nec dominus repente nec pater est. accedit uulnerum uastitas et tabescentes ac fluentes artus uermium quoque edax poena consumit. ac ne quid omnino

sua mansidão. E o que direi da ira, da discórdia e da rivalidade, que não devem existir no cristão? Se a paciência estiver no coração, estas coisas não terão ali lugar, ou, se tentarem entrar, prontamente serão rechaçadas e se retirarão, de tal modo que continue a ser uma pacífica morada na qual o Deus da paz deleita-se em habitar. Por fim, admoesta-nos o Apóstolo e ensina dizendo: *Não contristeis ao Espírito Santo de Deus, com o qual fostes marcados para o dia da redenção. Toda a amargura, cólera, indignação, gritaria e blasfêmia sejam arrancadas de vós.*[64] Se, portanto, o cristão já se afastou do furor e da luta da carne como de um mar proceloso e já entrou tranqüilo e suave no porto de Cristo, não deve admitir nem a ira nem a discórdia em seu peito, pois não lhe é lícito pagar o mal com o mal, nem odiar.

17. Além disso, a paciência é necessária também para suportar as diversas moléstias da carne e os freqüentes e duros tormentos do corpo com os quais o gênero humano é atormentado e atacado diariamente. Uma vez que naquela primera transgressão do mandamento a robustez do corpo com a imortalidade desapareceu e com a morte veio a enfermidade, não se pode recuperar a robustez do corpo a não ser quando se recupere a imortalidade; é necessário, pois, lutar sempre e combater contra esta fragilidade e também esta enfermidade, luta e combate estes que, sem as forças da paciência, não são possíveis de sustentar. Além disso, para provar-nos e tentar-nos nos são impostas diversas dores e inflingidas múltiplas tentações, como a perda dos bens, os ardores das febres, os sofrimentos das feridas e a perda dos entes queridos. Nada distingue mais um justo de um injusto que nas adversidades, o injusto pela impaciência se queixa e blasfema enquanto que o justo é louvado pela paciência, conforme está escrito: *Na dor, suporta, e, na humilhação, tem paciência, porque o ouro e a prata são provados pelo fogo.*[65]

18. Desta forma Jó foi testado e provado e, em virtude de sua paciência, elevado ao mais alto grau do louvor. Quantos dardos foram lançados contra ele pelo diabo, quantos tormentos lhe foram dirigidos! Foi-lhe inflingida a perda dos bens familiares, foi-lhe imposta a privação de numerosa descendência; rico senhor em posses e mais rico ainda como pai por seus filhos, subitamente já não é mais nem senhor nem pai.[66] A desolação das chagas o ataca e, além disso, o sofrimento [de ter] seus membros purulentos e moles serem consumidos pelos vermes. E, para que não faltasse nada ao experimen-

64 Ef 4,30-31.

65 Eclo 2,4-5.

66 Jó 1,1-19.

remaneret quod non Iob in suis temptationibus experiretur, armat diabolus et uxorem illo antiquo nequitiae suae usus ingenio, quasi omnes per mulierem decipere posset et fallere, quod fecit in origine. nec tamen Iob grauibus et densis conflictationibus frangitur quominus inter illas angustias et pressuras Dei benedictio uictrice patientia praedicetur. Tobias quoque post iustitiae et misericordiae suae opera magnifica luminum amissione temptatus in quantum patienter caecitatem pertulit in tantum granditer Deum patientiae laude promeruit.

19. Adque ut magis, fratres dilectissimi, patientiae bonum luceat, quid mali e contrario inpatientia inportet consideremus. nam ut patientia bonum Christi est, ita contra inpatientia malum diaboli est, et sicut in quo habitat et manet Christus patiens inuenitur, ita inpatiens semper existit cuius mentem diaboli nequitia possedit. exordia ipsa denique uideamus. diabolus hominem ad imaginem Dei factum inpatienter tulit: inde et perit primus et perdidit. Adam contra caeleste praeceptum cibi letalis inpatiens in mortem cecidit nec acceptam diuinitus gratiam patientia custode seruauit, et ut fratrem Cain perimeret sacrificii eius et muneris inpatiens fuit, et quod Esau de maioribus ad minora descendit, primatus suos per inpatientiam lentis amisit. quid Iudaicus populus circa beneficia diuina perfidus et ingratus nonne quod a Deo primum recessit inpatientiae crimen fuit? dum Moysi cum Deo conloquentis moras non potest ferre, profanos deos ausus est postulare, ut itineris sui duces nuncuparet caput bubulum et terrestre figmentum, nec umquam ab eadem inpatientia destitit quominus semper docilitatis et diuinae administrationis impatiens

tar Jó em suas tentações, o diabo dá armas à sua esposa, usando de sua antiga astúcia e malícia, como se ele pudesse enganar e perder a todos por meio da mulher, como o fez no princípio.[67] Nem mesmo os pesados e graves golpes conseguiram dobrar a Jó, nem mesmo a bênção de Deus deixou de ser proclamada em meio àquelas angústias e tribulações graças à vitória da paciência. Da mesma forma Tobit[68] foi posto à prova com a perda da visão, depois de haver praticado obras magníficas de misericórdia e justiça, na medida em que pacientemente suportou a cegueira, a tal ponto que, com sua paciência, foi digno de grandes méritos junto a Deus.[69]

19. E para que melhor resplandeça, irmãos amantíssimos, o benefício da paciência, consideremos, pelo contrário, quais os males que a impaciência acarreta. Pois, como a paciência é um dom de Cristo, assim a impaciência, pelo contrário, é um dom do diabo; e assim como pode ser encontrado paciente aquele no qual Cristo habita e permanece, da mesma forma manifesta-se sempre impaciente aquele cuja mente é possuída pela maldade do diabo. Enfim, vejamos [como ocorreu] nos princípios. O diabo suportou com impaciência[70] o fato do homem ter sido feito à imagem de Deus, primeiro perdeu-se e, a partir desse momento, perverteu-se. Adão, contrariamente ao mandamento celeste que dizia respeito ao alimento letal, impacientemente sucumbiu à morte e não aceitou custodiar a graça divina por meio da paciência; Caim foi impaciente e por causa dos sacrifícios e dons de seu irmão o mataria;[71] e Esaú, que foi impaciente, do lugar mais importante desceu para o mais inferior e renunciou à sua primogenitura por lentilhas.[72] Que dizer do povo judeu, infiel e ingrato para com os benefícios divinos, se não que ele se afastou inicialmente de Deus pelo crime de impaciência? Não pôde suportar a demora enquanto Moisés conversava com Deus, ousou pedir a deuses profanos[73] para que fossem designados como seus guias a uma cabeça de boi e um ídolo de barro, nunca cessou aquela sua impaciência a tal ponto que, por ser impaciente às admoestações e ao comando de Deus, [acabou] matando a seus

67 Jó 2,9-10.

68 Trata-se evidentemente de Tobit, pai de Tobias. Nota-se que S. Cipriano fazia uso de códices latinos, pois eles trazem indistintamente o mesmo nome para o personagem do pai e do filho, ao contrário dos códices gregos que chamam ao pai *Tôbheit* e ao filho *Tôbheias*.

69 Tb 2,10-14.

70 Cf. Tertuliano, *Sobre a Paciência*, V, pp. 45-53 desta edição.

71 Gn 4,5.

72 Gn 25,34.

73 Ex 32,1-4.

prophetas suos et iustos quosque perimendo ad crucem quoque et ad sanguinem Domini prosiliret. inpatientia etiam in ecclesia haereticos facit et ad Iudaeorum similitudinem contra Christi pacem et caritatem rebelles ad hostilia et furiosa odia compellit. et ne longum sit singula recensere, omnia omnino quae patientia operibus suis aedificat ad gloriam inpatientia destruit ad ruinam.

20. Quare, fratres dilectissimi, et bonis patientiae et inpatientiae malis diligenter expensis patientiam per quam in Christo manemus et uenire cum Christo ad Deum possumus, plena obseruatione teneamus: quae copiosa et multiplex non angusto fine concluditur uel breuibus terminis coercetur. late patet patientiae uirtus et ubertas eius et largitas de unius quidem nominis fonte proficiscitur, sed exundantibus uenis per multa gloriarum itinera diffunditur, nec proficere aliquid in actibus nostris potest ad consummandam laudem, nisi inde consummationis accipiat firmitatem. patientia est quae nos Deo et commendat et seruat: ipsa est quae iram temperat, quae linguam frenat, quae mentem gubernat, pacem custodit, disciplinam regit, libidinis impetum frangit, tumoris uiolentiam conprimit, incendium simultatis extinguit, coercet potentiam diuitum, inopiam pauperum refouet, tuetur in uirginibus beatam integritatem, in uiduis laboriosam castitatem, in coniunctis et maritatis indiuiduam caritatem. facit humiles in prosperis, in aduersis fortes, contra iniurias et contumelias mites, docet delinquentibus cito ignoscere, si ipse delinquas, diu et multum rogare. temptationes expugnat, persecutiones tolerat, passiones et martyria consummat ipsa est quae fidei nostrae fundamenta firmiter munit. ipsa est quae incrementa spei sublimiter prouehit. ipsa actum dirigit, ut tenere possimus uiam Christi, dum per eius tolerantiam gradimur. ipsa efficit ut perseueremus filii Dei, dum patientiam patris imitamur.

21. Et quoniam plurimos scio, fratres dilectissimi, uel pondere iniuriarum angentium uel dolore de eis qui aduersum se grassantur et saeuiunt uindicari uelociter cupere, nec illud in extrema parte reticendum est, ut in istis fluctuantis mundi turbinibus et Iudaeorum siue gentilium et haereticorum quoque persecutionibus constituti patienter expectemus ultionis

profetas e justos, e igualmente fazendo jorrar na cruz o sangue do Senhor. A impaciência suscita os hereges contra a Igreja e os compele a um ódio furioso e mortal contra a paz e a caridade de Cristo, à semelhança dos judeus. E para que não seja longo o contar caso a caso, todas aquelas coisas que a paciência com suas obras edifica para a glória a impaciência as destrói para a ruína.[74]

20. Portanto, irmãos amantíssimos, depois de examinar atentamente as vantagens da paciência e os males da impaciência, conservemos plenamente a observância da paciência, pela qual permanecemos em Cristo e podemos chegar com Cristo a Deus: pois ela, abundante e múltipla, não é restringida por estreitos limites, nem é encerrada por breves termos. Esta virtude da paciência se difunde amplamente e sua exuberância e liberalidade, em verdade, brotam de uma fonte com um único nome; mas seus veios transbordantes se difundem por muitos caminhos de glórias, e em nenhum de nossos atos pode brotar algo para o aperfeiçoamento do louvor a não ser que dela receba a consistência da perfeição. A paciência é aquela que nos recomenda e nos conserva para Deus: é ela mesma quem modera a ira, freia a língua, dirige a mente, guarda a paz, rege a conduta, dobra o ímpeto do desejo, reprime a violência do orgulho, apaga o fogo das rivalidades, refreia os poderes dos ricos, reconforta a indigência dos pobres, defende a santa integridade das virgens, a operosa castidade das viúvas e o amor indiviso nos cônjuges e casados. Faz-nos humildes na prosperidade, fortes na adversidade, mansos durante o ultraje e a injustiça, ensina-nos a perdoar rapidamente aqueles que pecam e, se tu mesmo pecas, a rogar [pelo perdão] por longo e muito tempo. Vence as tentações, suporta as perseguições, aperfeiçoa os sofrimentos e os martírios. É ela mesma quem fortifica solidamente os fundamentos da nossa fé. Ela mesma é quem eleva ao mais alto o crescimento da nossa esperança. Ela mesma é quem dirige o nosso agir para que possamos manter o caminho de Cristo, enquanto que caminhamos por meio de sua paciência. Ela mesma é quem nos faz perseverar como filhos de Deus, enquanto que imitadores da paciência do Pai.

21. Visto que eu sei, irmãos amantíssimos, que muitos, oprimidos pelo peso das injustiças ou pelos ataques e violências que sofreram, desejam ser rapidamente vingados, não se deve calar nesta última parte, para que, em meio às agitações deste mundo tempestuoso e às perseguições movidas pelos judeus ou pelos gentios e até mesmo pelos hereges, aguardemos pacientemente o

74 Todo este parágrafo pode ser lido sob outra perspectiva, aquela da consideração não de exemplos de paciência, mas dos exemplos de inveja e a conseqüente perda da paciência e da salvação, em outra obra de S. Cipriano, a saber, *De zelo et livore*, IV.

diem nec ad uindictam doloris nostri querula festinatione properemus, cum scriptum sit: expecta me, dicit Dominus, in die resurrectionis meae in testimonium, quoniam iudicium meum ad congregationes gentium, ut excipiam reges et effundam super eos iram meam. expectare nos iubet Dominus et futurae ultionis diem forti patientia sustinere. qui et in Apocalypsi loquitur dicens: ne signaueris uerba prophetiae libri huius, quia iam tempus in proximo est: et hi qui perseuerant nocere, noceant, et qui in sordibus est sordescat adhuc, iustus autem adhuc iustiora faciat, similiter et sanctus sanctiora. ecce uenio cito, et merces mea mecum est reddere unicuique secundum facta sua. unde et clamantes martyres et ad uindictam suam dolore erumpente properantes expectare adhuc iubentur et temporibus consummandis implendisque martyribus praebere patientiam. et cum aperuisset, inquit, quintum signum, uidi sub ara Dei animas occisorum propter uerbum Dei et martyrium suum, et clamauerunt magna uoce dicentes: quousque, Domine sanctus et uerus, non iudicas et uindicas sanguinem nostrum de his qui in terris inhabitant? et data est eis singulis stola alba et dictum est ut requiescerent breui adhuc tempore, donec impleatur numerus conseruorum et fratrum eorum quique postea occidentur exemplo ipsorum.

22. Quando autem ueniat sanguinis iusti diuina uindicta declarat per Malachin prophetam Spiritus sanctus dicens: ecce dies Domini uenit ardens uelut clibanus, eruntque omnes alienigenae et omnes iniqui stipula, et succedent illos adueniens dies, dicit Dominus, quod item legimus in psalmis, ubi Dei iudicis praedicatur aduentus censurae suae maiestate uenerandus: Deus manifestus ueniet Deus noster et non silebit. ignis ante eum ardebit et in circuitu eius procella nimia. uocabit caelum susum et terram ut separet populum suum. colligite illi iustos eius, eos qui disponunt testamentum eius in sacrificiis. et nuntiabunt caeli iustitiam eius, quoniam Deus iudex est. et Esaias eadem praenuntiat dicens: ecce enim Dominus sicut ignis ueniet, et sicut procella currus eius retribuere in ira

dia da vingança e não nos lancemos com precipitação em nossos lamentos pela vingança de nossas dores, pois está escrito: *Espera-me, diz o Senhor, como testemunha no dia da minha ressureição, porque o meu juízo será para reunir aos povos, separar os reis e derramar sobre eles a minha ira.*[75] O senhor ordena esperar e suportar com vigorosa paciência o dia da vingança. De modo que no Apocalipse sentencia e diz: *Não ponhas o selo nas palavras da profecia deste livro, porque o tempo já está próximo e aquele que persevera em fazer o mal, que o faça, e aquele que está na impureza, que continue ainda; o justo, porém, que faça obras mais justas ainda e da mesma forma o santo, obras mais santas. Eis que venho em breve, e a minha recompensa está comigo, para dar a cada um conforme as suas obras.*[76] Por isso, também aos mártires que clamam e se apressam em pedir a vingança por causa de sua dor, ordena-se-lhes esperar e manter a paciência até que se cumpram os tempos e que se complete o número dos mártires.[77] *E, tendo aberto,* diz, *o quinto selo, vi sob o altar de Deus as almas daqueles que foram mortos por causa da palavra de Deus e por causa de seu testemunho e que clamavam em alta voz dizendo: Até quando, ó Senhor Santo e Verdadeiro, deixarás de julgar e vingar o nosso sangue contra os habitantes da terra? E foi dada a cada um deles uma veste alva e foi-lhes dito que descansassem ainda por um breve tempo até que fosse completado o número de seus companheiros e irmãos que, a seu exemplo, seriam mortos mais tarde.*[78]

22. Quando, porém, virá a vingança do sangue dos justos da parte de Deus o Espírito Santo o declara por meio do profeta Malaquias: *Eis que o dia do Senhor vem ardente como um forno e todos aqueles que lhe são estranhos e todos os iníquos serão como palha, e o dia que vem os queimará, diz o Senhor*;[79] e o mesmo lemos nos Salmos nos quais se anuncia a chegada de Deus como juiz, digno de ser venerado por causa da majestade de seu juízo: *Deus virá manifesto, nosso Deus, e não ficará em silêncio. Diante dele o fogo arderá e ao redor dele uma violenta tempestade. Chamará do alto céu e da terra para separar o seu povo. Reuni junto a ele os seus justos, aqueles que guardam a sua aliança com seus sacrifícios. E os céus anunciarão a sua justiça, porque Deus é o juiz.*[80] E Isaías prediz o mesmo dizendo: *Eis, porém, que o Senhor virá como o fogo e seu carro semelhante a uma*

---

75 Sf 3, 8.

76 Ap 22,10-12.

77 Cf. Cipriano, *De Lapsis*, XVIII.

78 Ap 6,9-11.

79 Ml 4, 1. Não há nas traduções modernas da Bíblia um capítulo 4º no livro de Malaquias. Tal perícope encontra-se atualmente, em algumas bíblias, em Malaquias 3,19.

80 Sl 49,2-6.

uindictam. in igne enim Domini iudicabuntur et in gladio eius uulnerabuntur. et iterum: Dominus Deus uirtutum prodibit et comminuet bellum, excitabit certamen et clamabit super inimicos suos cum fortitudine: tacui, numquid semper tacebo?

23. Quis autem est hic qui tacuisse se prius dicit et non semper tacebit? utique ille qui sicut ouis ad uictimam ductus et sicut agnus coram tondente sine uoce non aperuit os suum. utique ille qui non clamauit neque in plateis uox eius audita est. utique ille qui non fuit contumax neque contradixit, cum dorsum suum poneret ad flagella et maxillas ad palmas, faciem autem suam non auerteret a foeditate sputorum. utique ille qui cum accusaretur a sacerdotibus et senioribus nihil respondit et mirante Pilato patientissimum silentium tenuit. hic est qui cum in passions tacuerit in ultione postmodum non tacebit. hic est Deus noster id est non omnium sed fidelium et credentium Deus, qui cum in secundo aduentu manifestus uenerit non silebit. nam cum in humilitate prius fuerit occultus, ueniet in potestate manifestus.

24. Hunc expectemus, fratres dilectissimi, iudicem et uindicem nostrum ecclesiae suae populum et ab initio mundi iustorum omnium numerum secum pariter uindicaturum. qui ad uindictam suam nimium festinat et properat, consideret quia necdum uindicatus est ipse qui uindicat. [pater Deus praecepit filium suum adorari et apostolus Paulus diuini praecepti memor ponit et dicit: Deus exaltauit illum et donauit illi nomem quod est super omne nomen, ut in nomine Iesu omnes genu curuent caelestium, terrestrium et infernorum. et] in Apocalypsi angelus Iohanni uolenti adorare se resistit et dicit: uide ne feceris, quia conseruus tuus sum et fratrum tuorum. Iesum Dominum adora. qualis Iesus Dominus et quanta patien-

tempestade para retribuir a vingança com ira, serão julgados pelo fogo do Senhor e serão feridos com sua espada;[81] E de novo: *O Senhor Deus das potências avançará e vencerá a guerra,*[82] *provocará a batalha e gritará sobre seus inimigos com vigor: calei* [até agora], *acaso calarei para sempre?*[83]

23. Quem é este, porém, que diz haver se calado antes e que não se calará para sempre? Sem dúvida é aquele que foi levado como ovelha ao matadouro e, como cordeiro sem voz ante o tosquiador, não abriu a sua boca.[84] Sem dúvida é aquele que não gritou, nem a sua voz foi ouvida nas praças.[85] Certamente é aquele que não foi orgulhoso nem se contradisse enquanto oferecia as suas costas aos açoites e suas faces às bofetadas, quando não afastou o seu rosto da repugnância das cusparadas.[86] Certamente é aquele que, sendo acusado pelos sacerdotes e anciãos, nada respondeu,[87] e diante da admiração de Pilatos manteve um pacientíssimo silêncio.[88] Este é aquele que, tendo se calado na paixão, não se calará depois no dia das vinganças. Este é o nosso Deus, isto é, Deus não de todos, mas sim dos fiéis e dos que crêem, o Deus que em sua segunda vinda virá manifesto e não se calará. Dado que na primeira vez foi oculto em sua humildade, virá, pois, manifesto em seu poder.

24. A este juiz e vingador, irmãos amantíssimos, esperemos, pois que ele há de vingar junto a si, ao mesmo tempo, a sua Igreja, o seu povo e o número de todos os seus justos desde o início do mundo. Aquele que se quer lançar com precipitação a vingar-se considere que quem deve vingar ainda não se vingou. Deus Pai ordenou que o seu Filho fosse adorado, e o apóstolo Paulo, tendo presente esse preceito, estabelece e diz: *Deus o exaltou e lhe deu um nome que está acima de todo nome, para que ao nome de Jesus se dobrem todos os joelhos, os celestes, os terrenos e os do inferno.*[89] E no Apocalipse o anjo resiste a João, que quer adorá-lo, e lhe diz: *Tenha cuidado de não fazê-lo, porque sou servo como tu e teus irmãos. Adora ao Senhor Jesus.*[90] Quão grande é o Senhor

---

81 Is 66,15-16.

82 O texto diz: *comminuet bellum. Comminuere* significa na linguagem ordinária "despedaçar", "quebrar", porém em linguagem militar significa "vencer".

83 Is 42,13-14.

84 Is 53,7. Cf. At 8,33-35.

85 Is 42,2.

86 Is 50,6.

87 Mt 27,12.

88 Mt 27,14.

89 Fl 2,9-10.

90 Ap 22, 9 e 19,10.

tia ut qui in caelis adoratur necdum uindicetur in terris. huius patientiam, fratres dilectissimi, in persecutionibus et passionibus nostris cogitemus. huius aduentui plenum expectationis obsequium praebeamus nec defendi ante Dominum serui inreligiosa et inuerecunda festinatione properemus. insistamus potius et elaboremus et toto corde uigilantes atque ad omnem tolerantiam stabiles dominica praecepta seruemus, ut cum ille irae et uindictae dies uenerit non cum impiis et peccatoribus puniamur, sed cum iustis et Deum timentibus honoremur.

Jesus e quão grande a sua paciência para que ele, que é adorado nos céus, não tenha ainda se vingado na terra! Devemos meditar em sua paciência, irmãos amantíssimos, quando nos encontramos em meio às perseguições e aos sofrimentos. Ofereçamo-lhe plenamente a nossa espera submissa à sua vinda e não nos defendamos com irreligiosa e despudorada pressa antes do Senhor, pois nós somos seus servos. Antes insistamos e trabalhemos com todo o coração e observemos, de modo estável e diligente, os preceitos do Senhor com toda a paciência para que, quando o dia da vingança vier, não sejamos punidos com os ímpios e pecadores, mas sejamos honrados com aqueles que são justos e com aqueles que temem a Deus.

S. Agostinho de Hipona

Sobre a Paciência

(De Patientia)

Agostinho e a virtude da paciência no De Patientia *e no* Sermo *359/A*

PE. CLÉBER EDUARDO DIAS

Agostinho de Hipona (354-430) é o Padre Latino mais sobejamente conhecido, o mais prolífico em quantidade de obras, e objeto do maior número de traduções existentes em qualquer língua moderna e de estudos críticos em todas as áreas nas quais escreveu. Já em sua época a influência de seus escritos foi fundamental para a construção das bases religiosas, canônicas e civis do Ocidente. Tal influência não cessou, mas, pelo contrário, permanece viva e atuante.

Os textos que ora apresentamos em traduções, respectivamente o *De Patientia* e o *Sermo* 359/A, são essenciais para entender o pensamento do hiponense sobre a virtude da paciência e como ele trabalhou sobre os textos do *De patientia* de Tertuliano e do *De bono patientiae* de Cipriano.

Inicialmente apresentaremos as principais questões envolvendo a discussão sobre a autenticidade do *De Patientia* e traçaremos os paralelos deste texto com outras obras de Santo Agostinho, para que o leitor possa ter presente o modo como o autor construiu sua obra. Posteriormente apresentaremos um comentário ao *De Patientia* de Agostinho e um comentário ao *Sermo* 359/A.

A QUESTÃO DA AUTENTICIDADE E AUTORIA DO *DE PATIENTIA*

Quanto à atribuição da obra *De Patientia* a Santo Agostinho, Migne,[i] Combès[ii] e Cilleruelo[iii] informam-nos que tanto Erasmo de Roterdam quanto certo número de comentadores sustentavam que, por razões de estilo literário, não seria uma obra de S. Agostinho.[iv]

Embora o *De Patientia* não conste na lista de obras presentes nas *Retractationes*, o que poderia garantir sua autoria, cabe lembrar que S. Agostinho tinha o propósito de fazer uma outra lista de *retractationes* dedicada só aos sermões.[v] Se observarmos o estilo literário do ponto de vista da construção retórica, devemos concordar que o *De Patientia* é uma peça oratória.

Quanto à certeza da pertença do *De Patientia* às obras do hiponense podemos encontrá-la na sua *Epistula* CCXXXI, carta esta dirigida ao conde Dario, na qual afirma que "Para não fazer apenas o favor que me pediste, enviei-te também outros livros; Sobre a fé que não se vê, Sobre a paciência, Sobre a continência, Sobre a providência e um volumoso Sobre a fé, a esperança e a caridade".[vi] Um dado interessante do ponto de vista histórico é que, com a descoberta posterior da Epístola ao conde Dario – publicada no *Supplementum* a Migne – comprovou-se a autoria e a tradição dos manuscritos, os quais sempre conservaram essas obras elencadas em conjunto.

Alguns textos sobre a paciência podem ser encontrados por entre as obras de Santo Agostinho de modo a corroborar as idéias centrais presentes no *De Patientia.* Dado o contexto histórico que narra, data-se, no entanto, com muita probabilidade, a sua composição do ano 417. Combès afirma que, sem dúvida, conhecendo o desenrolar da legislação contra os donatistas e

---

[i] MIGNE, J-P., *Admonitio in librum De patientia,* cols. 609-10 in Patrologia Latina, 40, Paris, 1865.

[ii] COMBÈS, G., "La Patience (De patientia)", in: Bibliothèque augustinienne. Oeuvres de saint Augustin, 2 (1948), 527.

[iii] CILLERUELO, L., "Introducción", in: *Sobre la Paciencia,* Obras de San Agustín, Madrid, Biblioteca de Autores Cristianos (B. A. C.), 1948, p. 383.

[iv] Pesquisando toda a obra de Erasmo, não encontramos qualquer comentário seu ou de seus contemporâneos a esta questão. Desconhece-se entre os comentários medievais qualquer sombra de dúvida sobre a paternidade agostiniana do *De Patientia.* Para uma noção da forma vigorosa como o *De Patientia* é utilizado na Idade Média, leia-se em S. TOMÁS DE AQUINO, *Summa Theologiae,* II^{a}-II^{ae}, q. 136.

[v] Como se pode ler na *Epistula* CCXXIV, 2: "*Restabant epistolae, deinde tractatus populares, quos Graeci homilias vocant.*"

[vi] *Epistula* CCXXXI, 7: "*Misi et alios libros quos non petisti, ne hoc tantummodo facerem quod petisti; de Fide rerum quae non videtur, de Patientia, de Continentia, de Providentia, et unum grandem de Fide et Spe et Charitate*"; in PLS 2, col. 1026.

suas conseqüências, bem como as cartas posteriores de S. Agostinho, pode-se datá-la como obra escrita no primeiro semestre de 417.[vii]

Atualmente o escrito já superou todas as críticas sobre sua autoria e encontra-se presente entre as obras de S. Agostinho.

FONTES E PARALELOS AUGUSTINIANOS AO *DE PATIENTIA*

Santo Agostinho apresenta em seus diversos escritos uma idéia de paciência que parece remontar a duas fontes. De uma parte, a noção de paciência da Antigüidade latina, pela qual se entendia a faculdade de suportar as vicissitudes da vida e de preservar a felicidade de alma em meios aos tormentos, à fome, e apesar da ausência ou privação de bens. É próprio do sábio, e não do estulto, agir conforme a norma da virtude e das leis divinas para obter bens imperecíveis.[viii]

Doutra parte, a segunda fonte, que é bíblica, repousa no paradigma da verdadeira paciência, que é o Cristo, exemplo singular de uma paciência benevolentíssima, o qual suportou, embora não precisasse suportar nada, as injúrias, cusparadas e bofetões que recebeu em sua paixão. Se o cristão quer ser digno do nome de justo deve, pois, suportar a maldade daqueles que quer tornar bons sem, no entanto associar-se aos seus crimes ou igualar-se em suas maldades.[ix]

[vii] COMBÈS, G. *La patience (De patientia)*, p. 527.

[viii] Veja-se, por exemplo, no *De beata vita*, IV, 25 (PL 33), onde, citando Terêncio, Agostinho desenvolve a idéia de que a penúria de bens materiais pode atingir o corpo, mas não a alma se o homem sabe o que pode e deve evitar; se sabe quais bens deve buscar, ordena a vontade à reta ação: "*Quod cum aliqui eorum paulo tardius intellexissent, me id quibus potui verbis ad eorum sensum accommodatis aperiente atque versante: Ergo, inquam, miserum esse omnem qui egeat, dubitat nemo: nec nos terrent quaedam sapientium corpori necessaria. Non enim eis eget ipse animus, in quo posita est vita beata. Ipse enim perfectus est; nullus autem perfectus aliquo eget: et quod videtur corpori necessarium sumet, si adfuerit; si non adfuerit, non eum istarum rerum franget inopia. Omnis namque sapiens fortis est; nullus autem fortis aliquid metuit. Non igitur metuit sapiens aut mortem corporis, aut dolores, quibus pellendis vel vitandis vel differendis sunt necessaria illa, quorum ei potest contingere inopia. Sed tamen non desinit eis bene uti, si ipsa non desunt. Verissima est enim illa sententia: Nam tu quod vitare possis stultum admittere est (Teretius, Eun. 761). Vitabit ergo mortem ac dolorem, quantum potest et quantum decet; ne si minime vitaverit, non ex eo miser sit quia haec accidunt, sed quia vitare cum posset, noluit: quod manifestum stultitiae signum est. Erit ergo ista non vitans, non earum rerum perpessione, sed stultitia miser. Si autem non valuerit evitare, cum id sedulo ac decenter egerit, non eum ista irruentia miserum facient. Etenim et illa eiusdem comici sententia non minus vera est: Quoniam non potest id fieri quod vis, Id velis quod possit (Terentius, Andria 305-306). Quomodo erit miser, cui nihil accidit praeter voluntatem? Quia quod sibi videt non posse provenire, non potest velle. Habet enim rerum certissimarum voluntatem, id est, ut quidquid agit, non agat nisi ex virtutis quodam praescripto et divina lege sapientiae, quae nullo ab eo pacto eripi possunt.*".

[ix] *Epistula* CXXXVIII, II, 12: "*Alioquin si verba attenderimus, eorumque proprietati serviendum putaverimus, non est praebenda maxilla dextera, si sinistra fuerit percussa. Quoniam: Si quis te, inquit, percusserit in maxillam dexteram, praebe illi et sinistram: magis autem sinistra percutitur, quod ad dexteram*

A Igreja também, nesse sentido, como é corpo de Cristo, enquanto peregrina na terra entre os ímpios e a impiedade, aguarda com fé, vive da paciência, na espera de que a justiça seja feita. E, para tanto, com fé, esperança e paciência espera o juízo.[x] A sua paciência, porém, advém-lhe de Deus.

O próprio dom da continência é, a par do dom da paciência, um dom do qual não podemos nos atribuir origem, mas é-nos dado do Alto, de Deus. É por meio do dom de Deus que o cristão permanece continente e paciente.[xi] Nossa paciência é originada em Deus e confirmada pela nossa justificação, que ocorre sem nenhum mérito precedente nosso. Cristo é o modelo daquele servo sofredor que, sendo justo, suportou as injustiças dos opróbrios em sua carne com imensa paciência para nos dar o exemplo da vera paciência que nos santifica.[xii]

---

ferientis facilior ictus est. Sed sic intellegi solet, ac si dictum esset: Si quis in te meliora fuerit persecutus, et inferiora ei praebe, ne vindictae potius quam patientiae studens contemnas aeterna pro temporalibus, cum potius temporalia pro aeternis contemnenda sint, tamquam sinistra pro dextris. Haec semper fuit sanctorum martyrum intentio: vindicta enim ultima iuste poscitur, quando nullus iam restat correctionis locus, extremo scilicet summoque iudicio. Nunc vero cavendum est, ne vindicandi cupiditate amittatur, ut nihil aliud dicam, ipsa patientia, quae pluris est habenda quam omne quod potest etiam invito inimicus auferre. Namque alius evangelista in eadem sententia nullam fecit dexterae mentionem, sed tantum maxillam et alteram nominavit, ut aliquanto distinctius intellegeretur in alio, ipse autem simpliciter eamdem patientiam commendaret. Paratus itaque debet esse homo iustus et pius, patienter eorum malitiam sustinere, quos fieri bonos quaerit, ut numerus potius crescat bonorum, non ut pari malitia se quoque numero addat malorum."

[x] Cf. Sl 93, 15 e Rm 8, 25. É o que se depreende da obra *De civitate Dei*, I: "(...) *gloriosissimam civitatem Dei sive in hoc temporum cursu, cum inter impios peregrinatur ex fide vivens, sive illa stabilitate aeternae, quan nunc expectat per patientiam quoadusque iustitia convertatur in iudicium.*"

[xi] Cf. *De continentia*, XII, 26: "*Sicut autem non omnis, qui aliquid patitur, aut quoslibet dolores tolerantissime patitur, habet eam virtutem, quae similiter Dei munus est et patientia nuncupatur (multi enim tolerant multa tormenta, ne in suis criminibus prodant aut male sibi conscios aut se ipsos; multi pro explendis ardentissimis libidinibus et obtinendis, vel non relinquendis eis rebus, quibus vinculo pravi amoris obstricti sunt; multi pro diversis et perniciosis, quibus vehementer tenentur, erroribus; quos omnes absit ut dicamus veram habere patientiam) ita non omnis, qui aliquid continet, vel ipsas etiam carnis aut animi libidines mirabiliter continet, istam continentiam, de cuius utilitate et decore disserimus, habere dicendus est.*"

[xii] *Sermo* CLVII, 3: "*Traditus ergo ille Excelsus, per quem facta sunt omnia, traditus propter formam servi in opprobrium hominum et abiectionem plebis, in contumeliam, in flagella, in mortem crucis docuit nos exemplo passionis, cum quanta patientia in illo ambulemus; et firmavit nos exemplo suae resurrectionis, quid ab illo patienter sperare debeamus. Si enim quod non videmus speramus, per patientiam exspectamus. Quod non videmus quidem, speramus; sed corpus sumus illius capitis, in quo iam perfectum est quod speramus. De illo enim dictum est quod ipse sit caput corporis Ecclesiae, primogenitus, ipse primatum tenens . Et de nobis scriptum est: Vos autem estis corpus Christi et membra. Si autem quod non videmus speramus, per patientiam exspectamus, securi; quoniam qui resurrexit caput nostrum est, servat spem nostram. Et quia priusquam resurgeret, flagellatum est caput nostrum, firmavit patientiam nostram. Scriptum est enim: Quem enim diligit Dominus, corripit; flagellat autem omnem filium, quem recipit. Non itaque in flagello deficiamus,*

A verdadeira paciência é o dom de Deus que nos prepara para recebermos no futuro a salvação dos nossos corpos. Aliada à paciência está a esperança. Ambas são como que os elementos indispensáveis para a fé, pois a fé é a espera paciente de coisas que não vemos.[xiii]

O *De Patientia* de Santo Agostinho

Certamente podemos localizar o *De Patientia* de Santo Agostinho como um dos tantos esforços literários do bispo de Hipona em dar respostas eminentemente pastorais a problemas enfrentados em sua época. E não somente uma resposta a problemas pastorais, mas também a problemas de ordem social.

Se considerarmos do ponto de vista da distribuição dos conteúdos da obra em apreço, veremos que S. Agostinho coloca a questão primeiramente no conhecimento da virtude da paciência em relação à sua origem divina para refutar-lhe uma origem humana, indo assim, de encontro à filosofia estóica e a uma corrente de teologia estoicizada ou pelagianista. Em um segundo momento, Agostinho defende a origem/fonte da paciência humana como subsidiada pela participação que temos na paciência de Deus e em especial no exemplo da vida de Cristo e do cristão que vive como um mártir no mundo.

Tendo presente que o vocábulo *patientia* deriva do verbo *pati* (sofrer), Agostinho tem como claro – pelo enunciado que a filosofia faz do conceito "Deus" – que, embora digamos que Ele seja pacientíssimo, ao apontá-Lo como paciente não queremos dizer com isso que seja padecente, o que seria uma absurdidade do ponto de vista lógico. É claro que não devemos procurar já no pensamento de Agostinho uma identificação do Deus cristão com o "Deus dos filósofos", como por exemplo o fará S. Tomás de Aquino ao ver no motor primeiro não-movível ou na causa primeira o indício da enunciação de Deus. Agostinho encontra-se aqui como um dos primeiros Padres latinos

ut in resurrectione gaudeamus. Ita enim verum est quod flagellat omnem filium quem recipit, ut nec Unico suo pepercerit, sed pro nobis omnibus tradiderit eum. Intuentes ergo eum, qui sine peccati merito flagellatus est, qui mortuus est propter delicta nostra, et resurrexit propter iustificationem nostram, non timeamus ne abiciamur flagellati; sed potius confidamus quia recipiemur iustificati.".

xiii Cf. Rm 8, 24-25. *Ennarationes in psalmo* XXXVII, 5: "*Sed vide quid ait: Spe enim salvi facti sumus: spes autem quae videtur, non est spes. Quod enim videt quis, quid sperat? Si autem quod non videmus speramus, per patientiam exspectamus. Quid autem exspectat per patientiam? Salutem. Cuius rei salutem? Ipsius corporis: quia hoc dixit, redemptionem corporis nostri.*".

a utilizar o conceito "Deus" como sinônimo de imutabilidade, princípio imprincipiado, impassibilidade, conjugado com o conceito "Deus" como sinônimo de "pessoa" e, portanto, como um "ser passível de". Mas não será no *De Patientia* que Agostinho discorrerá sobre como podemos anular essa aparente aporia. Deixa-nos, porém, um indício: o Deus de que fala é Aquele que se auto-revela no discurso dos Profetas, da Sagrada Escritura e é revelado plenamente no e pelo Filho. Para Agostinho, que dirige seu discurso aos cristãos, basta-lhe dizer que Deus é paciente sem qualquer padecimento.[xiv] Esta temática do padecer de Deus sem que sofra qualquer mutabilidade, ou seja, um Deus que paciente suporta todas as luxúrias, avarezas, malícias e iniqüidades do século já está presente também em Padres como Cipriano[xv] e Tertuliano.[xvi]

A relação do homem no exercício da virtude da paciência é descrita por Agostinho dentro de uma dupla consideração. Por um lado, há homens que suportam com equanimidade tanto os bens quanto os males que lhes advêm. Doutra parte, porém, estão aqueles que, buscando apenas fugir e ser livrados dos seus males, acabam por amontoar e acrescentar males maiores àqueles que já sofrem. Note-se aqui uma consideração de cunho eminentemente psicológico: ao tentar escapar de todo e qualquer mal, o ser humano preocupa-se, e em pré-ocupar-se dá um estatuto superior ao mal sofrido em detrimento do bem ou bens já usufruídos. Sua resposta parte da leitura que faz do Apóstolo quando diz que os bens maiores, eternos e futuros são muito maiores que qualquer padecimento na vida presente.[xvii]

Essa relação conturbada que, normalmente, o ser humano empreende entre o sofrimento voluntariamente suportado de males em vista da aquisição de coisas passageiras e menores, dos prazeres fugidios e escorreitos, e a recusa ou horror naturalmente humano ao sofrimento voluntário por bens não-apetitíveis ou sensoriais é que vai determinar o tipo de paciência humana. Ou, como nos ensina o bispo de Hipona, parafraseando Mateus 6, 21, naquelas coisas às quais eu me inclino, sou por elas seduzido e arrastado e posso com propriedade falar que resido e insiro aí meu "peso", aquilo que sou: "*Pondus meum amor meus; eo feror quocumque feror (...)*".[xviii]

[xiv] *Sobre a Paciência,* I, 1, p. 171 desta edição.

[xv] Cf. Cipriano, *Sobre o bem da paciência,* 4, pp. 107-9.

[xvi] Cf. Tertuliano, *Sobre a Paciência,* II, 1-3, p. 39.

[xvii] Cf. Rm 8, 18.

[xviii] Cf. *Confessionum,* XIII, 9, 10.

No primeiro caso, diz-nos Agostinho, trata-se de uma paciência indigna deste nome, pois que a falsa paciência distingue-se da verdadeira paciência por suportar males horrendos em troca de bens menores e passageiros[xix] e, enquanto tal, é um comportamento ou atitude que não possui nada a ser imitado, antes deve ser recusado como indigno de um cristão. Doutra parte, a verdadeira paciência é sempre reconhecida por ser "companheira da sapiência, não escrava da concupiscência; a paciência é amiga da boa consciência, não adversária da inocência."[xx]

O louvor à paciência de alguém deve ser dado somente após analisando os motivantes, as causas que levaram o padecente/paciente a abraçar voluntariamente o sofrer. E a causa já está dada: o amor a Deus livre de qualquer cupidez. Agostinho está neste momento dirigindo-se àqueles que em sua época afirmavam que o sofrimento por Cristo e a perseguição do cristão são sempre marcas claras de uma verdadeira paciência.

O bispo de Hipona erige aqui uma condição que julga essencial para qualificar a verdadeira paciência: não basta ao cristão que sofra a perseguição pela fé ou por Cristo; o sofrimento deve ser aceito e vivenciado sem volúpia, sem falsidade, sem desejo concupiscente, sem jactância. Caso contrário, qualquer herege que se aparte da reta fé e da verdadeira Igreja poderá também ser considerado um verdadeiro mártir quando, por seu desejo afetado pela concupiscência de ódio à Igreja e pela volúpia em ser tido como verdadeiro cristão em detrimento do irmão, não pode ser aceito como verdadeiro padecente/paciente em nome da verdade. A verdadeira paciência possui uma causa já dada – amor livre e desinteressado somente a Deus – amor este que lhe deve ser anterior; pois nem todos os que sofrem são partícipes da verdadeira paciência, somente o são aqueles que utilizam-na e exercem-na retamente.[xxi]

Se o sofrimento suportado e exigido daquele que se entrega para a cura do corpo é grande e justo, quanto mais o deve ser para aquele que procura a cura e o bem eterno da alma. Deve-se, pois, fazer um extremo esforço da paciência para sofrer/padecer com verdadeira paciência os inimigos que impelem a alma à condenação eterna.[xxii] Agostinho repete a doutrina de que são três as frentes de batalha contra as quais o cristão deve travar uma luta: o próprio homem (a carne), o mundo e o demônio.

---

xix *Sobre a Paciência*, IIII, 4-V, 4, pp. 173-5.

xx *Idem, Ibidem*, V, 4, pp. 173-5.

xxi *Idem, Ibidem*, VI, 5, p. 175.

xxii *Idem, Ibidem*, VII, 6, p. 175.

Uma das formas do corpo ser um empecilho à salvação da alma dá-se quando o homem dedica um desmesurado cuidado ao corpo mortal esquecendo-se e não confiando na Providência de Deus, que promete aos seus mártires não apenas a salvação da alma, mas também a restauração do corpo[xxiii] em sua integridade. Esquecer-se da salvação da alma e procurar salvar apenas o corpo é uma atitude imprópria do verdadeiro paciente. O contrário também se dá. Se conseguimos, em meio às dores, à perseguição e até à morte conservar a consciência digna, não pendendo ou agindo/consentindo nas más obras (pecado), teremos conservada, diz-nos S. Agostinho, não só a integridade da alma, mas até mesmo o corpo para a vida futura e estável. O homem deve ocupar-se sim com a saúde do corpo, até porque o indivíduo é o composto corpo e alma perfectível, e não um corpo com uma alma ou uma alma com um corpo, e, em cuidando de sua carne, deve fazer com que, pela paciência, suporte os tormentos presentes no corpo de modo a adquirir uma significação e "lucro inestimável da incorrupção futura".[xxiv]

Embora Agostinho reconheça que a paciência, como no-la descreve, é uma virtude da alma, recomenda a sua perfeita utilização, o perfeito exercício da paciência de forma a levar o homem a utilizá-la em suas relações, em parte na carne, em parte na alma. Não se trata aqui de mensurar o quanto em cada elemento, mas de reafirmar uma idéia tantas vezes esquecida no cristianismo, de que uma temática teológica que se ocupe *de cura pro corpore et anima* deve considerar o ser humano como um todo e não em partes; evitando assim o dualismo em favor da dualidade.[xxv]

A marca da verdadeira paciência, virtude da alma, pode ser reconhecida nos *exempla* que nos dá a Sagrada Escritura, como no sofrimento moral que o rei Davi prefere passar a ter de corromper-se vingando-se do perseguidor Saul ou refreando a ira de seus amigos; ou no caso de Jesus que, mesmo sabendo ser Judas o traidor, suporta-o durante seu ministério até o momento da traição e do beijo que o leva à cruz. Estas marcas identitárias da verdadeira paciência como que delimitam-na distinguindo-a da falsa paciência preservando e colocando o fundamento de nossa bem-aventurança/felicidade terrena incólume do contato com os escândalos do mundo. O fato de haver sofrimento interno e externo infligido não pode ser motivo para o corromper-se, para o inclinar-se ao mal. Em suma, a verdadeira paciência é demonstrada nos exemplos e nas

---

[xxiii] Tertuliano, *Sobre a Paciência,* XIII, 8, p. 75 desta edição.

[xxiv] Agostinho, *Sobre a Paciência,* VIII, p. 177.

[xxv] *Loc. cit.*

pessoas que sofrem, mas não se vingam, passam pelo sofrimento, mas não se corrompem corporalmente no crime ou vício ao sofrê-lo.[xxvi]

Esta verdadeira paciência tem também lugar, afirma Agostinho, quando sofremos na alma as dores do corpo, mas conservamos a consciência limpa. Tal se deu e se dá nos mártires, os quais, mesmo sofrendo no corpo as chagas e o tormento das torturas, ofereceram a Deus durante o sofrer um corpo, uma mente e consciência puros. Os mártires oferecem assim uma amostra de que combatem com ambos os tipos de paciência verdadeira, aquela que sofre no corpo e não se corrompe física e moralmente e esta que sofre no corpo e ou na alma e entrega a Deus a oblação de uma mente puramente dirigida a Ele.[xxvii]

O exercício da verdadeira paciência trata-se antes de tudo de uma batalha[xxviii] a ser travada. Agostinho afirma que, embora seja difícil às vezes não ceder a um inimigo visível que busca nossa corrupção e perda, e o triunfo público daqueles que consentem na corrupção seja grande, maior ainda é a batalha contra o inimigo invisível, o tentador do homem, o diabo. O próprio diabo utiliza-se também de outros homens chamados aqui de "filhos da infidelidade". Estes "filhos da infidelidade", sequazes do diabo, são seus canais de ação no mundo (*vasa diaboli*), tentam fazer a obra do seu pai – homicida e mentiroso desde o princípio[xxix] – perseguindo, flagelando e dissuadindo da aliança os filhos já comprados por Cristo ao Pai.[xxx] A batalha de luta contra o diabo e a sua proposta de dissolução do reinado de Cristo e perda do cristão passa tantas vezes pelas pompas diabólicas que deve renunciar – *et omnibus pompis eius? Abrenuntio!* – para poder manter sua identidade cristã, que consiste, entre tantas outras coisas, em não buscar neste mundo a satisfação do luxo, da carne e do poder, em suma, das pompas do diabo.

Personagem paradigmático para a Patrística grega e latina é a de Jó, homem provado pelas dores e perseguições do diabo. Santo Agostinho desenvolve o núcleo de sua consideração sobre a paciência invocando o testemunho escriturístico sobre a vida e as desventuras de Jó. É conhecida demais do ambiente judaico e cristão a sua figura para necessitarmos tratar sobre ela.

[xxvi] *Idem, Ibidem*, VIIII, pp. 177-9.

[xxvii] *Idem, Ibidem*, X, p. 179.

[xxviii] *Idem, Ibidem*, VII, 6, p 175.

[xxix] Cf. Jo 8, 44.

[xxx] *Sobre a Paciência*, 9, pp. 179-181.

Agostinho preocupa-se mais em invocar sua adesão firme e fiel ao projeto de Deus. Jó torna-se assim, segundo S. Agostinho, o modelo no qual o cristão pode encontrar um acabado exemplo de fidelidade pacienciosa.[xxxi]

Dois são, no entanto, os aspectos dignos de nota da consideração agostiniana sobre Jó, a saber: o fato de que em sua adesão a Deus permaneceu incólume, seja na fortuna, seja no infortúnio; e o conhecimento claro de que aquele que lhe retirara os bens não fora o diabo, mas sim Deus que permitira o diabo fazê-lo.[xxxii] Na definição de S. Agostinho, Jó[xxxiii] só manteve sua paciência e não a perdeu porque soube, mesmo com o corpo pútrido, suportar com inviolável piedade e incorrupta paciência o definhar de sua carne.

Autorizado por Deus, o diabo tirou-lhe tudo: casas, terras, filhos, saúde; porém, não tirou-lhe "aquilo" que lhe teria tirado alguém imperito na arte da tentação: sua mulher.[xxxiv] Bem mais que dar uma valoração negativa à figura da mulher, Agostinho quer aqui afirmar uma analogia entre a figura de Eva, a qual, tentada pelo diabo, incita Adão a pecar, e a mulher de Jó, que o incita a blasfemar contra Deus. A analogia é quebrada por um contraste retórico: enquanto que Adão foi seduzido pela fala de sua mulher, Jó não o foi.[xxxv] O exemplo de Jó, segundo S. Agostinho, é tão perfeito que, auxiliado pela piedade e altíssima paciência, "sustentou em sua carne as suas próprias dores, e em seu coração os erros alheios, à esposa corrigiu a insipiência, aos amigos ensinou a sapiência, e em toda parte conservou a paciência".[xxxvi]

Diametralmente contrário ao comportamento exemplar do personagem bíblico Jó está aquele dos donatistas,[xxxvii] os quais encontraram em Santo Agostinho um adversário que não cansava de combater suas doutrinas a respeito do suicídio e do martírio. A proposta do suicídio, encarado pela seita donatista como um legítimo martírio cristão, provocou no Império uma tenaz

---

[xxxi] *Idem, Ibidem*, XI, p. 181.

[xxxii] *Loc. cit.*

[xxxiii] Tertuliano, *Sobre a Paciência,* XIV, 1-7, pp. 75-7.

[xxxiv] *Op. cit.*, V, 7-9, p. 47.

[xxxv] Agostinho, *Sobre a Paciência*, XII, pp. 181-3.

[xxxvi] *Op. cit.*, p. 183.

[xxxvii] A questão do donatismo e do sucício é amplamente documentado por Agostinho, como por exemplo em *De Civ. Dei*, I, 20-27, na *Epistula* CCIV e na *Epistula* CCCXIII/E, 4. Sua descrição é maior na *Epistula* CLXXXV enviada a Bonifácio (cf. em PL 33, cols. 792-815) e também no *De unitate Ecclesiae*, XIX, 50.

perseguição por parte dos bispos católicos e de seus concílios (sínodos),[xxxviii] secundados por leis civis[xxxix] que a coibiram.

Ao tratar sobre o sofrimento de Jó e o seu exemplo, Agostinho no *De Patientia* está utilizando uma figura retórica de alto contraste para destruir a pregação donatista pró-suicídio. Alterna-se no texto a linguagem de aprovação à conduta do cristão sofredor por amor a Cristo e o rechaço violento àquela aceitação donatista do sofrimento provocado e procurado, seja para fugir de um outro pecado ou, na morte violenta, para não se contaminar com o mundo. Na origem da atitude doutrinária donatista podem-se perceber dois elementos mesclados: a incorporação de algumas idéias neoplatônicas (corpo como cárcere da alma) e gnósticas (corpo, corporeidade e matéria como algo imundo, contaminado e contaminante). Em sua passagem pelo maniqueísmo, Agostinho já havia tido contato com essas doutrinas e, por isso, soube rechaçá-las com uma correta leitura da Sagrada Escritura. Importa ressaltar que, do ponto de vista cristão, sob o prisma da história das idéias, a noção de contaminação da alma pelo corpo a partir da antinomia corpo-alma deve ser buscada na Antigüidade no gnosticismo persa e poderá ser encontrada ainda no catarismo medieval. O que não significa que tenha desaparecido de todo na mentalidade cristã.

Não somente no *De Patientia* Agostinho procurará dar aos seus leitores e ouvintes todas as ferramentas doutrinárias contra a doutrina do suicídio propugnada pelos donatistas. Há toda uma elaboração teórica agostiniana dedicada ao confronto de idéias com os donatistas. À parte as obras[xl] inteiramente dedicadas ao embate anti-donatista, podemos verificar no *De civitate*

---

xxxviii "Graças ao trabalho de Sto. Agostinho, em 533 d.C. o Concílio de Orleans proíbe homenagens fúnebres a suicidas que se matassem quando acusados de terem cometido crimes e dá à Igreja e ao Estado todos os bens deste. É uma adaptação das leis romanas, mas aqui se condena o suicídio como crime, visto o tratamento dado ao cadáver. Com o Concílio de Arles em 542, o cristianismo oficializa a condenação eclesiástica ao suicídio e nos dez anos seguintes houve um consenso de que a morte voluntária era um pecado contra Deus e um crime contra os poderes seculares. Em Braga no ano 562, esta lei é estendida a todos os suicidas. Finalmente em 693 se fecha a porta ao suicídio no Concílio de Toledo, que acrescenta que aquele que tentasse o suicídio sem sucesso deveria ser excomungado.": Palhares, P. A, Saint-Clair, B., "Suicídio nas civilizações: uma retomada histórica", *passim*.

xxxix "*They appear to have been only spasmodically persecuted until early in the fifth century when a series of repressive measures were promulgated by imperial edict. In 415 the death penalty was specified for those Donatists who continued to assemble.*": Amundsen, D. W., "Suicide and Early Christian values: The Nature of the Problem and the Scope os this Essay", in: Brody, B. A. (Ed.), *Suicide and Euthanasia: Historical and Contemporary Themes*, Dordrecht, Kluwer Academic Publishers, 1989, p. 131.

xl Por exemplo, *Contra epistolam Parmeniani, De Baptismo contra Donatistas, Contra litteras Petiliani, De unitate Ecclesiae, Contra Cresconium grammaticum, Breviculus collationis cum Donatistis, Contra Gaudentium Donatistarum episcopum* e o *Psalmus contra partem Donati.*

Dei, I, XVII-XXVI uma peroração àqueles chamados "mártires" que buscam o martírio para não cometer um pecado. No *De civitate Dei* Agostinho trata de elencar *exempla* de suicidas do mundo romano que procuraram recuperar a honra, a castidade e a fama com a morte voluntária.

Agostinho afirmará com todas as forças que nenhum daqueles exemplos pode servir aos cristãos como desculpa para provocarem a própria morte, nem mesmo a fuga do pecado. Portanto, se os donatistas buscam o martírio como prova de sua paciência, devem ser esclarecidos de que o que sofrem não é um verdadeiro martírio.[xli] Em diversos de seus sermões o Bispo de Hipona esclarecerá seus fiéis sobre o fato de que não é a violência nem a qualidade da pena que torna alguém mártir, mas a causa pela qual se morre, e esse testemunho tem de ser dado dentro da comunhão da Igreja Católica.[xlii]

Embora não se dirija textualmente aos donatistas, o contexto histórico e o conteúdo expresso no *De civitate Dei* apóia a leitura canônica de que aqueles conselhos são destinados a eles. De fato, os donatistas caíram no extremo de não só buscar o martírio, mas de pregar que, dado que o mundo e a carne são as fontes de contaminação da alma, dever-se-ia abandonar todo o convívio com os não-donatistas, como impuros, e, ainda, para não pecar após o batismo e ter de sofrer o processo de reintegração dos *lapsi* da Igreja, pregava-se que o ideal seria receber o batismo e ser decapitado, jogar-se às chamas, atirar-se de pontes ou altas rochas, buscar o martírio provocando as forças policiais do Estado, em suma, tentando de todas as formas ou suicidar-se ou buscar a morte pela mão de outrem.[xliii]

Igualmente, na *Epistula* CCIV Agostinho reforçará a idéia precisa e norteadora da Igreja para estabelecer quando ocorre um verdadeiro martírio ou um falso martírio. Este se dá como morte causada por sua própria mão ou mão alheia, movida pela arrogância, orgulho e desprezo; aquele causado pelo moti-

---

[xli] Barros, P. C.: "Commendatur vobis in isto pane quomodo unitatem amare debeatis". A eclesiologia eucarística nos Sermones ad populum de Agostinho de Hipona e o movimento ecumênico; pp. 60-1.

[xlii] Veja-se, por exemplo, os sermões XCIV/A; CCLXXV,1; 277/A,1; CCCVI,2,2; CCCVI/A,1; CCCXII/B,2; CCCXXVII,1; CCCXXXI,2,2; CCCXXXV/C,5-6 e 8 e o CCCLXXV/B, 1-2.

[xliii] "O grupo cristão mais extremo era o dos donatistas, que entre os séculos IV e V d.C. batizavam-se para em seguida entregar-se à decapitação ou à fogueira e ensinavam as crianças cristãs a perturbar os algozes para serem também lançadas ao fogo. O objetivo de morrer tornou-se tão único que não importava mais o modo da execução. Profanavam templos pagãos, tumultuavam festas, invadiam tribunais e até detinham viajantes nas estradas com o único intento de serem mortos, pois sua conduta seria santificada apenas por sua intenção de felicidade eterna. Mas apenas em último recurso se enforcavam ou se lançavam de precipícios.": Palhares, P. A, Saint-Clair, B., "Suicídio nas civilizações: uma retomada histórica", *passim*.

vo de imitar Cristo, que foi padecente em meio ao silêncio e como testemunha da verdade, pois o que faz a diferença entre um verdadeiro e um falso martírio não é a grandeza de atrocidade suportada, mas a causa pela qual se morre.[xliv]

Na *Epistula* CCCXIII/E [xlv] e na *Epistula* CLXXXV, Agostinho vai tratar especificamente sobre o problema do suicídio e sua relação com a Igreja e os donatistas. Os donatistas, no afã de se separarem da unidade da Igreja perdem, mesmo quando ocorre um verdadeiro martírio, os méritos que se lhes poderiam ser agregados. Fora do vínculo da unidade, que é vínculo da perfeição, não pode haver verdadeiros mártires, pois que foram movidos por concupiscência e impaciência.[xlvi] Por sua vez, a obra *De unitate Ecclesiae* é escrita como um recurso último de Agostinho na sua tentativa de reunir a seita donatista ao catolicismo, demonstrando-lhes que somente na comunhão com a Igreja pode-se realizar a plenitude das curas, libertação e união/comunhão com Cristo. O sinal do verdadeiro martírio só pode-se dar se o chamado mártir estava em comunhão com a Igreja e, portanto, sofre pacientemente o martírio porque tem uma causa justa.[xlvii]

Atacando as idéias donatistas pró-suicídio, Agostinho vai afirmar que, se o sucídio fosse uma atitude louvável, Jó teria toda a razão de tê-lo feito. Em *De Patientia*, XIII, Agostinho afirma com todas as forças que aqueles que renunciam a vida presente e se "inculcam a morte", perdem a vida futura, pois: "Se fossem obrigados, como autênticos mártires, a renegar a Cristo ou a executar alguma coisa contra a justiça, deveriam antes suportar tudo isso com paciência do que com impaciência suicidar-se."[xlviii]

Agostinho refuta toda a possibilidade de salvação e vida eterna àqueles que, para fugir das atrocidades e do martírio, terminam por suicidar-se. Afirma que mesmo que dêem um verdadeiro testemunho de Cristo, caso venham a se suicidar, não obterão a salvação.[xlix]

Diante de sua época e na profusão de escolas filosóficas e teológicas, Agostinho sente a necessidade de buscar[l] e expor a origem/fonte[li] da paciência

---

[xliv] Cf. *Epistula* CCIV, 4.

[xlv] *Epistula* CCCXIII/E, 4: "*Christiani essent, si aurem praeberent Christo, et non crederent diabolo, qui eos primo et a pace Ecclesiae separavit, et postea praecipites dedit.*"

[xlvi] Refiro-me aqui à *Epistula* CLXXXV, sobre o suicídio dos donatistas.

[xlvii] *Sermo* CCCXXVIII, IX, 6: "*9. 6. Ergo, fratres, certemus dum vivimus veram fidem tenere, in vera Dei Ecclesia esse, bonam vitam ducere, si martyres amamus, ut eos bonam causam habentes imitari valeamus.*"

[xlviii] *Sobre a Paciência*, XIII, p. 183 desta edição.

[xlix] *Loc. cit.*

[l] *Idem, Ibidem*, XV, 12, pp. 185-7.

[li] Cf. Cipriano, *Sobre o bem da paciência*, 3, p. 107.

segundo a Sagrada Escritura. As escolas filosófico-teológicas estóicas, gnósticas e maniquéias, por exemplo, atribuíam a origem da paciência a um esforço contínuo meramente humano (*habitus*) ou a uma disposição prévia passível de exercitação (*ataraxia*). Por outra parte, a leitura que Santo Agostinho faz da Sagrada Escritura vai demonstrar-lhe que a nenhuma dessas duas fontes deve ser atribuída a origem da paciência, mas à graça de Deus.

Àqueles que atribuem às forças humanas – ao livre-arbítrio – a origem da paciência, sem qualquer auxílio da graça divina, Agostinho dirá que caem num soberbo erro. Este erro deve ser atribuído àqueles que têm a abundância de bens, e tais pessoas erram em dois momentos: por atribuírem somente a si a fonte da paciência e por desviarem o pobre de sua confiança em Deus.[lii] E mais: eles vão contra a palavra de Deus, a qual condena aqueles homens que põem ou incitam outros a por sua confiança em outro homem.[liii]

Em si mesmo, o homem encontra um elemento que se lhe opõe interditando-lhe o caminho da salvação; neste caso trata-se de sua consciência ou vontade desviada e corrompida. Se é certo para os Padres da Igreja – e tal pode-se constatar via de regra tanto nos Padres gregos quanto nos latinos – que foi a vontade a capacidade mais afetada com a desobediência primeira de Adão e Eva, restou, pois, à vontade estar embotada pelas trevas da conscupiscência desregrada. O problema não está no ter ou não o exercício pleno do livre-arbítrio, mas no uso que se faz dele. O homem é livre para atribuir-se a si mesmo a origem da sua paciência, mas erra soberbamente se o faz.

Para acessar a verdadeira paciência, o cristão deve empreender algumas lutas. Já vimos a importância da refutação/confutação/luta que o cristão deve travar contra o diabo; porém, a primeira luta que o cristão deve empreender é, pois, contra sua própria vontade, que o impele a jactar-se de sua paciência como sendo-lhe uma coisa própria, meritória, descartando a necessidade de auxílio divino. O homem, impelido por uma "vontade sumamente orgulhosa",[liv] por "pura complacência própria ou por amor à sua presunção", será inchado de orgulho ao afirmar-se como capaz de gerar e gerir esta virtude em si mesmo.

Estabelece-se no texto um violento contraste entre a paciência e a falsa paciência. Da paciência, quando retamente assumida como mera graça de Deus,

---

[lii] Agostinho, *Sobre a Paciência*, XV, 12, pp. 185-7.

[liii] Cf. Jr 17, 5.

[liv] *Loc. cit.*

diz-se que é celeste, espiritual e deífica;[lv] enquanto que da falsa paciência, que se atribui à mera atividade humana sem o concurso da graça de Deus, diz-se ser terrena, animal, diabólica e concupiscente.[lvi] Para a falsa paciência, pela qual e com a qual é possível ao homem apenas com seu esforço suportar alguns males, Agostinho repete o apóstolo Tiago quando diz que "esta sapiência não desce de cima, mas é terrena, animal e diabólica".[lvii]

A falsa paciência tem, pois, uma mesma origem da falsa sapiência, que os orgulhos atribuem a si mesmos: a sua vontade concupiscente.[lviii] Ao contrário, deve-se reforçar, no dizer de Agostinho, que o pobre sabe que a verdadeira paciência tem sua origem na mesma origem da verdadeira caridade, a saber, em Deus.[lix] Enquanto que os orgulhosos, soberbos e ricos possuem uma falsa sapiência e uma falsa paciência atribuídas à sua riqueza, cultura e vontade, os pobres e humildes possuem uma verdadeira paciência aliada à verdadeira sapiência, ambas originadas e infusas por Deus no homem que Lhe é submisso. Nao é, pois, possível ser paciente sem o auxílio da graça de Deus.[lx] O Espírito Santo difunde nos corações tanto a graça da caridade quanto a da paciência.[lxi]

A relação entre a vontade humana e o seu reto exercício está, pois, segundo Agostinho, intimamente relacionada à capacidade de reconhecimento humano de suas limitações e entrega confiante e humilde, como Jó, de sua vida nas mãos de Deus. Evidencia-se assim o contraste entre o suportar a falsa paciência dos iníquos e a paciência e caridade dos justos, a qual é diametralmente oposta, pois ambas possuem origens completamente contrárias e excludentes entre si.[lxii]

Não se nega que, para adquirir a falsa paciência, seja possível apenas o es forço humano.[lxiii] O que Agostinho está refutando é o grau de paridade comparativo entre a falsa paciência humana proveniente do esforço humano e a verdadeira paciência proveniente como dom de Deus, pois que a falsa paciência

---

[lv] Tertuliano, por sua vez, contrapondo os dois tipos de paciência com menos otimismo que Agostinho, dirá que a falsa paciência é pura obra falsa do diabo, que quer imitar em tudo a Deus. Tertuliano, *Sobre a Paciência*, XVI, 1-3, p. 81 desta edição.

[lvi] Agostinho, *Sobre a Paciência*, XVII, 14, p. 189.

[lvii] Cf. Tg 3, 15. *Op. cit.*, XV, 12, pp. 185-7.

[lviii] *Loc. cit.*

[lix] *Loc. cit.*

[lx] *Idem, Ibidem*, XVI, 13, p. 187.

[lxi] Cf. Rm 5, 5.

[lxii] Agostinho, *Sobre a Paciência*, XVII, 14, p. 189.

[lxiii] *Loc. cit.*

não só não possui as características de um dom, uma graça, como também revela um desmesurado amor ao mundo, que se contrapõe ao amor a Deus.[lxiv] Ligadas estão, pois, a caridade, o vínculo da unidade eclesial, a paciência e o amor a Deus. Para a aquisição da verdadeira paciência é necessária a vontade humana auxiliada, ajudada e inflamada pelo Espírito Santo.[lxv]

Agostinho empreeende a discussão sobre a graça divina, sua relação com a paciência enquanto dom e a justificação durante os parágrafos XVIIII.16 até XXI.18 do *De Patientia.* Trata-se de solucionar o problema presente no fato dos maus, dos iníquos, apresentarem uma falsa paciência que os faz suportar todos os males pela cobiça das coisas do mundo. A primeira objeção que surge e que S. Agostinho quer refutar é que os maus não escolhem a sua falsa paciência pelo livre-arbítrio, mas são coagidos a ela pelo mundo. Procura-se, certamente, com essa tese, aliviar-lhe o peso moral de suas escolhas, afirmando que o mal que obram não lhes deve ser imputado, nem mesmo à sua vontade, mas ao mundo.[lxvi]

Diz-nos Agostinho que, quando o apóstolo João usou a expresssão "mundo" no Evangelho, foi para designar justamente o mundo e aqueles que o servem. Segundo o ensinamento de Cristo, os do mundo e o mundo não se identificam com o próprio Verbo, pois Ele não é deste mundo e, por isso, o mundo não o amou.[lxvii] Do mesmo modo, embora os apóstolos tenham sido "tirados" do mundo – Jo 15, 19 –, não pertenciam ao mundo. Foram escolhidos/eleitos. Mas esta eleição é fruto da graça e não da natureza, não do esforço humano.

Com isso quer significar que, embora tenham uma condição de culpados, aqueles que escolhem o mundo não podem atribuir-se uma isenção moral culpabilizando o mundo; do mesmo modo, aquele que não opta pelo mundo, mas por Deus, por optar com o auxílio da graça não tem o direito de arrogar-se melhor que o mundano. A eleição e elevação daqueles que serão eleitos/escolhidos repousa em primeira instância na graça gratuita de Deus. Mesmo que o santo exercite sua adesão a Deus, não é por qualquer mérito seu que ele é eleito, mas justificado gratuitamente pela graça.

A justificação não ocorre nem por méritos precedentes nem por méritos contínuos ou posteriores; a graça antecede a toda e qualquer ação meritória

---

[lxiv] *Loc. cit.*

[lxv] *Idem, Ibidem*, XVIII, 15, p. 191.

[lxvi] *Idem, Ibidem*, XVIIII, 16, pp. 191-3.

[lxvii] *Loc. cit.*

humana, pois "...é a eleição da graça, isto é, a eleição pela qual são eleitos os homens por graça de Deus, tal é, digo, a eleição da graça pela qual todos os bons méritos humanos são precedidos".[lxviii]

Retomando uma temática cara à Patrística grega e latina – a justificação dos Patriarcas –, Agostinho dirá que a justificação antecede até mesmo a fé, pois é somente a partir da fé que se pode falar em boas obras humanas ou, no dizer do apóstolo Paulo: "o justo vive da fé".[lxix]

Se a justificação é movimento primeiro e exclusivo de Deus diante do homem por Ele eleito, dando-lhe, através da graça a justificação, a fé, a esperança, a caridade, a paciência e o agir por boas obras, poder-se-ia perguntar se há lugar para a liberdade de ação do homem diante da graça de Deus, e, o que é mais estranho, por que Deus elege alguns e não todos?

É certo que Agostinho não resolve nem pretende resolver essas questões no *De Patientia.* Mas não deixa de dizer que é a mesma justificação pela fé que não só ajuda o justo mas também justifica o ímpio.[lxx] A eleição dos apóstolos apresenta-se como paradigma para falar de uma escolha liberalíssima da graça de Deus. Cristo escolhe homens que estão no mundo – *in mundo* –, tira-os do mundo e das paixões do mundo justificando-os, tornando-os justos – *iusti facti.* Mas essa escolha não decorre de nenhum mérito prévio de nenhum deles, mas do escolher, separar – *eligere* – por meio da justiça justificando-os – *iustificare.* Ou, como pergunta S. Agostinho: "Quem, de fato, pode ser justo a não ser que escolha a justiça?"[lxxi]

Para acentuar o caráter libérrimo da eleição divina dos Patriarcas, Agostinho fará a ligação entre aquilo que eles disseram da graça de Deus com aquilo que o apóstolo Paulo ensinou, a saber: "*Tenho misericórdia a quem terei misericórdia e terei misericórdia a quem terei sido misericordioso*"[lxxii] e "*Portanto, [a escolha] não depende daquele que quer nem daquele que corre, mas da misericórdia de Deus*".[lxxiii]

Coloca-se, então, a pergunta sobre a eleição dos ímpios para serem resgatados pela graça de Deus, uma vez que a própria Escritura afirma que Deus

[lxviii] *Idem, Ibidem*, XX, 17, pp. 193-5.

[lxix] Cf. Rm 1, 17 e Gal 3, 11.

[lxx] Agostinho, *Loc. cit.*

[lxxi] *Loc. cit.*

[lxxii] Cf. Ex 33, 19 e Rm 9, 15. Agostinho, *Sobre a Paciência*, XXI, 18, p. 195.

[lxxiii] Cf. Rm 9, 16.

odeia a todos os que praticam a iniqüidade.[lxxiv] Diante da constatação de que a vontade dos ímpios escolhe injustamente os bens transitórios e se inclina a eles, como entender que o ímpio, a não ser com a ajuda da graça de Deus, escolha-O acima de todas as coisas? Agostinho compara então a ação de Deus à ação do "bom médico [que] odeia e ama o doente: de fato, odeia-o porque é doente, ama-o para lhe expulsar a doença".[lxxv]

A eleição dos ímpios se dá, segundo S. Agostinho, assim como a eleição dos bons, por uma graça liberalíssima de Deus que justifica o homem antes mesmo de ele aceder à fé; para que possa, com o auxílio da fé e no exercício da paciência que lhe vem de Deus, ser separado do mundo.

Reconhecer a vontade corrupta dos maus e a vontade dos bons dirigida a Deus significa para Agostinho dizer a verdade de acordo com o Evangelho e já exercitar a paciência.[lxxvi]

Porém, o exercício da paciência requer que não haja qualquer *gloriatio* por parte do homem, visto que ele não pode fazer nada para merecer a justificação, para ter mérito anterior à ação de Deus em sua vida. Trata-se aqui de pôr a razão e a vontade humana como totalmente dependentes da ação gratuita de Deus. Se Deus não se inclina por primeiro ao homem, nenhuma ação humana pode sequer aproximar a criatura da divindade, nem sequer auxiliá-la a viver a participação na vida divina.

Poder-se-ia imputar ao diabo, instigador da rebelião primeira, a má inclinação da vontade humana, que faz com que o homem afaste-se de Deus. Agostinho tem presente esta possibilidade, mas ela possui ressaibos de um maniqueísmo dualista e não deixa espaço para a liberdade humana. Não é porque o justo inclina sua vontade só e necessariamente auxiliado pela graça divina que alguém pode sustentar que a má inclinção dos injustos é obra de instigação diabólica.

Refutando toda e qualquer possibilidade de um determinismo oriundo de um certo dualismo, o bispo de Hipona afirma que a vontade humana corrompida basta-se a si mesma, seja pela cupidez das coisas do mundo, seja desviada pelo temor, seja pela tristeza ou qualquer perturbação da alma para afastar-se de Deus, não necessitando para isso da ação do tentador.[lxxvii] O ato de inclinar--se seja a Deus, seja ao mundo, está em relação conexa assim como está o fato de o amante aproximar-se do amado para participar de sua vida.

[lxxiv] Cf. Sl 5, 6.

[lxxv] Agostinho, *Sobre a Paciência*, XXII, 19, p. 197.

[lxxvi] *Idem, Ibidem*, XXIII, 20, p. 197.

[lxxvii] *Idem, Ibidem*, XXIIII, 21, p. 197-9.

As provas sobre as asserções de Agostinho estão dadas, segundo ele, pela própria Sagrada Escritura e pelo testemunho dos santos, que não se contradizem nem podem nos enganar. Daí decorre que não pode haver dúvida de que Deus é a origem tanto da caridade no homem quanto da paciência.[lxxviii] E, por ser uma ação divina em nós, a caridade e a paciência são dois dons dos quais não nos podemos jactar de termos neles alguma ação prévia e meritória.

A estreita conexão existente entre o dom da caridade e o dom da paciência é para S. Agostinho o sinal de que todo e qualquer martírio sofrido em nome de Cristo é verdadeiro. Para refutar a arrogância dos donatistas, Agostinho dirá que, se o homem não está unido pelo vínculo da caridade à Igreja Católica e está em algum cisma, de nada lhe aproveita o sofrer por Cristo. Embora não negue que possa haver no agir do cismático um exercício da paciência para confessar o nome de Cristo, afirma também que nem por isso as penas do Juízo Final serão mais brandas para os cismáticos; pois faltando-lhe a sua vinculação pela caridade à Igreja Católica, o fato de entregar seu corpo às chamas, como diz S. Paulo, de nada se lhe aproveita se não tiver caridade.[lxxix]

Importa ainda saber se esta paciência pela qual o cismático e herético sofre e suporta pelo nome de Cristo todo tipo de perseguição é realmente a verdadeira paciência e, portanto, origina-se como dom de Deus; ou se ela tem sua origem apenas na vontade humana e pode ajudá-lo a retornar ao vínculo da caridade perfeita. Agostinho afirma que, se dissermos que a paciência que possui o cismático é dom de Deus, nem por isso se quer dizer que aquele que está fora da Igreja pertence ao Reino de Deus. Ao contrário, negar que a paciência dos cismáticos é dom de Deus é atribur às forças da vontade humana o poder de gerar a paciência, o que para Agostinho é impensável, pois a vontade humana é corrompida.

No dizer de Santo Agostinho, não se deve negar que a paciência dos cismáticos seja um dom de Deus, mas deve-se reputá-la entre certos dons que o mesmo Deus, a exemplo de Abraão, distribui aos filhos das concubinas.[lxxx] Com o título de "filhos das concubinas", Agostinho pretende ilustrar a relação do patriarca Abraão com Isaac e Ismael. Enquanto que é em Isaac que repousará eternamente a herança e a descendência de Abraão, em Ismael, no entanto, não serão deserdados de todo os filhos do concubinato. Os cismáticos e judeus, para Agostinho, estão colocados no grupo dos co-herdeiros de Cristo.

[lxxviii] *Idem, Ibidem*, XXV, 22, p. 199.

[lxxix] Cf. I Cor 13, 3. Cf. Agostinho, *Sobre a Paciência*, 23, p. 201.

[lxxx] Cf. Gn 21, 10 s.

Se em Cristo, e nos cristãos, realiza-se plenamente a herança de Abraão e Isaac, os filhos advindos do concubinato não devem ser expulsos, mas recebem um pouco da herança por terem algo da semente de Abraão.[lxxxi]

A paciência que portam altivamente os "judeus carnais, [os] cismáticos e [os] hereges" não lhes deve ser atribuída como que dom de Deus a seus filhos legítimos, mas como dom de segunda ordem concedido aos filhos ilegítimos por amor a Si mesmo. Deus concede-lhes a paciência como dom, não porque o mereçam enquanto filhos legítimos, que não são, mas enquanto filhos da concubina, distanciados da verdadeira mãe, a Igreja.[lxxxii] Porém, os dons dados aos deserdados são completamente diferentes dos dons dados aos herdeiros.[lxxxiii]

Reconhece-se, portanto, que é possivel existir certo dom da paciência e o seu exercício também nos cismáticos e hereges, mas repugna-se a idéia de que deva ser atribuído às forças da vontade humana. Nos cismáticos e hereges a paciência é encontrada ainda como um dom de Deus, graça gratuita, dom de grau diverso daquele dom da paciência dado aos verdadeiros filhos que estão junto à mãe Igreja. Os filhos legítimos de Deus são, pois, identificados somente com aqueles dos quais se diz que "são o corpo e os membros de Cristo, isto é, da Igreja de Deus, una, autêntica, católica, possuidora de uma fé piedosa, não a que age pelo orgulho ou temor, mas aquela que age pelo amor [e que] são os membros e o corpo de Cristo".[lxxxiv]

Fora pois, do vínculo da unidade, da caridade, da pertença à verdadeira e una Igreja pode haver dom de Deus que distribui a paciência aos hereges e cismáticos, mas não lhes aproveita essa paciência para a vida eterna se não voltam à unidade. Em contrário, a paciência dos filhos de Deus não se perderá nem na vida eterna, pois a paciência que lhes é dada como dom de Deus fá-los viver "pacientes com um liberal amor e não com um temor servil".[lxxxv]

Esta paciência que não se perderá nem na vida eterna é reconhecida já aqui na terra pelos frutos da paciência com os filhos de Deus que estendem e semeiam o Reino de Deus. Por isso, afirma Santo Agostinho, que a paciência será eterna, não porque no céu precisar-se-á ser paciente ou haverá algo a

---

[lxxxi] Agostinho, *Sobre a Paciência*, 25, p. 203.

[lxxxii] *Idem, Ibidem*, XXVIII, p. 203.

[lxxxiii] *Loc. cit.*

[lxxxiv] *Loc. cit.*

[lxxxv] *Idem, Ibidem*, XXVIIII.26, pp. 203-5.

suportar, mas porque o cristão, unido pelo vínculo da caridade e da unidade, em frutificando aqui na peregrinação terrestre, frutificará para a vida plena na vida celeste.

O *Sermo* 359/A de Santo Agostinho

Nada sabemos com segurança quanto à data de composição do *Sermo* 359/A. O subtítulo do Sermão nos indica que foi pregado em Tuneba, cidade esta, segundo o editor Cyrille Lambot, supostamente entre Hipona e Cartago. Outro pesquisador, Othmar Perler, o qual se dedicou a escrever sobre as viagens ligadas às atividades de Santo Agostinho, reconhece Tuneba como Thunuba, cidade ou vilarejo que existia próximo a Hipona.[lxxxvi]

Como e quando quer que tenha sido composto, o *Sermo* 359/A traz a exegese de Santo Agostinho sobre o trecho do Evangelho segundo Lucas 16, 1-9, ligando-a a uma elaboração sobre a virtude da paciência. Nota-se neste sermão a profunda conexão entre seu texto e o *De bono patientiae* de Cipriano.

Assim como fizera no *De Patientia*, também no *Sermo* 359/A Agostinho insiste sobre a importância da fé, da esperança e da caridade para a completa consecução do *modus vivendi* do cristão. Sem qualquer um desses dons, é impossível agradar a Deus, e somente a vivência desses três aspectos pode nos granjear de Deus o dom da paciência Há aqui nesta obra uma diferença entre os textos do *De Patientia* de Tertuliano e o *De bono patientiae* de Cipriano na questão sobre os vocábulos usados. Enquanto que Tertuliano e Cipriano se mostrarão contrários aos filósofos, isto é, aos cínicos e estóicos, e procurarão mostrar que resignação não é sinônimo de paciência, Agostinho por sua parte dirá que é indiferente chamá-la de paciência, resignação ou tolerância. Isto não significa que Agostinho esteja a dizer que os cínicos ou estóicos tiveram ou tenham verdadeira paciência, pois – e nisto concorda com os autores anteriores – a paciência sempre é um dom de Deus e nunca algo que provenha meramente do esforço humano.[lxxxvii] Distingue o amor do desejo do amor da visão ao dizer que o amor da posse definitiva de Deus é superior ao amor daquele que O deseja.[lxxxviii]

Retomando o tema da fé, esperança e caridade dirá que elas devem fazer parte na construção do homem interior, isto é, espiritual. Não há, pois, edifício

lxxxvi Perler, O., *Les voyages de Saint Augustin*, p. 411.

lxxxvii Agostinho, *Sermão sobre a paciência*, 2, pp. 213-5 desta edição.

lxxxviii *Idem, Ibidem*, 4, p. 217.

espiritual construído sem o concurso destes três dons. São dons de Deus, certamente, mas, enquanto peregrinos neste mundo, devemos procurar fazê-los crescer/frutificar sem nos queixarmos do caminho: "Quem recusa a fadiga do caminho, como quer a alegria da posse?"[lxxxix]

No entanto, quer sejamos ricos ou pobres, estejamos vivenciando uma situação favorável ou adversa, assegura Agostinho que todos desejamos ser libertos do mal que nos circunda, e é pelo suportar cristãmente tais situações que alcançaremos a Deus.[xc] Mesmo a posse dos maiores bens terrenos não nos garante a segurança de mantê-los, nem o fim da cupidez por bens maiores. Aqui nota-se uma influência das primeiras leituras de Agostinho em Cassicíaco, quando compõe o *De beata vita.* Naquele diálogo, ocorrido nos finais de 386, Agostinho retoma o texto da obra *Hortensius* de Cícero, livro este que foi fundamental para sua conversão e que narra a estória do rico Orata, o qual, tudo possuindo, era possuído pelo medo de perder seus bens e não encontrava a tranqüilidade da alma.

O ter a abundância de bens e viver em situação favorável não é, pois, garantia de segurança; pois a única segurança que podemos ter está em Deus, que é quem pode nos dar aquilo que acaba com toda a cupidez e não nos pode ser tirado: a vida eterna.[xci]

Retoma a figura de Jó, apresentando-o como um sinal para os cristãos do modo de viver na e com a paciência, e define que nem mesmo Jó, o paciente, era feliz, pois desejava livrar-se das tentações. Não há porque confundir o ser paciente com o ser feliz. Aqui, obviamente, distingue-se a felicidade transitória em nossa condição de peregrinos neste mundo da verdadeira felicidade na vida futura. Analisando a vida de Jó e propondo-o como modelo, Agostinho dirá: ninguém é feliz nesta terra.[xcii] É a paciência, no entanto, que garante nossa subsistência durante a felicidade terrena.[xciii]

Entre as angústias e sofrimentos desta vida há a morte, da qual todos querem se ver livres ou dilatá-la o quanto podem. No entanto, temida deve ser a morte eterna e não aquela que nos unirá com Deus. Dirá Agostinho: "Se tanto esforço despendemos para morrer um pouco mais tarde, quanto esforço não deveria ser aplicado para não morrer jamais?"[xciv]

[lxxxix] *Idem, Ibidem*, 3, p. 217.
[xc] *Idem, Ibidem*, 4, p. 217.
[xci] *Idem, Ibidem*, 6, pp. 221-7.
[xcii] *Loc. cit.*
[xciii] *Idem, Ibidem*, 7, p. 227.
[xciv] *Idem, Ibidem*, 8, p. 229.

Ao explicar a parábola do Administrador, conhecida como "a parábola do administrador infiel", Agostinho mostrará como o Senhor não quis induzir seus seguidores ao pecado, antes mostrar-lhes que, se os filhos deste mundo são hábeis no garantir a segurança nas coisas da vida terrena, maior habilidade ou sagacidade devemos ter para conquistar a segurança da Vida Eterna.[xcv] Para tanto utiliza o final do sermão para explicar em casos concretos como lançar mão dos meios materiais – herança iníqua, dinheiro, posses – para garantir enquanto estamos na administração desta vida a segurança da vida futura.[xcvi]

Referências Bibliográficas

Edições críticas do *De Patientia*

- Zycha, I. = *De patientia*, pp. 663-691, in: Sancti Aureli Augustini De fide et symbolo. De fide et operibus. De agone christiano. De continentia. De bono coniugali. De sancta uirginitate. De bono uiduitatis. De adulterinis coniugiis lib. II De mendacio. Contra mendacium. De opere monachorum. De diuinatione demonum. De cura pro mortuis gerenda. De patientia. Recensuit Iosephus Zycha, Vindobonae, Pragae, F. Tempsky, Lipsiae, G. Freytag, 1900. Sancti Aurelii Augustini Opera, sect. 5, pars 3. (*Corpus Scriptorum Ecclesiasticorum Latinorum*, 41).

Edições não-críticas do *De Patientia*

- Migne = *S. Aurelii Augustini Hipponensis Episcopi Liber de Patientia*, in: Patrologia Latina, 40, cols. 611-26, Paris, 1865.

Traduções do *De Patientia*

- Browne, H. = *On patience*, in: *Seventh Short Teatrises by Saint Augustine*. Library of the Fathers of the Holy Catholic Church, anterior to the division of the East and West, Oxford, 1847, pp. 543-62.

- Martin, J. = *De Patientia*: Die Geduld, übers. von J. Martin, Würzburg, 1956.

[xcv] *Idem, Ibidem*, 10, pp. 231-3.

[xcvi] *Idem, Ibidem*, 11-17, pp. 233-245.

- O'Brien, F. = *Sancti Aurelii Augustini sermo "De patientia": A critical text and translation with Introduction and Critical Commentary*, Ann Arbor, Michigan, 1970 [Tese de Doutorado em Letras-Latim/Catholic University of America].
- Combès = S. Augustin. Oeuvres de Saint Augustin. 1er série: opuscules. II. Problemes Moraux: De Bono Conjugali / De Conjugiis Adulterinis / De Mendacio / Contra Mendacium / De Cura Gerenda Pro Mortuis / De Patientia / De Utilitate Jejuni, texte de l'édition Bénédictine, traduction, introduction et notes de Gustave Combès, Paris, Desclée de Brouwer e cie, 1948.
- Carena, C. et alii = Sant'Agostino. Opere di sant'Agostino: Morale e ascetismo cristiano: La regola. Il combattimento cristiano. Prima catechesi cristiana. La menzogna. Contro la menzogna. Il lavoro dei monaci. Sulla cura dovuta ai morti. La pazienza, Ed. Carlo Carena, Introduzioni particolari e note illustrative di N. Cipriani, L. Manca, P. Siniscalco, A. Sanchez, F. Cruciani, traduzioni di C. Carena, L. Manca, P. Siniscalco, C. Fabrizi, V. Tarulli, F. Cruciani, indici di F. Monteverde (Nuova biblioteca agostiniana. Opere di sant'Agostino. Edizione latino-italiana 1, 7, 2), Roma, 2001.
- B. A. C. = *Sobre la paciencia*, 384-415, in: Obras de San Agustín, Edición Bilíngüe, XII. Tratados Morales. Del bien del matrimonio. Sobre la santa virginidad. Del Ben de la viudez. De la continecia. Sobre la paciencia. El combate Cristiano. Sobre la mentira. Contra la mentira. Del trabajo de los monjes. El sermón de la montaña. Versión, introducciones y notas de los Padres Fr. Felix Garcia, OSA, Fr. Lope Cilleruelo, OSA, Fr. Ramiro Florenz, OSA, Segunda Edición, Madrid, Biblioteca de Autores Cristianos (B. A. C.), 1948, pp. 530-77.
- Meagher, L. = St. Augustine. *On patience*, trans. L. Meagher, in The Fathers of Church, Vol. 16, Ed. R. J. Deferrari, Washington (D.C.), Catholic University Press, 1952, pp. 233-64.
- Browne, H. = *On patience*, translated by H. Browne, From Nicene and Post-Nicene Fathers, First Series, Vol. 3, edited by Philip Schaff, Buffalo, NY, Christian Literature Publishing Co., 1887. Revised and edited for New Advent by Kevin Knight. Disponível em: http://www.newadvent.org/fathers/1315.htm.

Estudos sobre o *De Patientia*

- Berrouard, M-F., "L'enseignement de la patience", in: *Bibliothèque augustinienne. Oeuvres de saint Augustin*, vol. 75 (2003), pp. 481-82.
- Cilleruelo, L., "Introducción", in: *Sobre la Paciencia*, Obras de San Agustín, Madrid, Biblioteca de Autores Cristianos (B. A. C.), 1948, p. 383.
- Combès, G., "La Patience (De patientia)", in: B*ibliothèque augustinienne. Oeuvres de saint Augustin*, 2 (1948), pp. 527-29.
- Dionigi, I., "La *patientia*: Seneca contro i Cristiani", *Aevum Antiquum*, 13 (2000), pp. 413-29.
- Dolbeau, F., "Une compilation morale africaine, formée d'extraits de saint Augustin", *Recherches augustiniennes et patristiques*, 34 (2005), pp. 143-93.
- Fittipaldi, S. E., "The Teaching of St. Augustine on Patience", *The Tagastan*, 23/2 (1961-1962), pp. 42-8.
- Geyer, G., *Die Geduld Vergleichende Untersuchung der Patientia – Schriften Von Tertulian, Cyprian und Augustinus*, Thèse, Würzburg, 1963 [Tese de Doutorado em Teologia].
- Gilson, E., "La vertu de patience selon saint Thomas et saint Augustin", *Archives d'Histoire doctrinale et littéraire du Moyen Âge*, 15 (1946), pp. 95-104.
- Goibaud Du Bois, Ph., *Les livres de saint Augustin de la manière d'enseigner les principes de la religion chrétienne à ceux qui n'en sont pas encore instruits; de la vertu de continence et de tempérance, de la patience et contre le mensonge*, Paris, 1707 [na edição encontra-se a data de 1678 como primeira aparição desse texto].
- Kaufman, P. I., "Patience and/or Politics: Augustine and the Crisis at Calama 408-409", *Vigiliae christianae*, 57 (2003), pp. 22-35.
- Ramdo, N., *Il "De patientia" de Tertulliano ad Agostino*, Milano, Università Cattolica del Sacro Cuore, 1970 [Monografia de Licenciatura em Letras na Università Cattolica del Sacro Cuore].
- Schrey, H-H., "Geduld", in: *Theologische Realenzyklopädie*, Teil 12, Berlin, W. de Gruyter, 1984, pp. 139-144.

- SPANNEUT, M., "Patience", in: *Dictionnaire de Spiritualité: ascétique et mystique, doctrine et histoire*, Tome XII, Paris, Beauchesne, 1983, cols. 438-76
- _______, "Patience et martyre chez les Pères de l'Eglise", in: *Pléroma. Salus carnis: Homenaje a A. Orbe*, (Romero Pose, E. Ed.), Santiago de Compostela, 1990, pp. 545-60.
- TORCHIA, N. J., "Patience, Sur la (De Patientia)", in: *Encyclopédie Saint Augustine*, Du Cerf, 2005, pp. 1074-5.
- VAN DER KOOI, J.F., "'*Patientia*' como elemento en la visión histórica de Agustín. Con una referencia parcial a G. E. Lessing", *Augustinus*, 26/103-104 (1981), pp. 121-126.
- WRÓBEL, Z., "Rodzaj literacki i zarys problematyki dzieła "de patientia" św. Augustyna", *Vox Patrum*, 19/36-37 (1999), pp. 291-301.

Edições críticas do *Sermo* 359/A

- LAMBOT, C. = in *Revue Bénédictine*, XLIX, (1937), pp. 258-270.

Edições não-críticas do *Sermo* 359/A

- HAMMAN, A. G. = in *Patrologiae cursus completus. Series Latina. Supplementum*, II (1959), pp. 759-769.

Estudos sobre o donatismo e o suicídio

- AMUNDSEN, D. W. "Suicide and Early Christian values: The Nature of the Problem and the Scope os this Essay", in: Brody, B. A. (Ed.), *Suicide and Euthanasia: Historical and Contemporary Themes*, Dordrecht, Kluwer Academic Publishers, 1989, pp. 77-154.
- ARMAS, G., "Las virtudes y la salvación de les infideles según San Agustín", *Augustiniana*, 41 (1991), pp. 805-813.
- BARROS, P. C. "Commendatur vobis in isto pane quomodo unitatem amare debeatis", A eclesiologia eucarística nos Sermones ad populum de Agostinho de Hipona e o movimento ecumênico, Tesi Gregoriana, Roma, 2002 (Serie Teologia 83).

- BAUDET, P., "L'opinion de Saint Augustin sur le suicide", in: *Les dossiers H. Saint Augustin: l'Âge d'homme*, Paris, 1958, pp. 125-152.
- BAZARRA, C., "Sentido pastoral de la tolerancia en San Agustín", in: *Jornadas de filosofia Agustiniana XII, San Agustín predicador de la Iglesia*, Caracas, 1997, pp. 191-206.
- BELS, J., "La mort volontaire dans l'oeuvre de Saint Augustin", *Revue de l'Histoire des Religions*, 187 (1975), pp. 147-180.
- BLÁZQUEZ, N. S. F., "Moral tradicional da Igreja sobre o suicídio", *Concilium*, 199/3 (1985), p. 72-84.
- _______. *La pena de muerte según San Agustín*, Madrid, Instituto Pontificio de Filosofia, 1975.
- BORGOMEO, P., *L'Eglise de ce temps dans la prédication de saint Augustin*, Paris, 1972.
- COMBÈS, G., "Le salut des schismatiques et des infidèles (à propos du De Patientia)", in: *Bibliothèque augustinienne. Oeuvres de saint Augustin*, 2 (1948), pp. 637-640.
- GÓES, P., *O problema do suicídio em Santo Agostinho à luz do De civ. Dei, I*, Campinas, s.n., 2004 [tese de Doutorado em Filosofia/Unicamp].
- LANCEL, S., "Aux origines du donatisme et du mouvement des circoncellions", *C. Tun.*, 15 (1967), pp. 183-8.
- MATOS BATISTA, Q., "Doctrina agustiniana sobre el suicidio", *Revista Agustiniana*, 46 (2005), pp. 485-519.
- PALHARES, P. A.; BAHLS, S. C., "O suicídio nas civilizações: Uma retomada histórica", *Arquivos Brasileiros de Psiquiatria, Neurologia e Medicina Legal*, v. 97, nn. 84-85 (2003), 27-34.
- REBILLARD, E., *In hora mortis: évolution de la pastorale chrétienne de la mort au IV e. et Ve. Siècles dans l'occident latin*, Rome, École Française, 1994.
- STROHER, E., "O suicídio", *Teocomunicação*, XXV/109 (1995), pp. 453-468.

Referências gerais

- Bardenhewer, O., *Patrology: The lives and works of the Fathers of the Church*, transl. Thomas J. Shahan, Freiburg im Breisgau/St. Louis (MO), B. Herder, 1908.
- Berardino, A. (Org.), *Dicionário Patrístico e de Antigüidades Cristãs*, trad. C. Andrade, Petrópolis, Vozes, 2002.
- Bihlmeyer, K.; Tuechle, H., *História da Igreja. vol. I: Antigüidade Cristã*, trad. Ebion de Lima, São Paulo, Paulinas, 1963.
- Cayré, A. A., *Manual of Patrology and History of Theology*, transl. H. Howitt, First Volume: First & Second Books, Paria/Tournai/Roma [Bélgica], Society of St John Evangelist/Desclée & Co., 1936.
- Insuelas, J. B., *Curso de Patrologia (História da Literatura Antiga da Igreja)*, Braga, Escola Tipográfica das Oficinas de S. José, 1943.
- Perler, O., *Les voyages de Saint Augustin*, Collection des Études augustiniennes, Série Antiquité (EAA 36), Turnhout, Brepols, 1969.
- Pierini, F., *A Idade Antiga: Curso de História da Igreja I*, trad. José Maria de Almeida, São Paulo, Paulus, 1998.
- Quasten, J., *Patrología: I: Hasta el Concilio de Nicea*, trad. I. Oñatibia, U. Farre, E. M. Llopart, 3ª ed., Madrid, Biblioteca de los Autores Cristianos (B. A. C.), 1978.
- Romag, D., *Compêndio de História da Igreja. Vol. I: A Antigüidade Cristã*, IIª ed., Petrópolis, Vozes, 1949.
- Trevijano Etcheverria, R., *Patrologia*. Madrid, Biblioteca de los Autores Cristianos (B. A. C.), 1994 (Serie Manuales de Teología, 6).

Nota Editorial

Sobre a tradução

A presente tradução teve por base o texto latino da edição crítica preparada por Iosephus Zycha em *Corpus Scriptorum Ecclesiasticorum Latinorum*, 41 (1900), presente nas pp. 663-691 (*Sancti Aurelii Augustini Opera; sect. 5, pars 3*).

Para o melhor controle de variantes cotejamos também a edição não-crítica de Migne (S. Aurelii Augustini Hipponensis Episcopi Liber de Patientia, In: Patrologia Latina, 40, cols. 611-26, Paris, 1865).

Para o cotejamento em línguas modernas foram utilizadas as seguintes traduções: Browne (1847), Martin (1956), O'Brien (1970), Combès (1948), Carena (2001), B. A. C. (1948), Meagher (1952) e Browne (1887).

No texto em latim:

- A palavra *prior* colocada entre < > no parágrafo XXI.18 é uma correção proposta por mim.
- A palavra *mihi* colocada entre < > no parágrafo 23 é uma correção proposta por I. Zycha.
- Os números entre [ ] correspondem às páginas da edição de Iosephus Zycha.

Na tradução:

- As palavras entre [ ] são termos ou expressões complementares para melhor inteligência do texto.

Texto bilíngüe

Latim-Português

De Patientia [663] **I. 1.** Virtus animi, quae patientia dicitur, tam magnum dei donum est, ut etiam ipsius qui nobis eam largitur, qua malos ut corrigantur expectat, patientia praedicetur. ita quamuis deus nihil pati possit, patientia uero a patiendo nomen acceperit, patientem tamen deum non modo fideliter credimus, uerum etiam salubriter confitemur. sed dei patientia qualis et quanta sit, quem nihil patientem, nec tamen inpatientem, immo etiam patientissimum dicimus, uerbis explicare quis possit? ineffabilis est ergo illa patientia, non tamen nulla, sicut zelus eius, sicut ira eius, et si quid huius modi est. nam si tamquam nostra ista cogitemus, in illo nulla sunt. nihil enim horum nos sine molestia sentimus: absit autem ut inpassibilem dei naturam perpeti ullam molestiam suspicemur. sicut autem zelat sine aliquo liuore, irascitur sine [664] aliqua perturbatione, miseretur sine aliquo dolore, paenitet eum sine alicuius suae prauitatis correctione: ita est patiens sine ulla passione. nunc itaque humana patientia, quam capere possumus, et habere debemus, cuiusmodi sit, quantum dominus tribuit, et quantum patitur breuitas praesentis sermonis expediam.

II. 2. Patientia hominis, quae recta est atque laudabilis et uocabulo digna uirtutis, ea perhibetur qua aequo animo mala toleramus, ne animo iniquo bona deseramus, per quae ad meliora perueniamus. quapropter inpatientes dum mala pati nolunt, non efficiunt ut a malis eruantur, sed ut mala grauiora patiantur. patientes autem qui mala malunt non committendo ferre, quam non ferendo committere, et leuiora faciunt quae per patientiam patiuntur, et peiora euadunt quibus per inpatientiam mergerentur. bona uero aeterna et magna non perdunt, dum malis temporalibus breuibusque non cedunt, *quoniam non sunt condignae passiones huius temporis*, sicut apostolus dicit, *ad futuram gloriam quae reuelabitur in nobis*, et iterum ait: *quod est temporale leue tribulationis nostrae, in incredibilem modum aeternum gloriae pondus operatur in nobis.*

Sobre a Paciência I. 1. A virtude da alma à qual chamamos paciência é um dom de Deus tão grande, que até mesmo d'Aquele que no-la concede, pela qual espera que os maus se corrijam, é predicada a paciência. Assim, ainda que Deus não possa de modo algum padecer, e [a palavra] paciência venha de *padecer*, nós, entretanto, não só fielmente cremos, como também salutarmente confessamos que Deus é paciente. Mas, como e quão grande seja a paciência de Deus – o qual dizemos que nada padece e que, no entanto, não é impaciente, antes chamamo-lo pacientíssimo –, quem poderia descrevê-la com palavras? É inefável, pois, aquela paciência, mas não deixa de existir, assim como o seu zelo, como a sua ira, e o que mais possa existir a esta maneira. Pois se pensarmos nesses atributos tais como existem em nós, em Deus eles não existem. De fato, nós não sentimos nenhuma destas [coisas] sem moléstia: ao contrário, longe de nós conjecturarmos que a natureza de Deus – como impassível – sofra alguma moléstia. No entanto, assim como [Ele] zela sem qualquer inveja, ira-se sem qualquer perturbação, apieda-se sem qualquer dor, arrepende-se sem [que haja] a correção de alguma pravidade sua: assim, é paciente sem qualquer padecimento. Agora, pois, o quanto o Senhor conceder e o quanto a brevidade da presente exposição permitir que eu explique, [tratarei sobre] a paciência humana; a qual podemos entender e devemos possuir.

II. 2. A paciência do homem, que é reta e louvável e digna do nome de virtude, é designada aquela pela qual com ânimo equânime suportamos os males para não abandonarmos com a iniqüidade de ânimo os bens pelos quais nós alcançamos [outros] melhores. Por isso é que os impacientes, enquanto não querem suportar os males, não obtêm o serem livrados dos males, mas [antes] sofrem males mais graves [ainda]. Ao contrário, os pacientes, que preferem suportar os males não os cometendo, ao invés de cometê-los, não os suportando, não só tornam mais leves [os males que] por paciência sofrem, mas também escapam aos [males] piores, nos quais pela impaciência seriam mergulhados. Na verdade, não perdem os bens eternos e grandes enquanto não se deixam vencer pelos [males] temporais e breves, *porque não são condignos os padecimentos destes tempos* – como diz o Apóstolo – *com a glória futura que se há de revelar em nós*;[1] e diz ainda: *O que em nossa tribulação é temporal e leve realiza em nós de um modo inacreditável um peso eterno de glória.*[2]

1 Rom 8,18.

2 II Cor 4,17.

[665] **III. 3.** Intueamur itaque, carissimi, quanta in laboribus et doloribus homines dura sustineant, pro rebus, quas uitiose diligunt et quanto ipsi his feliciores fieri putant, tanto infelicius concupiscunt. quanta pro falsis diuitiis, quanta pro uanis honoribus, quanta pro ludicris affectionibus periculosissima et molestissima patientissime tolerantur! pecuniae, gloriae, lasciuiae cupidos uidemus, ut ad desiderata perueniant, adeptisque non careant, soles, imbres, glacies, fluctus, et procellosissimas tempestates, aspera et incerta bellorum, immanium plagarum ictus, et uulnera horrenda, non ineuitabili necessitate, sed culpabili uoluntate perferre. uerum haec quodam modo licitae uidentur insaniae.

IIII. Namque auaritia, ambitio, luxuria, et uariorum oblectamenta ludorum, nisi propter illa facinus aliquod admittatur, siue flagitium quod legibus prohibetur humanis, putantur ad innocentiam pertinere: immo etiam qui sine fraude cuiusquam, aut pro habenda uel augenda pecunia, aut pro adipiscendis uel retinendis honoribus, aut in agone certando seu uenando, seu theatricum aliquid plausibiliter exhibendo magnos labores doloresque pertulerit. parum est quod populari uanitate nullis [666] reprehensionibus cohibetur, sed insuper extollitur laudibus, *quoniam laudatur*, sicut scriptum est, *peccator in desideriis animae suae*. uis enim desideriorum facit tolerantiam laborum et dolorum; et nemo nisi pro eo, quod delectat, sponte suscipit ferre quod cruciat. sed istae, ut dixi, cupiditates, propter quas explendas qui eis flagrant, multa dura et acerba patientissime sustinent, licitae existimantur legibusque concessae.

V. 4. Quid, quod etiam pro apertis sceleribus, non ut ea puniant, sed ut perpetrent, multa homines grauissima perferunt? Nonne de quodam nobilissimo patriae parricida saecularium litterarum loquuntur auctores, quod famem, sitim, frigus ferre poterat, eiusque erat corpus patiens inediae, algoris, uigiliae supra quam cuiquam credibile est? quid de latronibus dicam, quorum omnes cum insidiantur uiatoribus, noctes perpetiuntur insomnes, atque ut transeuntes excipiant innocentes, sub qualibet caeli asperitate nocentem animum corpusque defigunt? quidam uero eorum inuicem torquere perhibentur, ita ut exercitatio contra poenas nihil distet

III. 3. Consideremos, pois, caríssimos, quantas dificuldades suportam os homens em trabalhos e dores por coisas que amam viciosamente, e [como], quanto mais felizes julgam terem-se tornado com elas, tanto mais infelizmente as cobiçam. Quantas coisas perigosíssimas e molestíssimas pacientissimamente são toleradas pelas falsas riquezas, pelas honras vãs, pela afeição aos jogos! Vemo-los ávidos de dinheiro, de glória e de lascívia para alcançarem as coisas desejadas e não carecerem das coisas adquiridas, suportarem o calor, a chuva, o frio, as ondas e as tempestades procelosíssimas, as asperidades e incertezas das guerras, os terríveis golpes das chagas e as feridas horrendas, não por inevitável necessidade, mas por uma vontade culpável. E no entanto, sabe-se lá como, essas loucuras parecem lícitas.

IIII. 4. Com efeito, costuma-se pensar que a avareza, a ambição, a luxúria e as distrações dos vários jogos pertençam [às coisas] inocentes, a não ser que, por causa delas, tenha lugar algum crime ou escândalo que seja proibido pelas leis humanas: além disso, aquele que suportou grandes trabalhos e dores para adquirir ou aumentar seu dinheiro, para alcançar ou conservar honras, ou lutando ou caçando nos jogos públicos, ou [representando] algo no teatro que mereça aplausos, sem [causar] dano a alguém, pouco é dizer-se que não é coarctado por meio de quaisquer repreensões pela vaidade popular, mas, além disso, é exaltado com louvores: *porque é louvado*, como está escrito, *o pecador nos desejos de sua alma.*[3] Com efeito, a força dos desejos produz a tolerância dos trabalhos e das dores; e ninguém, a não ser por aquilo que lhe causa deleitação, suporta espontaneamente o que lhe causa dor. Mas estas, como eu disse, paixões, por cuja realização aqueles que as procuram suportam pacientissimamente muitas coisas duras e acerbas, são consideradas lícitas e permitidas pelas leis.

V. 4. Além disso, também os homens [acaso não] suportam muitas coisas gravíssimas por crimes manifestos, não para puni-los, mas para perpetrá-los? Não é verdade que os autores da literatura secular falam de um certo nobilíssimo parricida da pátria que podia suportar o frio, a fome e a sede e [que] seu corpo era capaz de suportar os jejuns, os frios e as vigílias além do que é crível?[4] E o que dizer dos ladrões, dos quais todos, quando espreitam os viajantes, suportam todas as noites sem dormir e para saltear os inocentes transeuntes imobilizam o seu espírito criminoso e o seu corpo sob o rigor do céu? Diz-se que alguns deles torturam-se mutuamente, a tal ponto que o exercício contra

3 Sl 9,24 (10,3).

4 Cf. Cícero, *Catilinárias*, III, 16 e Salústio, *Catilina*, 5.

a poenis. non enim tantum fortassis excruciantur a iudice ut a dolentibus ueritas inquiratur, quantum a suis sociis ut a [667] patientibus non prodatur. et tamen in his omnibus miranda est potius quam laudanda patientia, immo nec miranda nec laudanda, quae nulla est, sed miranda duritia, neganda patientia; nihil autem illic iure laudandum, nihil utiliter imitandum, tantoque rectius maiore supplicio dignum iudicaueris animum, quanto magis uitiis subdit instrumenta uirtutum. patientia comes est sapientiae, non famula concupiscentiae; patientia amica est bonae conscientiae, non inimica innocentiae.

VI. 5. Cum ergo quemquam uideris patienter aliquid pati, noli continuo laudare patientiam, quam non ostendit nisi causa patiendi. quando illa bona est, tunc ista uera est; quando illa non polluitur cupiditate, tunc a falsitate ista distinguitur. cum uero illa tenetur in crimine, tunc huius multum erratur in nomine. non enim sicut omnes qui sciunt sunt participes scientiae, ita omnes qui patiuntur sunt participes patientiae; sed qui passione recte utuntur, hi patientiae ueritate laudantur, hi patientiae munere coronantur.

VII. 6. Verum tamen cum pro libidinibus, uel etiam sceleribus, cum denique pro ista temporali uita ac salute multa homines horrenda mirabiliter sufferunt, satis nos admonent quanta sufferenda sint pro uita bona, ut etiam postea possit esse aeterna et sine ullo temporis termino, sine utilitatis ullius [668] detrimento uera felicitate secura. dominus ait: *in uestra patientia possidebitis animas uestras*; non ait: uillas uestras, laudes uestras, luxurias uestras; sed: animas uestras. si ergo tanta suffert anima ut possideat unde pereat, quanta debet sufferre ne pereat! deinde, ut illud dicam, quod culpabile non est, si tanta suffert pro salute carnis suae inter manus secantium siue urentium medicorum, quanta debet sufferre pro salute sua inter furores quorumlibet inimicorum! cum medici, ne corpus moriatur, per poenas corpori consulant, inimici autem poenas et mortem corpori comminando, ut anima et corpus in gehenna occidatur, impellant.

as punições [em] nada difere das punições [mesmas]. Com efeito, talvez não sejam torturados pelo juiz para que se descubra a verdade com tanta dor quanto o são por seus cúmplices, para que esta não seja revelada. E, contudo, em todos esses [casos] deve-se mais admirar do que louvar a paciência – pelo contrário, nem se deve admirá-la nem louvá-la, porque não há [paciência nestes casos], mas deve ser admirada a dureza [e] negada a paciência; contudo, nada [há] ali para ser louvado com justiça, nada [há] para ser imitado com utilidade e tanto mais retamente deve-se julgar que é digno de maior suplício o espírito, quanto mais ele subordina aos vícios os instrumentos da virtude. A paciência é companheira da sapiência, não escrava da concupiscência; a paciência é amiga da boa consciência, não adversária da inocência.

VI. 5. Quando, pois, vês que alguém suporta algo pacientemente, não deves louvar imediatamente a sua paciência, a qual só se torna manifesta pela causa do sofrer. Quando aquela é boa, então esta é verdadeira; quando aquela não é maculada pela cupidez, então esta se distingue da falsidade. Contudo, quando é mantida no crime, então se erra muito quanto ao seu nome. Pois, não é certo que, assim como todos os que sabem são partícipes da ciência, assim todos os que sofrem sejam partícipes da paciência; mas [os] que retamente utilizam seu sofrimento, estes são louvados pela verdadeira paciência, estes serão coroados com a dádiva da paciência.

VII. 6. Contudo, quando por suas volúpias ou, ainda, por seus crimes, enfim, quando por esta vida e bem-estar temporal os homens admiravelmente suportam muitas coisas horrendas, bem nos lembram o quanto deve ser suportado por uma vida boa, de modo que, também, depois possa ser eterna e segura por uma verdadeira felicidade sem qualquer termo de tempo e sem detrimento de alguma utilidade. O Senhor disse: *Em vossa paciência possuireis vossas almas*;[5] não disse: as vossas quintas, as vossas honras, as vossas luxúrias, mas as vossas almas. Se, portanto, tantas coisas suporta uma alma para que possua [aquilo] pelo qual ela perece, quantas coisas [mais] deve suportar para que não pereça! Além disso, para falar de algo que não é culpável, se tantas coisas suporta pela salvação de sua carne nas mãos dos médicos que a cortam e a cauterizam, quantas coisas deve suportar pela sua salvação entre os furores de quaisquer inimigos! Enquanto os médicos, para que o corpo não morra, tratam do corpo por meio de sofrimentos, os inimigos, ao contrário, impelem a que a alma e o corpo sejam mortos na geena.

---

5 Lc 21,19.

7. Quamquam et ipsi corpori tunc prouidentius consulatur, si temporalis salus eius pro iustitia contemnatur, et poena uel mors eius patientissime pro iustitia sufferatur. de corporis quippe redemptione, quae in fine futura est, loquitur apostolus, ubi ait: *et ipsi in nobismet ipsis ingemescimus adoptionem exspectantes redemptionem corporis nostri.* deinde subiunxit: *spe enim salui facti sumus; spes autem, quae uidetur, non est spes. quod enim uidet quis, quid et sperat? si autem* [669] *quod non uidemus speramus, per patientiam exspectamus.*

VIII. Cum ergo torquent aliqua mala, sed non extorquent opera mala, non solum anima per patientiam possidetur, uerum etiam, cum per patientiam corpus ipsum ad tempus affligitur uel amittitur, in aeternam stabilitatem salutemque resumitur, et ei per dolorem et mortem inuiolabilis sanitas et felix inmortalitas comparatur. unde dominus Iesus ad patientiam exhortans martyres suos etiam ipsius corporis integritatem futuram sine cuiusquam, non dicam, membri, sed capilli amissione promisit. *amen dico uobis*, inquit, *capillus capitis uestri non peribit,* ut quoniam *nemo umquam*, sicut apostolus dicit, *carnem suam odio habuit*, magis homo fidelis per patientiam quam per inpatientiam pro stratu suae carnis inuigilet et futurae incorruptionis inaestimabili lucro quantalibet eius praesentia damna compenset.

8. Quamuis autem patientia uirtus sit animi, partim tamen ea utitur animus in se ipso, partim uero in corpore suo. in se ipso utitur patientia, quando inlaeso et intacto corpore aliquid, quod non expediat uel non deceat, facere aut dicere quibuslibet aduersitatibus aut foeditatibus rerum seu uerborum stimulis incitatur, et patienter mala omnia tolerat, ne ipse mali aliquid opere uel ore committat.

[670] **VIIII.** Per hanc patientiam sustinemus, etiam dum corpore sani sumus, quod inter huius saeculi scandala beatitudo nostra differtur. unde dictum est, quod paulo ante commemoraui: *si quod non uidemus speramus, per patientiam exspectamus.* hac patientia sanctus Dauid conuiciantis opprobria tolerauit et, cum facile posset ulcisci, non solum non fecit, uerum

7. Se bem que cuidamos mais providentemente deste mesmo corpo, se por amor à justiça desprezamos o seu bem-estar temporal e por amor à justiça suportamos pacientissimamente o seu sofrimento ou morte. É a respeito da redenção do corpo, a qual há-de ser no fim, que fala o Apóstolo quando diz: *Dentro de nós gememos, esperando a adoção de filhos, a redenção de nosso corpo.* Depois ajunta: *Nós, pois, fomos salvos na esperança. A esperança, porém, que se vê não é mais esperança; quem é que vê aquilo que também espera? Se, ao contrário, esperamos o que não vemos, pela paciência [é que] o aguardamos.*[6]

VIII. Quando, pois, somos torturados por alguns males, mas não somos constrangidos a consentir em más obras, não somente pela paciência mantemos a alma, mas, na verdade, também quando pela paciência se aflige o corpo temporalmente ou se o perde, recuperámo-lo para uma eterna estabilidade e saúde, e desta forma, através da dor e da morte, se obtém uma saúde perfeita e uma imortalidade feliz. Eis porque o Senhor Jesus, ao exortar os seus mártires à paciência, também prometeu-lhes a futura integridade do mesmo corpo, que não haverá de perder, não digo um membro, mas nem [mesmo] um cabelo. Diz ele: *Em verdade vos digo que não se perderá nem um cabelo de vossa cabeça,*[7] para que o homem fiel, uma vez que *ninguém* (diz o Apóstolo) *teve jamais ódio à sua carne,*[8] vele pelo descanso de sua carne mais com a paciência do que com a impaciência e compense as dores presentes, por maiores que sejam, com o lucro inestimável da incorrupção futura.

8. Porém, ainda que a paciência seja uma virtude da alma, todavia a alma há-de utilizá-la em parte em si mesma, e em parte em seu corpo. Em si mesma a alma utiliza-se da paciência quando, estando o corpo intacto e ileso, é impelida pela adversidade ou pela torpeza ou por estímulos de palavra a executar ou dizer algo que não é conveniente ou decente, e suporta pacientissimamente todos os males, para que não cometa por obras ou palavras mal algum.

VIIII. Por esta paciência suportamos, mesmo quando nosso corpo está são, que nossa bem-aventurança seja adiada em meio aos escândalos do século: eis por que foi dito o que recentemente mencionei: *Se esperamos o que não vemos, pela paciência o esperamos.*[9] Por essa paciência o santo Davi suportou os ultrajes de quem o injuriava, e, podendo facilmente vingar-se, não somente não o fez,

6 Rm 8,23-25.

7 Lc 21,18.

8 Ef 5,29.

9 Rm 8,25.

etiam alium pro se dolentem commotumque compescuit et potestatem regiam magis adhibuit prohibendo quam exercendo uindictam. neque tunc eius corpus aliquo morbo affligebatur aut uulnere, sed humilitatis tempus agnoscebatur ac ferebatur uoluntas dei, propter quam patientissimo animo amaritudo contumeliae bibebatur. hanc patientiam dominus docuit, quando commotis zizaniorum permixtione seruis et uolentibus ea colligere dixit respondisse patrem familias: *sinite utraque crescere usque ad messem.* oportet enim patienter ferri, quod festinanter non oportet auferri. huius et ipse patientiae praebuit et demonstrauit exemplum, quando ante passionem corporis sui diabolum Iudam, priusquam ostenderet traditorem, pertulit furem et ante experimentum uinculorum et crucis et mortis, labiis eius dolosis [671] non negauit osculum pacis. haec omnia et si qua alia sunt, quae commemorare longum est, ad eum patientiae modum pertinent, quo animus non sua peccata, sed quaecumque extrinsecus mala patienter sustinet in se ipso suo prorsus corpore inlaeso.

X. Alius est autem patientiae modus, quo idem ipse animus quaecumque molesta et grauia in sui corporis passionibus perfert non sicut stulti uel maligni homines propter adipiscenda uana uel scelera perpetranda, sed, sicut a domino definitum est, *propter iustitiam.* utroque modo sancti martyres certauerunt - nam et impiorum obprobriis saturati sunt, ubi animus corpore intacto quasdam ueluti plagas suas integer sustinet, et in corporibus uincti sunt, inclusi sunt, fame ac siti affecti sunt, torti sunt, secti sunt, dilaniati sunt, incensi sunt, trucidati sunt - et pietate inmobili subdiderunt deo mentem, cum paterentur in carne quidquid exquirenti crudelitati uenit in mentem.

9. Maius sane patientiae certamen est, quando non uisibilis inimicus persequendo atque saeuiendo urget in nefas, qui palam et aperte a non

senão que também refreou as ganas de um outro que se doía e sobressaltava no seu lugar, usando seu poder régio mais para impedir do que para executar a vingança.[10] Naquela ocasião, seu corpo não era afligido por nenhuma doença ou ferida, mas ele reconhecia ser tempo de humildade e suportava a vontade de Deus, pela qual bebia com espírito pacientíssimo a amargura das injúrias. Essa paciência nos ensinou o Senhor,[11] quando, aos servos irritados com a mistura da cizânia e, querendo arrancá-la, deu a resposta do pai de família: *Deixai que ambas cresçam até ao tempo da colheita.*[12] Convém, pois, que se suporte com paciência aquilo que não se pode suprimir com prontidão. Dessa paciência [Cristo] nos apresentou e demonstrou um exemplo, quando antes da paixão de seu corpo suportou o diabólico Judas [como] ladrão antes que o declarasse traidor[13] e, antes de experimentar as cordas, a cruz e a morte, não negou o beijo da paz a seus lábios enganadores.[14] Todas essas coisas, e se outras existem, de que seria longo o recordar, pertencem àquele gênero de paciência com o qual a alma não suporta os seus pecados, mas suporta em si mesma, pacientemente, todos aqueles males externos [que lhe provenham], conservando seu corpo absolutamente ileso.

X. Por outro lado, há outra espécie de paciência pela qual a alma mesma suporta tudo o que de mal e penoso advém com os sofrimentos do seu corpo; não como os homens estultos ou malignos [que suportam] em vista de alcançar vaidades ou perpetrar crimes, mas assim como a definiu o Senhor, *por causa da justiça.*[15] Os santos mártires combateram com ambas espécies [de paciência]. Com efeito, foram saturados de opróbrios dos ímpios e nisso o corpo permaneceu intacto [,enquanto que] a alma suportou como que feridas; e em seus corpos foram amarrados, encarcerados, afligidos por fome e sede, foram torturados, seccionados, dilacerados, foram queimados e trucidados: e em sua piedade inabalável submeteram sua mente a Deus, quando sofreram em sua carne tudo aquilo que veio à mente de uma crueldade perseguidora.

9. Certamente é maior o combate da paciência quando quem impele ao pecado não é um inimigo visível por meio de perseguições e crueldades, a quem o perseguido vence abertamente e às claras negando-lhe o consentimento, mas

10 II Rs 16,5 ss.

11 Sobre o tema de Cristo como exemplo de paciência veja-se o *Sermo* 218, augm. 1.

12 Mt 13,30.

13 Jo 12,5; 13,29.

14 Mt 26,49.

15 Mt 5,10.

consentiente uincatur, sed ipse diabolus, qui etiam per filios infidelitatis tamquam per sua uasa filios [672] lucis insequitur, per se ipsum occulte occultus oppugnat, saeuiendo instans ut contra deum fiat aliquid uel dicatur.

XI. Talem illum Iob sanctus expertus est, utraque tentatione uexatus, sed in utraque stabilis patientiae robore et armis pietatis inuictus. nam prius inlaeso corpore cuncta quae habebat amisit, ut animus ante suae carnis cruciatum subtractis rebus quas magni pendere homines solent, frangeretur, et aduersus deum loqueretur aliquid his amissis, propter quae illum colere putabatur, percussus est etiam omnium subita orbitate filiorum, ut quos singillatim susceperat, simul perderet, tamquam eorum numerositas non unde felicitas ornaretur extiterit, sed unde calamitas augeretur. ubi autem ista perpessus in deo suo mansit inmobilis, eius adfixus est uoluntati, quem non posset amittere nisi propria uoluntate; et pro iis quae perdidit eum qui abstulit tenuit, in quo inueniret quod nunquam periret. neque enim ille abstulerat, qui nocendi habuit uoluntatem, sed ille, qui dederat potestatem.

XII. Aggressus est inimicus et corpus nec ea, quae homini extrinsecus inerant, sed ipsum iam hominem in qua potuit parte percussit. a capite usque ad pedes ardebant dolores, scatebant uermes, sanies defluebat: manebat in putri corpore animus integer, horrendosque cruciatus carnis contabescentis inuiolata pietate et incorrupta patientia perferebat. aderat uxor [673] nec ferebat opem aliquam uiro, sed in deum blasphemiam suggerebat. non enim eam diabolus, cum etiam filios abstulisset, tamquam nocendi imperitus reliquerat, qui quantum esset necessaria temptatori iam in Eua didicerat. sed modo alterum Adam, quem per mulierem caperet, non inuenerat. cautior fuit iste in doloribus, quam ille in nemoribus: ille uictus est in deliciis, iste uicit in poenis; consensit ille oblectamentis, non cessit iste tormentis. aderant et amici, non ut in malis consolarentur, sed

quando o próprio diabo, que também persegue os filhos da luz através dos filhos da infidelidade como que por canais próprios, ataca por si mesmo e ocultamente, incitando com ferocidade que se diga ou se faça algo contra Deus.

XI. A esse experimentou-o o santo Jó atormentado com ambas as tentações, mas numa e noutra não foi vencido devido à força da paciência constante e às armas da piedade. Pois primeiro perdeu quanto tinha, enquanto o corpo permanecia ileso, para que alma fosse quebrantada antes de sua carne ser atormentada ao serem-lhe tiradas as coisas que os homens costumam estimar; e para que falasse alguma coisa contra Deus ao perder aquelas coisas graças às quais [o diabo] pensava que Jó servisse a Deus, foi também abatido pela súbita privação de todos os seus filhos, e de tal maneira que, aqueles que recebera um a um, perdesse-os todos de uma vez; como se houvessem nascido em grande número não para lhe honrar a fecundidade, mas para lhe aumentar a calamidade. No momento em que sofreu isso, permaneceu firme em seu Deus, aderiu à vontade dele, o qual [ele] não podia perder a não ser por sua própria vontade; e em lugar daquelas coisas que perdeu, reteve aquele que delas o privou, no qual encontraria aquilo que nunca morreria. Pois quem lhe tirara os bens não fora aquele que tinha vontade de fazer-lhe o mal, mas sim aquele que dera o poder [para fazer isso].

XII. [Depois] o inimigo agrediu o seu corpo, e não se ocupou mais em atacar as coisas que lhe pertenciam desde fora, mas sim o próprio homem, na parte onde podia atingi-lo. Da cabeça aos pés ardiam as dores, os vermes pululavam, corria o pus; [no entanto,] mantinha íntegra a alma em um corpo pútrido e suportava com uma inviolável piedade e uma incorrupta paciência o horrendo tormento da carne que definhava. Estava presente a esposa, mas não trazia auxílio algum a seu marido, antes sugeria blasfemar a Deus. Com efeito, não é por incompetência em fazer o mal que o diabo, ao lhe tirar os filhos, deixou viva a mulher, ele, que já com Eva havia aprendido o quanto era necessária para um tentador.[16] Mas desta vez não encontrou outro Adão para seduzir por meio da mulher. Este [Jó] foi mais cauteloso, entre as dores, que aquele [Adão] entre os nemores,[17] aquele foi vencido entre as delícias, este foi vencedor entre os sofrimentos, aquele consentiu nos prazeres, este não cedeu aos tormentos. Estavam ao redor de si os amigos, não para o consolar

---

16 Gn 3,1 ss.

17 Optou-se por traduzir o plural latino *nemoribus* em *nemores* em português, não obstante o desuso da palavra. Desta forma salvou-se a rima empregue por S. Agostinho, que se perderia se o vocábulo fosse traduzido por *bosques*.

ut mala suspicarentur. neque enim eum, qui tanta patiebatur, innocentem esse credebant, nec tacebat eorum lingua quod illius conscientia non habebat; ut inter inmanes cruciatus corporis, etiam falsis animus caederetur obprobriis. at ille sustinens in carne dolores suos, in corde errores alienos, coniugis corripiebat insipientiam, amicos docebat sapientiam, seruabat ubique patientiam.

XIII. 10. Hunc intueantur, qui sibi ingerunt mortem, quando quaeruntur ad uitam; et sibi auferendo praesentem abnegant et futuram. qui si ad Christum negandum uel aliquid contra iustitiam faciendum, sicut ueri martyres, cogerentur, omnia potius patienter ferre quam sibi inpatienter mortem inferre debuerunt. quod si fugiendorum malorum causa recte fieri posset, Iob sanctus se ipse perimeret, ut tanta mala in rebus suis, in filiis suis, in membris suis, diabolicae crudelitatis effugeret. non autem fecit. absit enim, ut in se committeret ipse [674] uir sapiens, quod nec mulier suggessit insipiens. quia et si suggessisset, merito et hic illud audisset, quod audiuit suggerendo blasphemiam: *locuta es tamquam una ex insipientibus mulieribus. si bona percepimus de manu domini, mala non sustineamus?* et ipsam quippe patientiam perdidisset, siue blasphemando, sicut illa uoluerat, siue se interficiendo, quod nec illa ausa fuerat dicere, moreretur atque esset inter illos de quibus dictum est: *uae iis qui perdiderunt patientiam.* et augeret potius quam euaderet poenas, qui post sui corporis mortem, siue ad blasphemorum siue ad homicidarum uel etiam plus quam parricidarum supplicia raperetur. si enim parricida eo sceleratior est quam quilibet homicida, quia non tantum hominem, uerum etiam propinquum necat, inque ipsis parricidis, quanto propinquiorem quisque peremerit, tanto iudicatur inmanior: sine dubio peior est, qui se occidit, quia nemo est homini se ipso propinquior. quid ergo miseri faciunt, qui cum et hic sibimet ingestas et postea non solum impietatis aduersus deum, sed etiam ipsius quam in se exercuerunt crudelitatis luant debitas poenas, insuper quaerunt et martyrum glorias? cum etiamsi pro uero Christi testimonio persecutionem paterentur et se interficerent, ne aliquid a persecutoribus pate[675]rentur, recte illis diceretur: *uae his qui perdiderunt patientiam!*

em seus males, mas antes para declará-lo mau. Pois não acreditavam que ele, que tanto padecia, pudesse ser inocente, e não cessava a língua deles de acusá-lo de crimes que a sua consciência desconhecia; de modo que entre os cruéis tormentos do corpo, a alma era abatida por falsos opróbrios. Porém, ele sustentou em sua carne as suas próprias dores, e em seu coração os erros alheios, à esposa corrigiu a insipiência, aos amigos ensinou a sapiência, e em toda parte conservou a paciência.

XIII. 10. Anotem este [exemplo] os que a si mesmos inculcam a morte, quando são chamados à vida e que, subtraindo-se à vida presente, renunciam a futura. Se fossem obrigados, como autênticos mártires, a renegar a Cristo ou a executar alguma coisa contra a justiça, deveriam antes suportar tudo isso com paciência do que com impaciência suicidar-se. Mas se se pudesse admitir o suicídio para fugir dos males, o santo Jó haver-se-ia se suicidado para fugir de tantos males da diabólica crueldade [que se infligiu] nos seus bens, nos seus filhos, em seus membros. No entanto, não o fez. Longe [de nós], afinal, pensar[mos] que um varão sensato pudesse cometer contra si próprio algo que nem mesmo [a sua] mulher insensata sugerira. Se houvesse sugerido, teria tido que escutar aquilo que escutou quando sugeriu a blasfêmia: *Falaste como uma das mulheres insipientes. Se recebemos os bens das mãos do Senhor, não havemos de aceitar os males?*[18] Houvesse perdido a sua paciência, seja blasfemando, como ela sugeria, seja suicidando-se, como ela nem sequer se atreveu a sugerir, teria morrido e estaria entre aqueles de quem se disse: *Ai daqueles que perderam a sua paciência.*[19] Em lugar de evitar a pena, tê-la-ia aumentado, se, depois da morte do seu corpo, fosse conduzido aos suplícios quer dos blasfemos, quer dos homicidas ou daqueles que são mais do que parricidas. Se um parricida é mais criminoso que um homicida, já que não mata apenas a um homem, mas a um parente, e entre os parricidas tanto um é mais criminoso quanto mais próximo é aquele a quem mata, sem dúvida é pior aquele que mata a si mesmo, porque ninguém é mais próximo do homem do que ele próprio. Esses miseráveis, então, que são torturados ainda vivos e sofrem justas punições depois que morrem, não só pela sua impiedade contra Deus, como também pela sua crueldade consigo mesmos, como podem exigir a glória dos mártires? Ainda que sofressem perseguição pelo verdadeiro testemunho de Cristo e se suicidassem para não sofrer alguma coisa dos perseguidores, com razão se lhes diria: *Ai daqueles que perderam a sua*

---

18 Jó 2,10.
19 Eclo 2,14.

quomodo enim iustum praemium patientiae redditur, si et inpatiens passio coronatur? aut quomodo innocens iudicabitur, cui dictum est: *diliges proximum tuum tamquam te ipsum*, si homicidium committit in se ipso, quod committere prohibetur in proximo?

XIIII. 11. Audiant ergo sancti de scripturis sanctis praecepta patientiae: *fili, accedens ad seruitutem dei sta in iustitia et timore, et praepara animam tuam ad temptationem: deprime cor tuum et sustine; ut crescat in nouissimis tua uita. omne quod tibi superuenerit accipe et in dolore sustine et in humilitate tua patientiam habe, quoniam in igne probatur aurum et argentum, homines uero acceptabiles in camino humiliationis.* et in loco alio legitur: *fili, ne deficias in disciplina domini neque fatigeris cum ab illo increparis; quem enim diligit dominus, corripit, flagellat autem omnem filium quem recipit.* quod hic positum est 'filium quem recipit', hoc in supra dicto testimonio est, *homines receptibiles.* hoc enim iustum est, ut qui de pristina felicitate paradisi propter contumacem deliciarum appetentiam dimissi sumus, per humilem molestiarum patientiam recipiamur, fugaces mala faciendo, reduces mala patiendo; ibi contra iustitiam facientes, hic pro iustitia patientes.

[676] **XV. 12.** Sed uera patientia, quae huius est nomine digna uirtutis, quaerendum est unde sumatur. sunt enim, qui eam tribuant uiribus uoluntatis humanae, non quas habent ex diuino adiutorio, sed quas ex libero arbitrio. error autem iste superbus est; eorum est enim qui abundant, de quibus dicitur in psalmo: *obprobrium eis qui abundant et despectio superbis.* non ergo est ista *patientia pauperum, quae non perit in aeternum.* hic enim pauperes ab illo eam diuite accipiunt, cui dicitur: *deus meus es tu, quoniam bonorum meorum non eges*, a quo est omne datum optimum et omne donum perfectum, ad quem clamat egenus et pauper, qui laudat nomen eius, et petendo, quaerendo, pulsando dicit: *deus meus, eripe me de manu peccatoris, et de manu legem praetereuntis et iniqui, quoniam tu es patientia*

paciência?[20] Como se pode dar um prêmio justo à paciência se for coroado o padecimento da impaciência? Como será julgado inocente aquele a quem foi dito: *Amarás ao teu próximo como a ti mesmo*,[21] se comete contra si mesmo o homicídio, que se proíbe cometer contra o próximo?

XIIII. 11. Ouçam, pois, os santos os preceitos de paciência das Escrituras santas: *Filho, ao te aproximares do serviço de Deus, mantém-te em justiça e temor e prepara tua alma para a tentação. Humilha o teu coração e agüenta para que no final cresça a tua vida. Aceita tudo aquilo que te sobrevenha, agüenta a dor e tem paciência na humildade. Porque no fogo se provam o ouro e a prata, mas os homens se fazem aceitáveis na fornalha da humilhação.*[22] E em outra passagem se lê: *Filho, não te fatigues na disciplina do Senhor, nem desmaies quando fores repreendido por ele. A quem o Senhor ama ele castiga e flagela a todo o filho a quem recebe.*[23] Aqui se diz: "filho por ele recebido" como acima se disse: "homens aceitáveis". Com efeito, é justo que nós, que por uma contumaz apetência de delícias fomos expulsos da prístina felicidade do paraíso, sejamos aceitos novamente pela paciência nas moléstias. Tendo sido fugazes ao fazer o mal, regressados sejamos padecendo o mal, ali contra a justiça atuantes, aqui pela justiça padecentes.

XV. 12. Mas, deve-se buscar qual a origem da paciência verdadeira, digna do nome de virtude. Há aqueles que a atribuem às forças da vontade humana, não às que recebem da ajuda divina, mas às que têm por seu livre-arbítrio. Este erro, porém, é soberbo; é o erro dos que vivem na abundância, aos quais se refere o Salmo: *Opróbrio para os que abundam e humilhação para os soberbos.*[24] Não é esta a *paciência dos pobres que não perece eternamente.*[25] Estes pobres recebem a paciência d'Aquele rico ao qual dizemos: *Tu és o meu Deus porque dos meus bens não necessitas.*[26] Dele procede todo dom ótimo e toda dádiva perfeita.[27] A ele clama o miserável e pobre que louva o seu nome e diz pedindo, chamando e buscando: *Deus meu, livra-me da mão do pecador, da mão do transgressor da Lei e do iníquo. Porque tu és minha paciência, Senhor,*

20 *Ibidem.*
21 Mt 19,19.
22 Eclo 2,1-5.
23 Pr 3,11-12.
24 Sl 122,4.
25 Sl 9,19.
26 Sl 15,2.
27 Tg 1,17.

mea, domine, spes mea a iuuentute mea. isti autem, qui abundant et egere ad dominum dedignantur, ne ab illo accipiant ueram patientiam, de sua falsa gloriantes consilium inopis uolunt confundere, quoniam dominus spes eius est, nec attendunt, cum homines sunt et suae, id est, humanae uoluntati tantum tribuunt, in illud se incurrere quod scriptum est: *maledictus omnis qui spem suam ponit in homine.* unde etiamsi eis contingat ut aliqua dura et aspera, uel ne displiceant hominibus [677] uel ne grauiora patiantur uel sibi placendo et amando praesumptionem suam eadem ipsa superbissima uoluntate sustineant, hoc illis dicendum est de patientia, quod de sapientia beatus Iacobus apostolus dicit: *non est ista sapientia desursum descendens, sed terrena, animalis, diabolica.* cur enim non sit superborum falsa patientia, sicut superborum est falsa sapientia? a quo est autem uera sapientia, ab illo est et uera patientia. huic enim cantat ille spiritu pauper: *deo subiecta est anima mea, quoniam ab ipso est patientia mea.*

XVI. 13. Sed respondent et loquuntur dicentes: sicut uoluntas hominis sine ullo dei adiutorio uiribus liberi arbitrii tam multa grauia et horrenda perfert, siue in animo siue in corpore, ut mortalis uitae huius et peccatorum delectatione perfruatur, cur non eodem modo eadem ipsa uoluntas hominis eisdem uiribus liberi arbitrii non ad hoc expectans se diuinitus adiuuari, sed sibi naturali possibilitate sufficiens quidquid laboris uel doloris ingeritur, pro iustitia et uita aeterna patientissime sustinet? an uero, inquiunt, idonea est iniquorum uoluntas deo non adiuuante ut se ipsi in cruciatibus pro iniquitate et, antequam ab aliis crucientur, exerceant; idonea est uoluntas moras uitae huius amantium, ut deo non adiuuante inter atrocissima et longa tormenta in mendacio [678] perseuerent, ne sua facinora confitentes, iubeantur occidi, et non est idonea iustorum uoluntas, nisi eis uires desuper suggerantur, quaslibet poenas uel ipsius decore iustitiae uel aeternae uitae amore perferre?

minha esperança desde minha juventude.[28] Os que têm abundância e se envergonham de mendigar a Deus para não receber dele a paciência verdadeira, gloriam-se de sua falsa [paciência] e querem confundir o conselho do pobre, porque o Senhor é a sua esperança[29] e, visto que são homens e confiam apenas na sua vontade, que é humana, não reparam que incorrem no que está escrito: *Maldito o homem que põe a sua esperança no homem.*[30] Por isso, ainda que tolerem com essa vontade sumamente orgulhosa algumas coisas duras e ásperas, seja para não desagradar aos homens, seja para não tolerar outras piores, e, enfim, por pura complacência própria ou por amor à sua presunção, deve dizer-se-lhes de sua paciência aquilo que o bem-aventurado apóstolo Tiago disse acerca da sapiência: *Esta sapiência não desce de cima, mas é terrena, animal e diabólica.*[31] Com efeito, por que não há de ser falsa a paciência dos orgulhosos assim como é falsa sua sapiência? Aquele de quem vem a verdadeira sapiência é o mesmo que dá a verdadeira paciência. A este, de fato, canta aquele pobre em espírito: *A Deus se encontra submissa minha alma, porque dele procede a minha paciência.*[32]

XVI. 13. Mas, respondem e falam dizendo: assim como, somente com as forças do livre-arbítrio, sem nenhuma ajuda de Deus, a vontade do homem tolera tantas coisas graves e horrendas, seja na alma, seja no corpo, para desfrutar desta vida mortal e do deleite dos pecados, por que [então] essa vontade – com as próprias forças do livre-arbítrio e sem esperar o auxílio divino – não se bastará a si mesma com suas possibilidades naturais para suportar com perfeita paciência, pela justiça e pela vida eterna, quantos trabalhos e dores se ofereçam? Ou então, dizem, a vontade dos iníquos é idônea sem a ajuda de Deus de tal maneira que se exercitam pela iniqüidade dos tormentos antes de serem atormentados por outros; é idônea a vontade dos que amam a demora desta vida de tal maneira que, mesmo sem a ajuda de Deus, perseveram na mentira entre longos e atrocíssimos tormentos para não serem condenados à morte, se confessarem os seus crimes, e não será a vontade dos justos idônea para tolerar quaisquer penas pelo decoro da mesma justiça ou por amor à vida eterna se não os ajudam as forças lá de cima?

---

28 Sl 70,4-5.

29 Sl 13,6.

30 Jr 17,5.

31 Tg 3,15.

32 Sl 61,6.

XVII. 14. Qui haec dicunt, non intellegunt et quemque iniquorum tanto esse ad quaecumque mala perferenda duriorem, quanto in eo maior est cupiditas mundi, et quemque iustorum tanto esse ad quaecumque mala perferenda fortiorem, quanto in eo est maior caritas dei. sed cupiditas mundi initium habet ex arbitrio uoluntatis, progressum ex iucunditate uoluptatis, firmamentum ex uinculo consuetudinis: *caritas autem dei diffusa est in cordibus nostris,* non utique ex nobis, sed *per spiritum sanctum qui datus est nobis.* proinde ab illo est patientia iustorum, per quem diffunditur caritas eorum. quam caritatem laudans atque commendans apostolus inter cetera eius bona dixit eam et cuncta sufferre. *caritas*, inquit, *magnanima est*, et paulo post ait: *omnia tolerat.* quanto ergo maior est in sanctis caritas dei, tanto magis pro eo quod diligitur, et quanto maior est in peccatoribus cupiditas mundi, tanto magis pro eo quod concupiscitur, omnia tolerantur. ac per hoc inde est patientia uera iustorum, unde est in eis caritas dei; et inde est patientia falsa iniquorum, unde est in eis cupiditas mundi. propter quod dicit Iohannes apostolus: *nolite diligere mundum* [679] *nec ea quae in mundo sunt. si quis dilexerit mundum, dilectio patris non est in ipso, quoniam omne quod est in mundo, concupiscentia carnis est et concupiscentia oculorum et ambitio saeculi: quae non est ex patre, sed ex mundo est.* haec igitur concupiscentia, quae non est ex patre, sed ex mundo, quanto fuerit in homine uehementior et ardentior, tanto fit quisque pro eo, quod concupiscit, omnium molestiarum dolorumque patientior. idcirco, sicut supra diximus, non est ista patientia desursum descendens; patientia uero piorum desursum est descendens a patre luminum. itaque illa terrena est, ista caelestis, illa animalis, ista spiritalis, illa diabolica, ista deifica, quoniam concupiscentia, qua fit, ut peccantes omnia pertinaciter patiantur, ex mundo est; caritas autem, qua fit, ut recte uiuentes omnia fortiter patiantur, ex deo est. et ideo illi falsae patientiae potest sine adiutorio dei uoluntas humana sufficere tanto durior, quanto cupidior, et eo tolerabilius mala sustinens, quo ipsa fit peior; huic autem, quae uera patientia est, ideo uoluntas humana, nisi desuper adiuta et inflammata, non sufficit, quia spiritus sanctus est ignis eius, quo nisi accensa diligat impassibile bonum, ferre non potest quod patitur malum.

XVII. 14. Os que assim falam não entendem que cada um dos iníquos é tanto mais duro para suportar quaisquer que sejam os males, quanto maior é nele a cupidez do mundo e não entendem que cada um dos justos é tão mais forte para suportar quaisquer que sejam os males, quanto maior é nele a caridade de Deus. Mas, a cupidez do mundo tem seu início no arbítrio da vontade, seu crescimento no deleite do prazer e sua confirmação nos grilhões do hábito: *No entanto, a caridade de Deus foi difundida em nosso coração* – em todo caso não por nós – *mas pelo Espírito Santo que nos foi dado.*[33] Donde se conclui que a paciência dos justos procede daquele que difunde neles a caridade. O Apóstolo, ao louvar e recomendar a caridade, diz dela, entre outros elogios, que suporta tudo: *A caridade é magnânima.* E pouco depois diz: *Tudo suporta.*[34] Quanto maior é nos santos o amor de Deus, tanto mais se suportam todas as coisas por aquilo que é amado, e quanto maior é nos pecadores a cobiça do mundo, tanto mais são suportadas todas as coisas por aquilo que ambicionam. E, por isso, a origem da verdadeira paciência dos justos é também a origem da caridade de Deus neles; e a origem da falsa paciência dos iníquos é também a origem da cupidez do mundo que há neles. E assim disse o apóstolo João: *Não ameis o mundo nem as coisas que são do mundo. Se alguém ama o mundo o amor do Pai não está nele; porque tudo aquilo que há no mundo é concupiscência da carne, concupiscência dos olhos e a ambição do século, a qual não é do Pai, mas do mundo.*[35] Por conseguinte, quanto mais veemente e ardente for no homem esta concupiscência – que não é do Pai, mas do mundo – tanto mais cada um se torna paciente de todas as dores e moléstias por aquilo que deseja. Esta paciência, como dissemos, não desce do alto, porém a paciência dos piedosos desce do alto, desde o Pai das Luzes. Aquela é terrena, esta celeste, aquela animal, esta espiritual, aquela é diabólica, esta é deífica, porque do mundo procede a concupiscência, a qual faz que os pecadores pertinazmente tudo suportem; ao contrário, procede de Deus a caridade, a qual faz que os que vivem retamente suportem tudo corajosamente. E, por isso, para essa falsa paciência pode bastar a vontade humana sem a ajuda de Deus; vontade tanto mais dura quanto mais concupiscente, que, suportando tanto mais toleravelmente os males, pior se torna; a esta, porém, que é a verdadeira paciência, não é suficiente a vontade humana, a não ser que seja ajudada e inflamada do alto, porque o Espírito Santo é o seu fogo; e, a não ser que, acesa por Aquele, ame o bem impassível, não pode suportar o mal que sofre.

---

33 Rm 5,5.

34 I Cor 13,4 e 7.

35 I Jo 2,15-16.

XVIII. 15. Sicut enim diuina testantur eloquia: *deus caritas est, et qui manet in caritate, in deo manet, et deus in illo manet.* quisquis ergo contendit haberi posse [680] dei caritatem sine dei adiutorio, quid aliud contendit nisi haberi deum posse sine deo? quis autem hoc dicat christianus, quod nullus dicere audeat insanus? exsultans ergo apud apostolum uera, pia fidelisque patientia dicit ore sanctorum: *quis nos separabit a caritate Christi? tribulatio? an angustia? an persecutio? an fames? an nuditas? an periculum? an gladius? sicut scriptum est, quia propter te mortificamur tota die, deputati sumus sicut oues uictimae. sed in his omnibus superuincimus per eum qui dilexit nos*: non ergo per nos, sed *per eum qui dilexit nos.* deinde sequitur et adiungit: *certus sum enim, quia neque mors neque uita neque angeli neque principatus neque praesentia neque futura neque altitudo neque profundum neque creatura alia poterit nos separare a caritate dei, quae est in Christo Iesu domino nostro.* haec est illa *caritas dei*, quae *diffunditur in cordibus nostris*, non ex nobis, sed *per spiritum sanctum qui datus est nobis*; malorum autem *concupiscentia,* propter quam in eis est falsa patientia, *non est ex patre*, sicut dicit apostolus Iohannes, *sed ex mundo est.*

XVIIII. 16. Hic dicet aliquis: si ex mundo est concupiscentia malorum, per quam fit ut mala omnia pro eo quod ab illis concupiscitur perferant, quo modo ex eorum dicitur [681] uoluntate? quasi uero non et ipsi ex mundo sint, cum ab eis diligitur mundus deserto eo, per quem factus est mundus: *seruiunt enim creaturae potius quam creatori, qui est benedictus in saecula.* siue itaque mundi uocabulo Iohannes apostolus dilectores significauerit mundi, uoluntas, quae ex ipsis est, utique ex mundo est: siue mundi nomine caelum et terram et quaecumque in eis sunt, hoc est uniuersam conplexus sit creaturam, uoluntas procul dubio creaturae, quae non est creatoris, ex mundo est. propter quod talibus dominus dicit: *uos de deorsum estis, ego de sursum sum; uos de hoc mundo estis, ego non sum de hoc mundo.* apostolis autem dicit: *si de hoc mundo essetis, mundus quod*

XVIII. 15. Com efeito, assim testemunham as divinas escrituras: *Deus é caridade e quem permanece na caridade em Deus permanece e Deus nele permanece.*[36] Logo, todo aquele que propugna que a caridade de Deus pode ser tida sem a ajuda de Deus, que outra coisa sustenta senão que se pode ter Deus sem Deus? Porém, quem dirá, sendo cristão, aquilo que nenhum insano ousaria dizer? Por conseguinte, de acordo com o Apóstolo, a verdadeira, piedosa e fiel paciência, exultante, diz pela boca dos santos: *Quem nos separará do amor de Cristo? A tribulação? Acaso a angústia? Acaso a fome? A nudez? Porventura o perigo? A espada? Como está escrito, por causa de ti somos mortificados todo o dia e somos reputados [como] ovelhas para o matadouro. Mas, em tudo isso sobrevencemos por aquele que nos amou* – não por nós, mas *por aquele que nos amou.*[37] Depois continua e acrescenta: *Pois estou certo de que nem a morte, nem a vida, nem os anjos, nem os principados, nem as potestades, nem o presente, nem o futuro, nem a altura, nem a profundidade, nem criatura alguma poderá nos separar da caridade de Deus, a qual está em Cristo Jesus Senhor nosso.*[38] Esta é aquela caridade de Deus, a qual *é difundida em nossos corações* – não a partir de nós – *mas através do Espírito Santo que nos é dado.*[39] Contudo, a concupiscência dos maus, por causa da qual há neles a falsa paciência, *não procede do Pai*, segundo disse o apóstolo João, *mas procede do mundo.*[40]

XVIIII. 16. Aqui alguém dirá: Se a concupiscência dos maus, pela qual suportam todos os males por aquelas coisas que são desejadas, procede do mundo, de que forma se diz que procede de sua vontade? Como se os maus não fossem do mundo, quando amam o mundo e abandonam Aquele por quem o mundo foi feito: *Servem, pois, mais à criatura que ao criador, que é bendito para sempre.*[41] Se, portanto, o apóstolo João quis dizer com a palavra "mundo" os amantes do mundo, a vontade que vem destes sem dúvida é do mundo; ou, se com o nome de mundo abrangeu toda a criatura, a vontade da criatura sem dúvida não é do criador, é do mundo. Pelo que a esses diz o Senhor: *Vós sois de baixo, eu sou de cima: Vós sois do mundo, eu não sou deste mundo.*[42] Por outro lado, aos apóstolos disse: *Se fôsseis deste mundo, o mundo amaria o que*

36 I Jo 4,16.
37 Rm 8,35-39.
38 Rm 8,35-39.
39 Rm 5,5.
40 I Jo 2,15-16.
41 Rm 1,25.
42 Jo 8,23.

suum est diligeret. sed ne sibi amplius adrogarent, quam eorum mensura poscebat, et hoc, quod eos non esse dixit ex mundo, naturae putarent esse, non gratiae, *quia uero*, inquit, *de mundo non estis, sed ego elegi uos de mundo, propterea odit uos mundus.* ergo de mundo erant: nam, ut non essent de mundo, electi sunt de mundo.

XX. 17. Hanc autem electionem non praecedentium in bonis operibus meritorum, sed electionem gratiae demonstrans apostolus sic inquit: *et in hoc tempore reliquiae per electionem gratiae saluae factae sunt; si autem gratia, iam non ex operibus; alioquin gratia iam non est gratia.* haec est electio gratiae, id est electio, qua per dei [682] gratiam homines eliguntur, haec est, inquam, electio gratiae, qua omnia bona merita praeueniuntur humana. si enim ullis bonis meritis datur, iam non gratis donatur, sed debita redditur, ac per hoc non uero nomine gratia nuncupatur, ubi *merces,* sicut idem dicit apostolus, *non imputatur secundum gratiam, sed secundum debitum.* si autem, ut uera sit gratia, id est gratuita, nihil inuenit in homine, cui merito debeatur - quod bene intellegitur et in eo, quod dictum est: *pro nihilo saluos facies eos* - profecto ipsa dat merita, non meritis datur. praeuenit ergo etiam fidem, ex qua omnia bona opera incipiunt; *iustus enim,* sicut scriptum est, *ex fide uiuit.* porro autem gratia non solum adiuuat iustum, uerum etiam iustificat inpium. et ideo etiam cum adiuuat iustum et uidetur eius meritis reddi, nec sic desinit esse gratia, quoniam id adiuuat, quod ipsa est largita. propter hanc itaque gratiam, quae cuncta bona merita humana praecedit, non solum Christus ab inpiis occisus est, uerum etiam *pro inpiis mortuus est.* et antequam moreretur, non utique iustos, sed iustificandos elegit apostolos, quibus ait: *ego uos de mundo elegi.* quibus enim dixit: *de mundo non estis,* et, ne putarent se nunquam fuisse de mundo, mox addidit: *sed ego uos de mundo elegi*, profecto, ut de mundo non essent, ipsius in eos electione conlatum est. [683] quocirca si per

é seu.[43] Mas, para que não se arrogassem mais do que a sua medida requeria, atribuindo à natureza, e não à graça, o não serem do mundo, disse: *Porque, na verdade, não sois do mundo, mas eu vos escolhi do mundo e em conseqüência disto o mundo vos odeia.*[44] Logo, do mundo eram, pois, para que não fossem do mundo, do mundo foram escolhidos.

XX. 17. No entanto, o Apóstolo, mostrando esta eleição, não [como] dos méritos precedentes nas boas obras, mas [como] eleição da graça, assim diz: *E, neste tempo, foram salvos os remanescentes pela eleição da graça. Se, portanto, por graça, já não [é] pelas obras; de outra forma a graça já não mais seria graça.*[45] Tal é a eleição da graça, isto é, a eleição pela qual são eleitos os homens por graça de Deus, tal é, digo, a eleição da graça pela qual todos os bons méritos humanos são precedidos. Se, portanto, é dada por algum mérito bom, já não é dada gratuitamente, mas solvida por justiça e, por isso, não deve ser chamada pelo nome de graça, porque, então, como diz o mesmo Apóstolo: *não é imputada segundo a graça, mas segundo o débito.*[46] Se, contudo, para ser verdadeira graça, isto é, gratuita, nada encontra no homem ao qual seja devida merecidamente, o que bem se compreende também naquilo que foi dito: *Por nada hás-de fazê-los salvos:*[47] sem dúvida, ela própria dá os méritos, não é dada pelos méritos. Antecede, portanto, também a fé, a partir da qual principiam todas as boas obras. Como está escrito, *o justo vive da fé.*[48] Além disso, no entanto, a graça não só ajuda o justo, mas ainda em verdade justifica o ímpio. E, por isso, ainda quando ajuda o justo, e parece que é devida a seus méritos, nem assim deixa de ser graça, porque ajuda aquilo que a mesma deu generosamente. Portanto, por causa desta graça, que precede todos os bons méritos humanos, Cristo não só foi morto por ímpios, mas também, na verdade, morreu pelos ímpios.[49] E, antes de morrer, elegeu os apóstolos não por serem justos, mas para serem justificados, aos quais afirmou: *Eu vos escolhi do mundo.*[50] Com efeito, àqueles a quem disse: *Não sois do mundo*, e, para que não pensassem que nunca tinham sido do mundo, logo acrescentou: *mas eu vos escolhi do mundo*, sem dúvida, foi-lhes dado que não fossem do mundo pela eleição que Ele próprio fez deles.

43 Jo 15,19.
44 Jo 15,19.
45 Rm 11,5-6.
46 Rm 4,4.
47 Sl 55,8.
48 Hab 2,4 (e também Rm 1,17 e Gal 3,11).
49 Rm 5,6.
50 Jo 15,19.

suam iustitiam, non per gratiam eius eligerentur, non de mundo electi essent, quoniam de mundo iam non essent, si iam iusti essent. deinde si propterea sunt electi, quia iam iusti erant; ipsi priores iam dominum elegerant. quis enim potest esse iustus, nisi eligendo iustitiam? *finis autem legis Christus, ad iustitiam omni credenti. qui factus est nobis sapientia a deo et iustitia et sanctificatio et redemptio, ut, quemadmodum scriptum est, qui gloriatur in domino glorietur.* ipse est ergo nostra iustitia.

XXI. 18. Vnde et antiqui iusti ante incarnationem uerbi in hac fide Christi et in hac uera iustitia, quod est nobis Christus, iustificati sunt, hoc credentes futurum quod nos credimus factum: *et ipsi gratia salui facti per fidem non ex semet ipsis, sed dei dono, non ex operibus, ne forte extollerentur.* bona quippe opera eorum non praeuenerunt dei misericordiam, sed subsecuta sunt. ipsi quippe audierunt, ipsi scripserunt longe antequam Christus uenisset in carne: *miserebor, cui misertus ero, et misericordiam praestabo, cui misericors fuero.* ex quibus dei uerbis tanto post apostolus Paulus diceret: *igitur non uolentis neque currentis, sed miserentis est dei.* ipsorum etiam uox est longe antequam Christus uenisset in carne: [684] *deus meus, misericordia eius praeueniet me.* quomodo autem possent alieni esse a fide Christi, quorum caritate etiam nobis praenuntiatus est Christus, sine cuius fide quisquam mortalium nec fuit nec est nec esse aliquando poterit iustus? si ergo iam iusti a Christo eligerentur apostoli, prius illum ipsi elegissent, ut iusti eligi possent, quia sine illo iusti esse non possent. sed non ita factum est; ipse quippe illis ait: *non uos me elegistis, sed ego uos elegi.* unde dicit apostolus Iohannes: *non quod dilexerimus deum, sed quia ipse <prior> dilexit nos.*

XXII. 19. Quod cum ita sit, quid est homo utens in hac uita propria uoluntate, antequam eligat et diligat deum, nisi iniustus et inpius? quid

Pelo que, se fossem escolhidos por sua justiça e não pela graça, não seriam escolhidos do mundo: porque do mundo já não mais seriam se já fossem justos. Além disso, se é por já serem justos que o Senhor os escolheu, então eles mesmos já tinham escolhido antes o Senhor. Quem, de fato, pode ser justo a não ser que escolha a justiça? *Mas o fim da Lei é Cristo, para a justiça de todo aquele que crê.*[51] O qual, da parte de Deus, foi feito para nós sabedoria e justiça, e santificação e redenção: para que, como está escrito, *quem se gloria, glorie-se no Senhor.*[52] Portanto, Ele mesmo é a nossa justiça.

XXI. 18. Eis porque, antes da encarnação do Verbo, os antigos justos foram justificados nesta verdadeira justiça que para nós é Cristo; [eles] acreditavam [como] futuro isto que nós cremos feito: e os mesmos foram salvos pela graça da fé, não a partir de si mesmos, mas por dom de Deus; não a partir das obras, para que não se orgulhassem.[53] Com efeito, suas boas obras não antecederam a misericórdia de Deus, mas foram-lhe subseqüentes. Eles mesmos ouviram, eles mesmos escreveram muito antes que Cristo viesse na carne: *Terei misericórdia de quem eu tiver misericórdia, e darei minha misericórdia a quem eu for misericordioso.*[54] Destas palavras de Deus, diria tanto [tempo] depois o apóstolo Paulo: *Portanto, [a escolha] não depende daquele que quer nem daquele que corre, mas da misericórdia de Deus.*[55] Também a voz dos mesmos se encontra antes que Cristo viesse na carne: *Deus meu, tua misericórdia há de anteceder-me.*[56] No entanto, de que forma poderiam ser alheios à fé em Cristo aqueles por cuja caridade Cristo foi predito também a nós, sem a fé no qual mortal algum houve, nem há, nem haverá alguma vez que possa ser justo? Se, portanto, Cristo escolheu os apóstolos justos, os mesmos já anteriormente o teriam escolhido para que pudessem ser eleitos como justos; porque, sem ele, eles não poderiam ser justos. Mas não foi feito assim: porquanto ele mesmo falou a eles, *Não me escolhestes, mas fui eu que vos escolhi.*[57] Eis porque disse o apóstolo João, *Não é que nós tenhamos amado a Deus, mas que ele nos amou primeiro.*[58]

XXII. 19. Sendo assim, o que é o homem que usa a própria vontade nesta vida antes de escolher e amar a Deus, senão um injusto e um ímpio? O que é,

51 Rm 10,4.

52 I Cor 1,30-31 (e também Jr 9, 23).

53 Ef 2,8-9.

54 Ex 33,19; Rm 9,15.

55 Rm 9,16.

56 Sl 58,11.

57 Jo 15,19.

58 I Jo 4,10.

est, inquam, homo aberrans a creatore creatura, nisi creator eius memor sit eius et eligat eum gratis et diligat gratis? quia ipse non potest eligere uel diligere, nisi prius electus dilectusque curetur, qui caecitate eligenda non cernit et languore diligenda fastidit. sed forte quis dicat: quomodo deus prius eligit et diligit iniquos, ut iustificet eos, cum scriptum sit: *odisti, domine, omnes, qui operantur iniquitatem?* quomodo putamus nisi miro et ineffabili modo? et tamen etiam non possumus [685] cogitare, quod medicus bonus aegrotum et odit et diligit? odit enim, quia aegrotat, qui diligit, ut aegritudinem pellat.

XXIII. 20. Haec propter caritatem dicta sint, sine qua in nobis non potest esse uera patientia, quoniam in bonis caritas dei est, quae tolerat omnia, sicut in malis mundi cupiditas. sed haec caritas *per spiritum sanctum est in nobis, qui datus est nobis.* unde a quo nobis est caritas, ab illo est patientia. mundi autem cupiditas, quando patienter sustinet onera cuiuslibet calamitatis, gloriatur de uiribus propriae uoluntatis, tamquam de stupore morbi, non de robore sanitatis. insana est ista gloriatio; non est patientiae, sed dementiae. Uoluntas ista tanto uidetur patientior acerborum malorum, quanto est auidior temporalium bonorum, quia inanior aeternorum.

XXIIII. 21. Quodsi eam exagitat et inflammat fallacibus uisis et suasionibus inmundus et diabolicus spiritus et maligna conspiratione sociatus efficit hominis uoluntatem uel errore dementem uel adpetitu cuiuslibet mundanae delectationis ardentem quaecumque uidentur intolerabilia mirabiliter sustinere, non tamen ideo etiam uoluntas mala sine instigatione alterius inmundi spiritus sicut uoluntas bona sine adiutorio sancti spiritus non potest esse. nam esse posse uolun[686]tatem malam etiam sine aliquo spiritu uel seducente uel incitante in ipso diabolo satis ostenditur, qui per nullum alium diabolum propria uoluntate factus diabolus inuenitur. uoluntas itaque mala siue cupiditate rapiatur siue timore reuocetur siue laetitia

digo, esse homem, criatura desviada de seu Criador, a não ser que o seu Criador se lembre dela[59] e gratuitamente a escolha e a ame gratuitamente? Porque o mesmo [homem] não pode escolher ou amar a não ser que anteriormente tenha sido escolhido e amado para ser curado, porque por sua cegueira ele não discerne as coisas que deve escolher e [por sua] indolência tem repugnância pelas coisas que devem ser amadas. Mas, talvez alguém diga: De que modo Deus anteriormente escolhe e ama os iníquos para justificá-los, quando está escrito: *Odiais, ó Senhor, a todos os que praticam a iniqüidade*?[60] Como julgamos [esta afirmação], a não ser de uma maneira admirável e inefável? E, todavia, também podemos pensar que o bom médico odeia e ama o doente: de fato, odeia-o porque é doente, ama-o para lhe expulsar a doença.

XXIII. 20. Sejam ditas estas coisas por causa da caridade, sem a qual em nós não pode haver a verdadeira paciência: porque nos bons está a caridade de Deus que suporta todas as coisas, assim como nos maus está a cupidez do mundo. Mas esta caridade está em nós *pelo Espírito Santo, o qual nos foi dado*.[61] Aquele do qual nos vem a caridade, do mesmo [nos vem] a paciência. No entanto, a cupidez do mundo quando suporta pacientemente os ônus de quaisquer calamidades, gloria-se das forças de sua própria vontade tanto como [se gloria] da insensibilidade da doença, e não do vigor da saúde. Este gloriar-se é doentio, não é da paciência, mas da demência. Esta vontade parece tanto mais paciente em suportar os males acerbos, quanto é mais ávida de bens temporais, porque é mais vazia dos [bens] eternos.

XXIIII. 21. Mas, se o espírito diabólico e imundo incita e inflama com visões e conselhos falsos, e, associado a uma conspiração maligna, faz com que a vontade do homem, ou louca pelo erro, ou ardente pelo desejo de qualquer deleitação mundana, suporte admiravelmente todas as coisas que parecem intoleráveis, não pode entretanto daí concluir-se que, assim como a boa vontade não pode existir sem o auxílio do Espírito Santo, assim também a má vontade não poderia existir sem a instigação de um outro: do espírito maligno. Pois que se pode dar uma má vontade mesmo que não haja um espírito sedutor ou incitante; demonstra-se no próprio diabo, satisfatoriamente, porque o diabo tornou-se diabo por sua própria vontade e não pela de um outro diabo. Assim, por exemplo, a má vontade, quer seja arrebatada pela cupidez, quer seja desviada pelo temor, quer seja esparsa pela alegria, quer

59 Sl 8,5.

60 Sl 5,6.

61 Rm 5,5.

diffundatur siue tristitia contrahatur atque in his omnibus perturbationibus animi quaecumque sunt aliis uel alio tempore grauiora contemnat et perferat, potest et sine alterius spiritus instinctu se ipsa seducere et defectu a superioribus in inferiora lapsando, quanto iucundius aestimauerit, quod adipisci adpetit, uel amittere metuit uel adeptum gaudet uel amissum dolet, tanto tolerabilius pro eo ferre quod sibi minus est ad patiendum quam illud ad fruendum. quidquid enim illud est, ex creatura est, cuius nota uoluntas est. quodam modo enim familiari contactu atque connexu ad experiendam eius suauitatem adiacet amanti creaturae amata creatura.

XXV. 22. Voluptas autem creatoris, de qua scriptum est: *et torrente uoluptatis tuae potabis eos*, longe alterius generis est; neque enim, sicut nos, creatura est. nisi ergo amor eius detur inde nobis, non est, unde esse possit in nobis. ac per hoc uoluntas bona, qua diligitur deus, in homine non potest esse, *nisi in quo deus operatur et uelle.* haec igitur uoluntas bona, id est, uoluntas deo fideliter [687] subdita, uoluntas sanctitate superni ardoris accensa, uoluntas, quae diligit deum et proximum propter deum, siue amore, de quo respondet apostolus Petrus: *domine, tu scis quia amo te*, siue timore, de quo dicit apostolus Paulus: *in timore et tremore uestram ipsorum salutem operamini*, siue gaudio, de quo dicit: *spe gaudentes, in tribulatione patientes*, siue tristitia, qualem se dicit magnam habuisse pro fratribus suis, quaecumque amara et aspera sufferat, caritas dei est, quae omnia tolerat, quae non diffunditur *in cordibus nostris, nisi per spiritum sanctum, qui datus est nobis.*

XXVI. Vnde nequaquam dubitante pietate sicut caritas sancte amantium, ita patientia pie tolerantium dei donum est. neque enim scriptura diuina fallit aut fallitur, quae non solum in ueteribus libris habet huius rei

seja reprimida pela tristeza e em todas essas perturbações da alma despreze e suporte todas aquelas coisas que são mais graves para outros e em outros momentos; pode a si mesma desviar sem a instigação de outro espírito, caindo nas coisas inferiores por falta das coisas superiores e, quanto mais alegremente estima aquilo que pretende alcançar, ou que teme perder, ou do que goza uma vez adquirido, ou que lamenta ter perdido, tanto mais toleravelmente [pode] suportar isso que é menos para ser suportado do que aquilo para ser fruído. Com efeito, o que quer que aquelas coisas sejam, provêm da criatura, cuja vontade é-nos conhecida. Pois, de um certo modo, a criatura amada aproxima-se da criatura amante por um contato e uma conexão íntima para experimentar a suavidade daquela.

XXV. 22. Contudo, a volúpia do Criador, da qual está escrito: *E nas torrentes de tuas volúpias lhes dais de beber*,[62] é de um gênero muito diferente; porque nem sequer é criatura como nós. Portanto, a não ser que o amor d'Ele seja daí dado a nós, não há de onde possa existir em nós a não ser naquele em que Deus opera até o querer.[63] Portanto, esta boa vontade, a vontade submissa e fiel a Deus, a vontade acesa no superno ardor da santidade, a vontade que ama a Deus e o próximo por causa de Deus; seja pelo amor, sobre o qual responde o apóstolo Pedro: *Senhor, tu sabes que eu te amo*;[64] seja pelo temor, sobre o qual disse o apóstolo Paulo: *Em temor e tremor trabalhai na vossa própria salvação*;[65] seja pela alegria, sobre a qual disse: *Alegres na esperança, pacientes na tribulação*;[66] seja na tristeza, da qual diz que grandemente a teve por seus irmãos:[67] esta vontade, enfim, por mais que sofra coisas desagradáveis e ásperas, esta vontade é a caridade de Deus, a qual tudo tolera[68] e a qual não se difunde em nosso coração, a não ser pelo Espírito Santo que nos foi dado.[69]

XXVI. Donde, não havendo qualquer piedade que duvide, assim como é um dom de Deus a caridade daqueles que amam santamente, assim também o é a paciência dos que piedosamente suportam. E nem pode enganar-se ou nos enganar a Divina Escritura, a qual não só nos antigos livros possui o

62 Sl 35,9.
63 Fl 2,13.
64 Jo 21,15.
65 Fl 2,12.
66 Rm 12,12.
67 Rm 9,2.
68 I Cor 13,7.
69 Rm 5,5.

testimonia, cum deo dicitur: *patientia mea tu es*, et: a*b ipso est patientia mea*, et ubi alius propheta dicit accipere nos spiritum fortitudinis, uerum etiam in apostolicis litteris legitur: *quia uobis donatum est pro Christo non solum ut credatis in eum, sed ut etiam patiamini pro eo.* non ergo quasi de proprio faciat animum elatum quod sibi audit esse donatum.

23. Si quis autem non habens caritatem, quae pertinet ad unitatem spiritus et uinculum pacis, quo catholica ecclesia congregata connectitur, in aliquo schismate constitutus, ne [688] Christum neget, patitur tribulationes, angustias, famem, nuditatem, persecutionem, pericula, carceres, uincula, tormenta, gladium uel flammas uel bestias uel ipsam crucem timore gehennarum et ignis aeterni, nullo modo ista culpanda sunt, immo uero et hic laudanda patientia est. non enim dicere poterimus melius ei fuisse, ut Christum negando nihil eorum pateretur, quae passus est confitendo, sed existimandum est fortasse tolerabilius ei futurum iudicium, quam si Christum negando cuncta illa uitaret, ut illud, quod ait apostolus: *si tradidero corpus meum ut ardeam, caritatem autem non habeam, nihil mihi prodest*, nihil <mihi> prodesse intellegatur ad regnum caelorum obtinendum, non ad extremi iudicii tolerabilius supplicium subeundum.

XXVII. 24. Sed merito quaeri potest, utrum et ista patientia donum dei sit, an uiribus tribuenda sit uoluntatis humanae, qua quisque ab ecclesia separatus non pro errore, qui eum separauit, sed pro ueritate sacramenti seu uerbi, quae apud eum remansit, timore poenarum aeternarum poenas patitur temporales. cauendum est enim, ne forte, si dei donum istam patientiam dixerimus, hi quibus inest, etiam ad regnum dei pertinere credantur; si autem illam donum dei esse negauerimus, cogamur fateri sine adiutorio et munere dei in uoluntate hominis esse posse aliquid boni. neque enim hoc non est bonum, ut credat homo aeterno supplicio se esse punien[689]dum, si negauerit Christum et pro ista fide qualecumque supplicium perferat et contemnat humanum.

testemunho destas coisas quando diz a Deus: *Tu és a minha paciência,*[70] e: *Do mesmo procede a minha paciência;*[71] e onde outro profeta diz que recebemos o Espírito de fortaleza; na verdade, também nas Cartas apostólicas pode-se ler: *Porque a vós foi dado por Cristo não somente para crer nele, mas assim como também sofrer por causa dele.*[72] Portanto, não considere o ânimo exaltado como se fosse de si aquilo que ouviu ser doado.

23. Se, portanto, alguém que não tem a caridade, a qual pertence à unidade do espírito e ao vínculo da paz, pelo qual é congregada e reunida a Igreja Católica, [e,] estabelecido em algum cisma, para não negar a Cristo sofre tribulações, angústias, fome, perseguição, perigos, prisões, cadeias, tormentos, a espada, o fogo ou as feras, ou a própria cruz pelo temor dos tormentos da geena e do fogo eterno, de modo algum estas coisas devem ser culpadas, muito pelo contrário, na verdade esta paciência é [digna] de ser louvada. Com efeito, nós não podemos dizer que seria melhor a ele negar a Cristo para que não sofresse nenhuma dessas coisas, as quais sofreu confessando-o, mas deve considerar-se que talvez o juízo futuro lhe seja mais suportável do que se negando a Cristo evitasse todas aquelas coisas; de tal maneira que aquilo que disse o Apóstolo: *Se entrego o meu corpo para que arda [nas chamas], mas não tenho a caridade, de nada se me aproveita,*[73] deve-se entender que [é proveitoso] para obter o reino dos céus [mas não deve interpretar-se como dizendo que não me] aproveita nada para suportar mais toleravelmente a pena do juízo final.

XXVII. 24. Mas, com razão pode-se perguntar se por acaso é esta paciência um dom de Deus ou se se deve atribui-la às forças da vontade humana, pela qual cada um que [está] separado da Igreja suporta as penas temporais no temor das penas eternas, não por causa dos erros que o apartaram [da Igreja], mas pela verdade do sacramento ou da palavra que permaneceu junto dele. Com efeito, deve-se acautelar que, se por acaso dissermos que esta paciência é dom de Deus, nem por isso estes que a possuem acreditem que pertencem ao Reino de Deus: se, contudo, negarmos que ela seja um dom de Deus, sejamos levados a confessar que possa haver algo de bom na vontade do homem sem o auxílio e o dom de Deus. De fato, não deixa de ser bom que o homem creia que se negar a Cristo será punido com o suplício eterno e que, por causa desta fé, suporte e despreze todo e qualquer suplício humano.

---

70 Sl 70,5.

71 Sl 61,6.

72 Fl 1,29.

73 I Cor 13,3.

25. Proinde sicut negandum non est etiam hoc esse donum dei, ita intellegendum est alia esse dei dona filiorum illius Hierusalem, quae sursum libera est mater nostra.

XXVIII. Haec sunt enim quodam modo hereditaria, in quibus sumus *haeredes dei, coheredes autem Christi*; alia uero, quae possunt accipere etiam filii concubinarum, quibus iudaei carnales et schismatici uel haeretici conparantur. quamuis enim scriptum est: *eice ancillam et filium eius; neque enim heres erit filius ancillae cum filio meo Isaac*, et Abrahae dixit deus: *in Isaac uocabitur tibi semen*, quod sic est apostolus interpretatus, ut diceret: *id est non qui filii carnis, hi filii dei, sed filii promissionis deputantur in semine*, ut intellegeremus semen Abrahae secundum Isaac propter Christum ad dei filios pertinere, qui sunt corpus Christi et membra, id est, ecclesia dei una, uera, germana, catholica, tenens piam fidem, non eam, quae per elationem uel timorem, sed eam, quae per dilectionem operatur: tamen etiam filios concubinarum quando a filio suo Isaac dimisit Abraham, nonnulla eis largitus est munera, ne relinquerentur omni modo inanes, non ut tenerentur heredes. sic enim legimus: *dedit autem Abraham omnem censum* [690] *suum Isaac filio suo: et filiis concubinarum suarum dedit Abraham munera et dimisit eos ab Isaac filio suo.* si ergo filii sumus liberae Hierusalem, alia dona exheredatorum, alia intellegamus haeredum. hi enim heredes sunt, quibus dicitur: *non enim accepistis spiritum seruitutis iterum in timorem, sed accepistis spiritum adoptionis filiorum, in quo clamamus: abba, pate*r.

XXVIIII. 26. Clamemus ergo spiritu caritatis et, donec ueniamus ad hereditatem, in qua semper maneamus, liberali amore simus, non seruili timore patientes; clamemus, quamdiu pauperes sumus, donec illa hereditate ditemur. magna quippe inde pignora accepimus, quod ad nos ditan-

25. Por conseguinte, assim como não se deve negar que isto é um dom de Deus, do mesmo modo deve-se entender que são muitos os outros dons de Deus aos filhos daquela Jerusalém, a qual [lá] no alto é livre [e] é nossa mãe.[74]

XXVIII. Com efeito, estes [dons] são de certo modo hereditários, nos quais somos *herdeiros de Deus, co-herdeiros, pois, de Cristo*;[75] já outros [dons são os] que podem receber também os filhos das concubinas, aos quais os judeus carnais e os cismáticos ou hereges podem ser comparados. Ainda que, portanto, tenha sido escrito: *Expulsa a escrava e seu filho para que não seja o filho da escrava herdeiro com o meu filho Isaac*[76] e a Abraão disse Deus: *Em Isaac será chamada a tua descendência*,[77] o que, de acordo com o Apóstolo, deve ser interpretado como se dissesse: *Isto é, não são os filhos da carne aqueles que são filhos de Deus, mas os filhos da promessa é que serão considerados na descendência*,[78] para que entendêssemos que a descendência de Abraão segundo Isaac pertence aos filhos de Deus por causa de Cristo, os quais são o corpo e os membros de Cristo, isto é, da Igreja de Deus, una, autêntica, católica, possuidora de uma fé piedosa, não a que age pelo orgulho ou temor, mas aquela que age pelo amor:[79] e, contudo, também quando Abraão separou a seu filho Isaac dos filhos das concubinas, distribuiu a eles alguns bens para não abandoná-los inteiramente desprovidos, não para tê-los como herdeiros. Com efeito, assim lemos: *Abraão deu a seu filho Isaac todos os seus bens e aos filhos de suas concubinas Abraão deu-lhes presentes e os separou de seu filho Isaac*.[80] Se, portanto, somos filhos da livre Jerusalém, compreendemos que os dons dos deserdados são diferentes dos dons dos herdeiros. Porque é daqueles que são herdeiros que se disse: *Pois não haveis recebido um espírito de servidão [para viver] novamente no temor, mas recebestes o espírito de adoção de filhos, no qual clamamos: Aba, ó Pai*.[81]

XXVIIII. 26. Clamemos, pois, no espírito da caridade e, até que cheguemos à herança na qual permaneceremos para sempre, sejamos pacientes com um liberal amor e não com um temor servil. Clamemos enquanto somos pobres até que sejamos enriquecidos com aquela herança. Porquanto, a

74 Gal 4,26.

75 Rm 8,17.

76 Gn 21,10 e Gl 4,30.

77 Gn 21,12 e Rm 9,7.

78 Rm 9,8.

79 Gl 5, 6.

80 Gn 25,5-6.

81 Rm 8,15 (e também Gl 4,6).

dos pauper factus est Christus, quo in supernas diuitias exaltato missus est, qui sancta desideria nostris cordibus inspiraret spiritus sanctus. horum pauperum adhuc credentium, nondum contemplantium, adhuc sperantium, nondum tenentium, adhuc desiderio suspirantium, nondum felicitate regnantium, adhuc esurientium et sitientium, nondum satiatorum: horum ergo *pauperum patientia non peribit in aeternum*, non quia et illic patientia erit, ubi quod toleretur non erit, sed 'non peribit' dictum est, quia infructuosa non erit. fructum autem habebit aeternum, ideo non peribit in aeternum. quisquis enim laborat inaniter, cum eum spes fefellerit, propter quam labo[691]rabat, merito dicit: perdidi tantum laborem; quisquis uero ad sui laboris promissa peruenerit, gratulans dicit: non perdidi laborem meum. dicitur ergo labor non perisse, non quia manet perpetuus, sed quia non est inaniter fusus. sic et patientia pauperum Christi, sed ditandorum heredum Christi non peribit in aeternum, non quia et illic patienter ferre iubebimur, sed quia pro iis quae hic patienter pertulimus, aeterna beatitudine perfruemur. non dabit finem sempiternae felicitati, qui donat temporalem patientiam uoluntati, quia utrumque munus donatae donatum est caritati. amen.

maior garantia que recebemos disso é que, para nos enriquecer, Cristo se fez pobre, pelo qual, uma vez exaltado às mais altas riquezas, foi-nos enviado aquele Espírito Santo que nos inspirasse em nossos corações os santos desejos. Daqueles pobres que até agora crêem [mas] ainda não contemplam, que até agora esperam [mas] ainda não possuem, [que] até agora suspiram de desejo [mas] ainda não reinam na felicidade, [que] tem fome e sede, [mas] ainda não estão saciados: daqueles [pobres], pois, *A paciência não perecerá eternamente*:[82] não porque haverá paciência lá onde não haverá o que suportar, mas o "não perecerá" é dito porque [ela] não será estéril. Pois terá o fruto eterno, portanto não perecerá eternamente. Todo aquele que trabalha em vão, quando a sua esperança o enganar por causa da qual trabalhava, diz com razão: "Perdi tanto trabalho". Quem quer que chegue a alcançar o prometido por seu trabalho, alegrando-se, diz: "Não perdi o meu trabalho". Se diz, pois, que o trabalho não se perdeu, [diz] não porque permanece para sempre, mas porque não foi desenvolvido em vão. Assim, a paciência dos pobres de Cristo, mas herdeiros de Cristo que devem [vir a] ser enriquecidos, não perecerá eternamente: não porque lá se nos ordenará suportar pacientemente, mas porque em face daquelas coisas que pacientemente sofremos gozaremos da eterna felicidade. Não dará fim à sempiterna felicidade Aquele que concede a paciência temporal para a vontade, porque estes dois dons são concedidos à doada caridade. Amém.

82 Sl 9,19.

S. Agostinho de Hipona

Sermão sobre a paciência

e leitura do Evangelho do Administrador

(Sermo de Patientia et de lectione Evangelii de Villico)

Nota Editorial

Sobre o manuscrito utilizado.

O *Sermão* 359/A foi editado pela primeira vez por Cyrille Lambot a partir do manuscrito Madrid, BN, 194, ff. 145r-149v (*olim* B3). Trata-se de um manuscrito do século X copiado em Montecassino (Frosinone).

Sobre a tradução.

A presente tradução teve por base o texto latino editado e preparado por Cyrille Lambot presente em *Revue Bénédictine*, XLIX, (1937) pp. 258-270, sermão número 4 daquela edição. Foi ainda cotejado o texto editado por A. G. Hamman em *Patrologiae cursus completus. Series Latina. Supplementum*, II (1959), pp. 759-769.

No texto em latim:

- As palavras ou letras entre < > são complementações ou correções ao texto feitas por C. Lambot.
- Os números entre [ ] correspondem às páginas da edição de C. Lambot e às colunas na edição de A. G. Hamman.

Na tradução:

- As palavras entre [ ] são termos ou expressões complementares para melhor inteligência do texto.

Texto bilíngüe

Latim-Português

SERMO HABITUS TUNEBA DE PATIENTIA ET DE LECTIONE EVANGELII DE VILLICO [258/759]

[Spes ueluti anchora in solido.]

[**1.**] Quamdiu sumus in hoc saeculo, si cor sursum habere curemus, non nobis oberit quod deorsum ambulamus. Ambulamus enim deorsum in hac carne. Sursum autem figentes spem nostram, tamquam anchoram in solido posuimus: utcumque mundi huius fluctibus resistere, non per nos ipsos sed per illum in quo ipsa anchora fixa est, spes nostra, quoniam qui nos sperare fecit, non decipiet, ut pro spe reddat rem. *Spes* enim, sicut ait Apostolus, *quae uidetur, non est spes. Quod enim uidet quis, quid sperat? Si autem*, inquit, *quod non uidemus speramus, per patientiam exspectamus.*

[Aliud est desiderare aliud uidere.]

2. De hac patientia quod dominus donat loqui uolo caritati uestrae. Dicit enim et dominus Iesus Christus in euangelio quodam loco: *In uestra patientia possidebitis animas uestras*. Dicitur et alio loco: *Vae his qui perdiderunt patientiam*. Siue patientia, siue sustinentia, siue tolerantia nominetur, pluribus uocabulis eamdem rem significat. Nos uero non diuersitatem sonorum, sed rei ipsius unitatem in corde figamus et quod foris uocamus intus habeamus. Qui nouit se peregrinam agere in hoc mundo uitam ubicumque terrarum secundum corpus fuerit constitutus, qui scit se habere patriam aeternam in caelis, qui fidit ibi esse regionem beatae uitae, quam

SERMÃO PREGADO EM THUNUBA[1] SOBRE A PACIÊNCIA E LEITURA DO EVANGELHO DO ADMINISTRADOR

A fé como uma âncora em lugar firme.

1. Enquanto nos encontramos neste mundo, se cuidamos de ter o coração no alto, não nos prejudicará o fato de caminharmos aqui embaixo. Pois nós caminhamos aqui embaixo nesta carne. Ao fixarmos nossa esperança no alto, temos como que posta a nossa âncora em um lugar firme.[2] Em todo caso, o resistir às ondas deste mundo não se deve a nós, mas àquele no qual nossa âncora está fixa, nossa esperança, porque aquele que nos faz esperar não nos decepcionará, e em troca da esperança nos dá a realidade.[3]

Pois, como diz o Apóstolo, *a esperança que se vê não é esperança. Com efeito, aquilo que alguém vê, como o espera? Se, portanto, aquilo que não vemos esperamos, pela paciência o esperamos.*[4]

Desejar é diverso de ver.

2. Quero falar à vossa Caridade sobre esta paciência que o Senhor dá. Também o Senhor Jesus Cristo disse em certa passagem do Evangelho: *Com a vossa paciência possuireis vossas almas.*[5] Em outra passagem disse igualmente: *Ai daqueles que perderam a paciência.*[6]

Seja chamada paciência ou resignação ou tolerância, os muitos vocábulos significam a mesma coisa. Nós, em verdade, fixemos o nosso coração, não na diversidade das palavras, mas nesta única realidade para que tenhamos interiormente aquilo que exteriormente nomeamos.

Aquele que se reconhece como um peregrino neste mundo, independentemente do lugar em que se encontre corporalmente, que sabe que possui uma pátria no céu, que tem a confiança que ali é a região da vida feliz; a qual é

1 Quanto ao nome da cidade: o editor do texto latino, Cyrille Lambot, recolhe a leitura paleográfica de Tuneba e supõe que seja uma cidade entre Cartago e Hipona. Othmar Perler em seu livro *Les voyages de Saint Augustin*, p. 411, reconhece Tuneba como Thunuba, pequena cidade ou vilarejo no entorno de Cartago.

2 Hb 6,19.

3 Cf. *Sermo* 157,1.

4 Rm 8,24-25.

5 Lc 21,19.

6 Eclo 2,16.

hic concupiscere licet, habere non licet, tam bono, tam sancto, tam casto flagrans desiderio, patienter hic uiuit. Patientia non uidetur necessaria esse in rebus prosperis, sed in rebus aduersis. Nemo patienter tolerat quod delectat. Sed quidquid toleramus, quidquid patienter ferimus, durum et amarum est, ac per hoc, non est necessaria patientia felicitati, sed infelicitati. Verumtamen, ut dicere coeperam, quisquis desiderio fraglat uitae aeternae, in quacumque terra fuerit in felicitate, necesse est patienter uiuat, quia ipsam peregrinationem suam aegre tolerat, donec ad desideratam patriam post amorem perueniat. Alius est amor desiderii, alius uisionis. Nam et qui desiderat, amat;[259] et qui [760] uidet, amat; et qui desiderat, amat ut perueniat; et qui uidet, amat ut maneat. Si autem desiderium sanctorum sic flagrat ex fide, quid erit in specie? Si sic amamus, cum credimus, quod nondum uidemus, quomodo amamus, cum uidebimus?

[Fides et spes.]

[**3.**] Ideo tria ista dicit apostolus quae praecipue commendat in interiore homine construenda: fidem, spem, caritatem, et cum tria ipsa laudaret, ad extremum ait: *Maior autem horum caritas. Sectamini caritatem.* Quid ergo fides? Quid spes? Quid caritas? Et quare maior caritas? *Fides est,* sicut quodam Scripturarum loco definitum est, *sperantium substantia, conuictio rerum quae non uidentur.* Qui sperat, quod sperat nondum habet, sed credendo similis est possidenti. Est enim fides, ait, *sperantium substantia,* nondum est res ipsa quam tenebimus, sed ipsa fides pro ipsa re est. Non enim nihil tenet qui fidem tenet, aut inanis est qui fide plenus est. Ideo magna est merces fidei quia non uidet et credit. Nam si uideret, quae merces esset? Ideo dominus, cum resurrexisset a mortuis et ostendisset se discipulis suis, non solum oculis uidendum sed etiam manibus contrectan-

lícito desejar, mas não é lícito possuir, e arde em tão bom, tão santo e tão casto desejo, aqui pacientemente vive.

A paciência não parece ser necessária nas situações prósperas, mas sim nas adversas. Ninguém suporta pacientemente aquilo que agrada. Pelo contrário, tudo aquilo que toleramos, tudo aquilo que pacientemente suportamos é duro e amargo e, por isso, a paciência não é necessária à felicidade, mas sim à infelicidade.

Contudo, como havia começado a dizer, todo aquele que arde em desejo da vida eterna, por [mais] feliz que seja em qualquer terra, é necessário que viva pacientemente até que chegue à desejada pátria, após tê-la amado.

Diverso é o amor do desejo do amor da visão. Com efeito, aquele que deseja, ama, e aquele que vê, ama; e aquele que deseja, ama até que venha, e aquele que já o vê, ama-o para que permaneça.

Se, portanto, o desejo dos santos, a partir da fé, arde de tal modo, como o será em presença da realidade? Se assim amamos enquanto cremos o que ainda não vemos, como o amaremos quando virmos?

A fé e a esperança.

3. É por isso que o Apóstolo fala destas três coisas, as quais recomenda sejam construídas acima de quaisquer outras no homem interior: a fé, a esperança e a caridade. E, após louvar estas três coisas, para concluir, diz: *A maior delas é a caridade.*[7] *Persegui a caridade.*[8]

O que é, pois, a fé? O que é a esperança? O que é a caridade, e por que a maior de todas é a caridade? *A fé é,* segundo a definição em certa passagem das Escrituras, *o conteúdo do que se espera, a prova das coisas que ainda não se vêem.*[9]

Quem espera [algo], ainda não possui aquilo que espera, mas crendo é semelhante àquele que possui. A fé é, diz, o conteúdo do que se espera, não é ainda a realidade em si que teremos, mas a própria fé está em lugar desta realidade. Portanto, como se pode dizer a quem tem fé que nada tem, ou que está vazio quem está pleno de fé? Por esta razão, é grande a recompensa da fé, porque não vê e crê. Pois, se visse, que recompensa teria?

Por causa disto, quando o Senhor ressuscitou dos mortos e se manifestou a seus discípulos, não apenas para que os olhos o vissem mas até para que as

7 I Cor 13,13.

8 I Cor 14,1.

9 Hb 11,1.

dum, at ubi conuicit sensus humanos se esse qui resurrexit qui paulo ante pendebat in ligno, conuersatus cum eis aliquot diebus quantum ei sufficere uisum est ad confirmandum euangelium et fidem resurrectionis adstruendam, ascendit in caelum, ut nec ipse uideretur, sed credendo teneretur. Nam si semper hic esset, et conspicuus istis oculis esset, laus fidei nulla esset. Nunc uero dicitur homini: Crede. Et uult uidere. Respondetur ei: Ut aliquando uideas, interim crede. Fides meritum est: uisio praemium est. Si uidere uis antequam credas, [260] mercedem ante opus postulas. Quod uis habere habet pretium. Videre uis deum. Cuius tanti boni fides est pretium. Peruenire uis, et ambulare non uis? Visio possessio est, fides uia est. Qui recusat laborem itineris, quomodo quaerit gaudium possessionis?

[De caritate.]

[**4.**] Sed non deficit fides, quoniam subest spes. Tolle spem, et deficit fides. Quomodo enim ambulando uel pedes mouet, qui se non sperat posse peruenire? Si autem utrumque, id est: et fidei et spei amorem detraxeris, quid prodest quia credit, quid prodest quia sperat, si non amat? Immo uero nec sperare potest quod non amat. Amor enim acce<n>dit spe<m>, spes fulgit amore. Sed cum peruenerimus ad ea quae credentes non uisa sperauimus, quae ibi fides laudabitur? Siquidem *fides est conuictio rerum quae non uidentur*. Cum uiderimus, non dicetur iam [761] fides. Videbis enim, non credes. Item ipsa spes. Cum fuerit res, iam non speras. *Quod enim uidet quis, quid sperat?*. Ecce cum peruenerimus, finitur fides, finitur spes. Caritas quid? Fides uertitur in speciem, spes uertitur in rem. Iam species erit et res, non fides et spes. Caritas quid? Numquid potest ipsa finiri? Si enim <iam inflammabatur> in id quod non uidebatur, utique cum uiderit, amplius inflammabitur. Bene ergo dictum est: *Maior autem horum caritas*, quoniam

mãos o tocassem[10] a tal ponto de convencer o sentidos humanos que aquele que ressuscitou era o mesmo que há pouco pendia no lenho [da cruz]; conviveu com eles alguns dias, tantos quantos foram suficientes para ser visto, para confirmar o Evangelho e para que a fé na ressurreição estivesse assegurada; subiu ao céu para que os mesmos não o vissem, mas o possuíssem crendo. Pois, se sempre aqui estivesse, visível a estes olhos, seria nulo o louvor da fé. Agora, pois, é dito ao homem: crê. E ele quer ver. Responde-se-lhe: para que algum dia possas ver, até lá, crê. A fé é o preço; a visão, o prêmio. Se desejas ver antes de crer, pedes a recompensa antes da obra. O que queres possuir tem um preço. Queres ver Deus. De um bem tão grande assim, o preço é a fé. Desejas chegar a uma meta e não queres caminhar? A visão é a posse, a fé é o caminho. Quem recusa a fadiga do caminho, como quer a alegria da posse?

Sobre a caridade.

4. Mas a fé não desfalece, porque a esperança a sustenta. Suprime a esperança, e a fé desfalece. Como poderia quem marcha mover os pés, se não esperasse poder chegar ao seu destino? Se, porém, subtraíres o amor, de uma ou de outra, isto é, da fé e da esperança, de que serve crer, de que serve esperar, quem não ama? Ora, ninguém pode esperar o que não ama. Pois o amor acende a esperança, e a esperança brilha graças ao amor.

Mas, qual fé haverá aí pra louvarmos quando chegarmos àquelas coisas que, crendo, esperamos sem tê-las visto? Afinal, *a fé é a prova das coisas que não se vêem.*[11] Quando as virmos, não se poderá falar de fé. De fato, verás, não crerás. O mesmo [deve] se dizer da esperança. Quando se fizer realidade, já não a esperarás. *Pois, aquilo que alguém vê, como [ainda] o espera?*[12] Eis por que quando a alcançarmos se acabará a fé, se acabará a esperança. E o que acontecerá com a caridade? A fé será convertida em visão, a esperança será convertida em realidade. Então, haverá visão e realidade, não mais fé e esperança. E o que acontecerá com a caridade? Acaso poderá deixar de existir? Se ela já se inflamava por aquilo que não via, é certo que quando o vir se inflamará muito mais. Pois, com toda razão foi dito: *a caridade é a maior entre elas,*[13] porque a fé sucede à visão, à esperança sucede a realidade, mas à

10 Lc 24,36 ss.

11 Hb 11,1.

12 Rm 8,24.

13 I Cor 13,13.

fidei species succedit, spei re<s> succedit, caritati nulla res succedit; ipsa crescit, ipsa augetur, ipsa illa contemplatione perficitur.

[Omnes liberari cupiunt.]

[**5.**] Hinc desiderantes faciem dei, suspirantes ad patriam sempiternae felicitatis, nonne quantacumque saeculi felicitate circumfluamus, quantacumque rerum copia et redundantia repleamur, in illo desiderio constituti, peregrinationem terrenam miseram habebimus, et miseratione ipsa ad deum deprecamur, dicentes semper: *Domine, libera me*? Dicit pauper: *Libera me*; et putas eum dicere ut liberetur a paupertate. Dicit diues: *Libera me*; forte aegrotat. Immo sanus est, et diues est, et clamat: *Libera me*. Unde, nisi quod dicit ipsa oratio: *Libera nos a malo*? In quibuscumque bonis uersetur, necesse est christianus conclamet: *Libera nos a malo*. Si clamat: *Libera nos a malo*, est unde liberetur; si est unde liberetur, in malo est; si in malo est, quantacumque habeat bona quibus delectetur, habet quod [261] toleret donec deo perfruatur. Tolerantia ergo necessaria est in hoc saeculo pauperibus, diuitibus, sanis, aegrotantibus, captiuis, liberis, peregrinantibus, in sua patria constitutis; necessaria est tolerantia, quia omnes peregrinantur in mundo. Et donec ab ista peregrinatine liberentur et inhaereant illi ueritati et incommutabili substantiae, cui peregrinantes suspirauerunt, uersantur in temptationibus et uero corde ad deum clamant: *Libera nos a malo*.

caridade nada sucede, a caridade cresce, a caridade aumenta e se aperfeiçoa mediante a contemplação.

Todos desejam ser libertos

5. Desejando já aqui ver a face de Deus e suspirando por chegar à pátria da eterna felicidade, não é verdade que, independentemente da felicidade mundana de que nos vemos cercados, da abundância e da superabundância de coisas com as quais sejamos enriquecidos, se estamos firmes naquele desejo, consideraremos como mísera a nossa peregrinação terrena e, a partir desta mesma miséria, haveremos de suplicar a Deus dizendo continuamente: *Senhor, livra-me*?[14]

O pobre diz: *Livra-me* e pensas que ele assim o diz para ser livrado da pobreza. O rico diz: *Livra-me*: talvez esteja enfermo. Pelo contrário: está saudável, está rico, e [no entanto] clama: *Livra-me*. De quê, se não daquilo que diz a própria oração: *Livra-nos do mal*? [15] Em qualquer que seja a situação favorável na qual se encontre é necessário ao cristão que clame com todas as suas forças: *Livra-nos do mal*.

Se clama: *Livra-nos do mal*, é porque ainda há algo do qual deve ser liberto e, se há de ser liberto de algo, é porque vive em meio a algum mal e, se vive em meio a algum mal, não obstante as situações favoráveis pelos quais possa ser deleitado, haverá o que suportar até que possa desfrutar de Deus.

Portanto, neste mundo o suportar[16] é necessário aos pobres, aos ricos, aos sadios, aos doentes, aos cativos, aos livres, aos que estão em terra estrangeira[17] e aos que estão em sua própria terra. O suportar é necessário a todos, porque somos todos peregrinos neste mundo.

E, até que sejam libertos desta peregrinação e unidos àquela verdade, àquela imutável substância pela qual, enquanto peregrinos, suspiravam, estão em meio às tentações e clamam a Deus com um coração sincero: *Livra-nos do mal*.

---

14 Sl 7,2.

15 Mt 6,13.

16 *Tolerantia*. Não se trata de escolher traduzir *tolerantia* por "tolerância", mas por "ato de suportar algo". Cf. Estudo Introdutório: *tolerantia, sustinentia* e *patientia* eram no latim clássico termos correlatos e, em alguns autores e períodos, até mesmo sinônimos.

17 Aqui faz-se a oposição entre "*peregrinantibus*" e aqueles "*in sua patria constitutos*", de acordo com a noção bíblica de que todos somos peregrinos/estrangeiros nesta terra e que a nossa cidadania só se encontra na pátria celestial. Cabe recordar que "*peregrinus*" possui várias acepções: "alguém que vive em terra estrangeira" e "aquele que caminha em um lugar", "aquele que acompanha a outrem em um viagem", "estrangeiro" e "peregrino".

[Quis uere sit felix. Iob.]

[**6.**] Vident autem homines miseri eos qui in hoc saeculo appellantur beati, et uolunt tales esse, et putant quoniam, cum tales fuerint, iam in malo non erunt. Peruersa ista mens est, et non christiana, cupiditate plena, non fide: nihil sibi putant esse post hanc uitam. Non dico: Felix est in ista uita qui abundauerit rebus omnibus. Absit ut dicam, sed si nihil putat esse post hanc uitam, felix numquam est. Conuincit enim ratio, conuincit ueritas, neminem hic esse posse felicem, felicem dico sicut iudicat sapientia, non sicut iudicat auaritia. Et ecce, cum proposuero, [762] iudicauit omnis homo eum esse <posse> felicem. Et incipio illum quaerere utrum inueniatur in hac terra. Numquid dico: Felix est qui sanus est, qui diues est, qui honoratus est, qui cum omnibus suis saluus uiuit? Non hoc dico, sed: Felix est qui non eget. Respondetur continuo: Ergo diues felix est, quia non eget. Si non eget, non cupit, si cupit eget. Tu attendis facultatem, ego interrogo cupiditatem. Quomodo non eget, cui parum est quod habet et habere plura desiderat? Vides quia omnia quae congessit ut habeat, ligna sunt ad flammam unde crescat, non unde satietur. Ergo si ardentius cupit quanto plus habet, non dico tibi: Egens est, sed mendico illo egentior est. Mendici enim cupiditatem satiant pauci nummi, auari hominis cupiditatem nec totus mundus. Iam hic forte a te respondetur: quid, si non quaerit aliquid quam id quod habet? Laudo si inuenero, multum gratulor, fixit modum rei infinitae, potuit dicere auiditati: Hucusque. Magnae uires, magna dominatio mentis est adhibere modum, frangere auidum appetitum, refrenare cupiditatem, imponere metas ardenti libidini. Magna uirtus, fateor, magna uirtus. Verumtamen secundum id quod definiebam nondum dico felicem. Quid enim dixi? Quis est felix? Qui

Quem verdadeiramente é feliz. Jó.

6. Porém, os homens que se encontram em situação miserável, vendo aqueles que neste mundo são considerados felizes, desejam ser como eles, porque consideram que, quando estiverem na mesma situação deles, já não estarão em meio aos males.

Este pensamento é perverso, não cristão, cheio de cupidez, não provém da fé; consideram que não exista nada para si após esta vida.

Eu não digo: "É feliz nesta vida quem estiver pleno de todos os bens". Longe de mim dizê-lo! Porque, se ele crê que não exista nada após esta vida nunca será feliz. De fato, a razão e a verdade provam que aqui ninguém pode ser feliz. Falo da felicidade como a considera a sabedoria, não como a considera a avareza. Eis que, quando eu o oferecer à vista de todos, todos julgarão que ele é feliz. E eu começo por perguntar-lhe se é possível encontrar [um homem que seja feliz] nesta terra. Acaso afirmo que: "Feliz é quem está saudável, quem é rico, quem é honrado, quem com todos os seus [familiares] está são e salvo"? Eu não afirmo isto, mas sim que: "Feliz é aquele a quem nada falta". Responder-se-ia logo em seguida: "Portanto, feliz é o rico, porque nada lhe falta". Se não lhe falta nada, não deseja; se deseja, é porque algo lhe falta.

Tu tratas da posse e eu interrogo sobre a cupidez. Como é que nada falta àquele a quem parece pouco o que possui e deseja ter mais? Podes ver que todas aquelas coisas que ele acumulou para possuir são como a lenha para que a chama cresça, não para que seja saciada.

Portanto, se tão ardentemente deseja quanto mais tem, não te digo que ele é necessitado, mas antes que ele é mais necessitado que aquele mendigo. Pois a cupidez de um mendigo é saciada com umas poucas moedas, enquanto que a cupidez de um homem avarento não é saciada nem com todos os bens do mundo. Talvez aqui respondas: por que, se ele não busca algo além do que possui? Se eu encontrar [tal homem], louva-lo-ei e muito me alegrarei, pois ele demarcou os limites de uma coisa infinita, pôde dizer à avareza: *Até aqui!*[18]

Grande força, grande domínio da mente, é o colocar limites, quebrar o ávido apetite, refrear o desejo, impor limites a um desejo ardente! Grande virtude, reconheço, grande virtude!

Entretanto, de acordo com aquilo que definia, ainda não o considero feliz. O que, porém, afirmei? Quem é feliz? Aquele a quem nada falta.

---

18 Jó 38,11.

non eget. Ecce iste non eget: et abundat rebus omnibus, et amplius nihil quaerit. Adhuc interrogo: Non uult plus habere? Respondetur: Non uult habere. Quod habet, non timet perdere? Respondetur: Timet. Quomodo ergo non eget, et si iam non eget facultate, eget uel securitate. Et quis est qui eum faciat securum in hoc mundo quia non potest perire quod possidet, a quo acci [262] piat securitatem de rebus nuta nutantibus et labentibus? Multi diuites dormierunt, pauperes surrexerunt.

Nemo ergo illi securitatem hanc dat. Et scit et ipse, et ideo timet. Augeatur ergo oportet animus huius, accipiat ampliores uires, ueniat illi maius robur, ut quomodo imposuit metas cupiditati, sic etiam non timeat perdere quod habet, firmetque sic cor suum ut possit, amissis omnibus, dicere: *Nudus exii de utero matris meae, nudus reuertar in terram. dominus dedit, dominus abstulit; sicut domino placuit ita factum est, sit nomen domini benedictum.* Magnus iste athleta dei, quia et cum magno aduersario luctabatur! Faciamus ergo hominem tam magnanimem ut nec de his rebus quas habet infletur, nec his amissis et perditis aliquando frangatur, sed talis sit habens quasi non habens, utatur hoc mundo tamquam non utens, habeat magnam [763] facultatem, ipsam sui domini uoluntatem, sicut ille quem commemorauimus: *Sicut domino*, inquit, *placuit, ita factum est, sit nomen domini benedictum*; diuitem esse: uoluntas dei mei; <pauperem esse: uoluntas dei mei>. Videte quomodo impleuerit quod omnes cantant sed pauci faciunt: *Benedicam dominum in omni tempore; semper laus eius in ore meo*. Quid est: *in omni tempore*? Et quando bene est, et quando male est: hoc est omni tempore, hoc est semper. Ille uere diues est qui intus diues est, non intra parietes, sed intra cogitationes, in conscientia non in

Eis aqui este a quem nada falta, vive na abundância de todas as coisas e nada mais busca. Novamente pergunto: "Não deseja possuir mais nada?"

Respondes: "Não deseja possuir [mais nada]".

E aquilo que possui, não teme perder?

Respondes: "Teme."

Como então, não lhe falta nada? Se não lhe faltam bens, falta-lhe ao menos a segurança.

E quem é que, neste mundo, pode assegurar-lhe que aquilo que possui não se possa perder? Quem pode oferecer-lhe segurança a respeito de coisas inseguras e efêmeras? Muitos foram dormir ricos e acordaram pobres.

Portanto, ninguém pode dar-lhe esta segurança. Ele mesmo o sabe e, por isto, teme.

É necessário, pois, que eleve seu espírito, que receba maiores forças, que venha a ele uma maior resistência, para que, assim como impôs limites ao desejo, da mesma forma não tema perder aquilo que possui e, assim, anime o seu coração para que possa, uma vez tendo perdido todas as coisas, dizer: *Nu saí do seio de minha mãe, nu voltarei à terra. O Senhor o deu, o Senhor o tirou, assim como aprouve ao Senhor assim foi feito. Seja bendito o nome do Senhor.*[19]

Grande atleta do Senhor foi este [homem], porque lutou com um grande adversário!

Suponhamos, pois, um homem tão magnânimo que não se infle de orgulho pelos bens que possui, nem que se abata, enfim, quando perder e lhe forem tirados, mas de tal forma os possui como se não os possuísse, usa deste mundo como se não o usasse,[20] que considere como sua grande riqueza a própria vontade de seu Senhor, como aquele [homem] que recordamos: *Como aprouve ao Senhor* – disse – *assim foi feito, seja bendito o nome do Senhor.*

Ser rico: é a vontade de meu Deus. Ser pobre: é a vontade de meu Deus. Vede como ele cumpriu aquilo que muitos exaltam, mas poucos praticam: *Bendirei ao Senhor em todo tempo, seu louvor estará sempre em minha boca.*[21] O que significa: *em todo tempo*? Quando as coisas vão bem e quando as coisas vão mal, isto é: *em todo o tempo*, ou seja, sempre.

Rico verdadeiramente é aquele que o é em seu interior e não entre as paredes; no interior de seus pensamentos, em sua consciência, não no seu cofre.

19 Jó 1,21.

20 I Cor 7,31.

21 Sl 33,2.

arca. Tales diuitias nec naufragus potest amittere; potest enim de fluctibus et nudus et plenus exire. Puto nos inuenisse felicem? Si felix est qui non eget, talis quisquis in terra fuerit, cur non felix? Puto quia inuenimus et talem egentem; si adhuc eget, nondum est felix. Ecce nihil cupit, ecce securus amittit, non inflatur prosperis, non debilitatur aduersis. Quomodo nondum est felix? Si inuenero egentem, non audeo pronuntiare felicem. Et unde, it quisquam, etiam istum egentem inuenturus es? Inuenio plane. Si credit in deum, adhuc eget, adhuc mendicus dei est. Potest enim fieri ut talis homo non dicat in oratione: *Libera nos a malo*, sed dicit: Egeo. Quo eget? Vita aeterna. Hanc nondum habet. Inter temptationes uersatur.

Ecce ipse Iob, prouocatus ut gratis diligeret deum, nam ad hoc eum diabolus prouocauit, perditis omnibus rebus, amisso solacio filiorum, remanente sola uxore temptatrice non consolatrice, etiam graui uulnere percussus est a capite usque ad pedes ut tolleretur illi etiam pauperis patrimonium. Pauperis [263] enim patrimonium sanitas est, quam diues quando non habet, amarum est quidquid habet. Forte inuenis pauperem cui non sit necessarium patrimonium diuitis; non inuenis diuitem cui non patrimonium pauperis etiam ipsum sit necessarium. Patrimonium pauperum, hoc est sanitatem, amisit Iob, percussus graui <uulnere> a capite usque ad pedes. Non est tamen ductus ut deo daret insipientiam et in malis suis displiceret ei deus: semper deus placuit. Eua noua suggessit blasphemiam instinctu serpentis cum quo ille inuisibiliter luctabatur: *Dic aliquid*, inquit, *in deum, et morere*. Et ille: *Locuta es tamquam una ex insipientibus*

Tais tipos de riquezas nem um náufrago as pode perder, pois pode sair das ondas até mesmo nu e, ao mesmo tempo, rico.[22]

Posso considerar que encontramos aquele que é feliz? Se feliz é aquele a quem nada falta, se tal [homem], quem quer que seja, existisse na terra, por que, no entanto, até mesmo ele não seria feliz? Penso que descobriremos que a tal [homem] também lhe falta algo e, se algo, até agora, falta-lhe, ainda não é feliz. Eis [aquele] que nada deseja, perde sem estar inseguro, não se infla de orgulho na prosperidade, não se abate na adversidade... como ainda não é feliz? Se o encontro carente de algo, não ouso declará-lo feliz.

Alguém dirá: "E como ainda a este [homem] poderás encontrá-lo necessitado [de algo]?". Descubro-o imediatamente! Se ele crê em Deus, ainda falta-lhe algo, ainda é um mendigo de Deus. Pois pode até se dar que tal homem não diga na oração: *Livra-me do mal*,[23] mas sim "Algo me falta". E o que lhe falta? A Vida Eterna, a qual ainda não possui. Vive cercado por tentações.

Eis que o próprio Jó, desafiado a amar gratuitamente a Deus – situação provocada pelo diabo – depois de haver perdido todos os seus bens, ter perdido o consolo dos filhos, permanecendo com ele somente a sua mulher como tentadora e não consoladora,[24] além de tudo isso foi ferido com uma grande chaga da cabeça aos pés para que lhe fosse tirado até mesmo o patrimônio do pobre.[25] Pois o patrimônio do pobre é a saúde, a qual, quando falta aos ricos, todos os demais bens lhe sabem amargos. Talvez encontres a um pobre a quem o patrimônio do rico não seja necessário, mas jamais encontrarás um rico ao qual o patrimônio dos pobres não seja necessário.

O patrimônio do pobre, isto é, a saúde, foi tirado de Jó, ferido por uma grande chaga da cabeça aos pés. Todavia, não foi induzido por esta situação a atribuir a Deus a insipiência ou a dizer que Deus lhe fosse molesto. Deus sempre lhe foi agradável. A nova Eva sugeriu-lhe a blasfêmia inspirada pela serpente contra a qual ele lutava invisivelmente. Ela disse: *Diz algo contra Deus e morre.*[26] E ele: *Falaste como uma mulher néscia. Se recebemos os bens das mãos*

22 O exemplo do náufrago é utilizado também no *Sermo* 343, 9.

23 Mt 6,13.

24 O tema sobre o papel da mulher de Jó que age não como consoladora do marido, mas antes como tentadora e auxiliar do diabo pode ser lido também em *De Patientia*, XII, p. 181 desta edição; *Sermo de symbolo ad catechumenos*, 3, 10; *Sermo* 15A, 7; *Enarrationes in Psalmos*, 30, II, 12; 34, II, 7; 55, 20; 103, IV, 7; *De Excidio Urbis Romae*, 3, 3.

25 Jó 1,12-2, 10.

26 Jó 2,9. Convém notar que as traduções deste versículo, em quaisquer que sejam as línguas, costu-

mulieribus. Si bona percepimus de manu domini, mala non sustinemus?. Illa Eua erat, sed Adam ille non erat. Victus est ille in paradiso, uicit iste in stercore. Sed tamen, inter illa ipsa quae patiebatur, ait quodam loco: *Num* [764] *quid non temptatio est uita humana super terram?* In hac ergo uita humana constitutus, procul dubio in temptatione fuerat constitutus. Volebat liberari ab hac temptatione. Adhuc et ipse egebat uita ubi non est temptatio. Si egebat, felix nondum erat. Ac per hoc, qualemcumque hominem hic constitueris, descripseris, depinxeris, optaueris quod non inuenis. Felix nemo esse potest in hac terra.

[Patientia et mors.]

[**7.**] Quid proposueram? De patientia loqui. Si non excidit caritati uestrae, hoc proposui. Iam ergo quantum sit bonum patientia...in hac terrena felicitate propter illam duramus. Quisquis eam non habuerit, deficit. Quisquis in itinere deficit, ad patriam desideratam non perueniet. Videtis quam uerum est quia in nostra patientia possidemus animas nostras.

[**8.**] Cum ergo hic uiuimus, in quantacumque felicitate uiuamus, patienter uiuamus. Mori autem omnes, aut paene omnes, timemus. Aegritudo potest esse, potest non esse. Timetur amissio carorum: possunt amitti, possunt et non amitti. Quidquid mali timueris in hac terra, et esse potest et non esse. Mors non potest non esse. Differri potest, auferri non potest, et tamen pro eius dilatione omnes laborant, uigilant, muniunt se, ianuas obserant, nauigant, arant. In terra, in domo, ubi [264] cumque laborent, ideo laborant, non ut <non> moriantur, sed ut paulo serius moriantur.

de Deus, por que não havemos de suportar os males?[27] Ela era Eva, mas ele não era Adão. Aquele foi vencido no Paraíso, este venceu em meio ao esterco.[28] No entanto, em meio às provas que sofria ele disse em certa passagem: *Acaso não é a vida humana uma tentação sobre a terra?*[29] Estando, pois, nesta vida humana, estava, sem qual dúvida, em meio à tentação. Queria ver-se livre desta tentação. Ele mesmo sentia ainda a falta daquela vida na qual não há a tentação.[30] Se sentia a falta, não era ainda feliz. Por isto, qualquer que seja o homem que imagines, desenhes ou escolhas, não o encontrarás. Ninguém pode ser feliz nesta terra.

A paciência e a morte.

7. O que é que havia proposto? Falar sobre a paciência. Se vossa caridade não se esqueceu, disso me propus falar. Assim, pois, quão grande bem seja a paciência... nós subsistimos nesta felicidade terrena graças a ela. Quem não a possui, desfalece. E quem quer que desfaleça no caminho não alcançará a pátria desejada. Vedes quão verdadeiro é que, em nossa paciência, possuiremos nossas almas.[31]

8. Portanto, enquanto aqui vivermos, seja qual for a felicidade na qual vivamos, pacientemente vivamos. Pois todos ou quase todos tememos morrer. A doença pode ocorrer ou não. Tememos perder nossos entes queridos: podemos perdê-los e podemos não perdê-los.

Qualquer que seja o mal que temas nesta terra, pode ocorrer ou não ocorrer. A morte não pode não ocorrer. Pode ser adiada, mas não eliminada e, contudo, todos se esforçam para adiá-la, vigiam, protegem-se, trancam as portas, navegam, aram. Em terra, em casa, onde quer que se esforcem por este motivo o fazem, não para não morrer, mas para morrer um pouco mais tarde.

---

mam traduzir esta fala da esposa de Jó como: "Amaldiçoa a Deus e morre". Como se pode conferir no texto latino utilizado por S. Agostinho diz: "*Dic aliquid in deum, et morere*". Sustento que, somente pelo contexto, pode-se traduzir este "dic in" como "amaldiçoa". A *Vulgata*, no entanto, traz: "(...) *dixit autem illi uxor sua adhuc tu permanes in simplicitate tua benedic Deo et morere*".

27 Jó 2,10.

28 A comparação entre Adão vencido pelo demônio no Paraíso e Jó vencedor em meio ao esterco está presente em diversas outras obras de Santo Agostinho, como pode-se conferir em: *Enarrationes in Psalmos* 29, II, 7; 34, I, 7; 47, 9; 93, 19; 97, 6; 133, 2; *Sermo* 81, 2; 198 augm., 38 e também em *In Epistolam Ioannis ad Parthos tractatus decem*, 4, 3. No *De Patientia*, XII (p. 181 desta edição), S. Agostinho compara a situação de Adão vencido em meio às delícias com a de Jó vencedor em meio às dores.

29 Jó 7,1.

30 Isto é, a vida futura.

31 Lc 21,19.

Considerate, karissimi, quantus labor impendatur ab omnibus hominibus ut tardius moriantur. Si tantum laboris impendimus ut tardius moriamur, quid impendendum est ut numquam moriamur? Etiam hoc inter ferenda numeratur et inter toleranda et habenda patienter: ipse mortis timor cum quo luctatur omnis anima. Etenim uidete quid ait Apostolus: *Ingemiscimus grauati* in hac terra sub hoc onere corruptibilis carnis *in quo nolumus*, inquit, *spoliari, sed superuestiri ut absorbeatur mortale a uita.* Grauamur quidem, inquit, onere corruptibilis corporis, et sub isto corpore gemimus, et nos spoliari nolumus. Quid est, nolumus spoliari? Nolumus ponere ipsum cadauer sub quo gemimus. Ponere nolumus. O sarcina infeliciter dulcis! *Ingemiscimus*, inquit, *grauati*. Ergo libenter pone, si gemis sub onere. *In quo nolumus*, inquit, *spoliari*. Sed quid? *Superuestiri*. Ut onera duo portes? Non, inquit. Sed quare? *Ut absorbeatur mortale a uita*. Ad uitam enim aeternam uolumus peruenire. Ubi nemo moriatur uolumus peruenire, sed per mortem nolumus, si posset fieri, ut cum uiuimus illo [765] raperemur, et conuerteretur corpus nostrum cum uiuimus in illam speciem spiritalem, in qua<m> conuertendum est cum resurgimus. Quis non optaret hoc? Non uult omnis homo? Sed aliud uolenti dicitur: Migra.

Memento quid in psalmo cantaueris: *Inquilinus ego sum in terra*. Si inquilinus es, in alieno manes. Si in alieno manes, quando domnedius iusserit migras. Et necesse est iubeat domnedius ut aliquando migres, nec

Considerai, caríssimos, quanto esforço fazem todos os homens para morrer um pouco mais tarde. Se tanto esforço despendemos para morrer um pouco mais tarde, quanto esforço não deveria ser aplicado para não morrer jamais? E isto deve ser enumerado entre aquelas coisas que devem ser suportadas e toleradas pacientemente: o próprio temor da morte com o qual lutam todas as almas.

Vede, com efeito, o que disse o Apóstolo: *Gememos nesta terra, sobrecarregados pelo peso desta carne mortal, da qual não queremos ser despojados, mas sim, revestidos pela vida.*[32] *Sobrecarregados*, disse, pelo peso deste corpo mortal e, sob este corpo, gememos e não queremos que ele nos seja despojado. Que significa, pois, que não queremos ser despojados? Que não queremos renunciar a este mesmo cadáver sob o qual gememos.[33] Não o queremos renunciar. Ó fardo infelizmente doce! Gememos, diz, sobrecarregados. Portanto, se gemes sob seu peso, deixa-o de bom grado. Renuncia-o, portanto, se gemes sob este fardo![34] Fardo este do qual não queremos, disse, ser despojados. Mas, por quê? [Para] vermo-nos revestidos. Para suportar um peso duplo? Não, disse. Então, para quê? Para que o mortal seja absorvido pela vida.[35] Pois desejamos chegar à Vida Eterna.

Queremos chegar ao lugar onde ninguém morre, mas não através da morte, se isso fosse possível, isto é, sendo arrebatados ainda em vida até aquele lugar e [ver] transformado, ainda em vida, nosso corpo naquela forma espiritual na qual será transformado quando ressuscitarmos. Quem não desejaria isso? Não o deseja todo o homem? Mas, [ao homem] que deseja outra coisa deve-se dizer: Emigra [desse corpo]![36]

Recorda-te daquilo que cantaste no Salmo: *Sou inquilino nesta terra.*[37] Se és inquilino permaneces naquilo que pertence a outro. Se permaneces naquilo que pertence a outro, quando o dono da casa dá a ordem, mudas [de habitação]. E assim como é necessário que o dono da casa ordene que em algum

32 II Cor 5,4.

33 Sobre a dicotomia entre querer ser revestido pela vida eterna e não querer abandonar este corpo mortal, S. Agostinho comenta a passagem de II Cor 5,4 também em *Enarrationes in Psalmos*, 30 II, 13; *Sermo* 351, 3; 277, 4; 299, 9; *De civitate Dei*, XIV, 3 e também em *Annotationes in Iob liber unus*, 17.

34 Cf. *Sermo* 299, 9.

35 Cf. *Sermo* 277, 4; o corpo na condição atual é um peso, após a ressurreição será uma honra.

36 Aqui faz-se relação entre o fato de sermos estrangeiros (*peregrini*) nesta terra e a ação própria do peregrino, que é emigrar.

37 Sl 118,19.

diem mansionis constituit. Non enim chirographum tecum fecit. Quando [265] gratis manes, migratio tua est iussio ipsius. Et haec tolerantur et propter hoc patientia necessaria est.

[De uillici astutia et de futuro tempore.]

[**9.**] Vidit hoc seruus ille quia iussurus erat dominus eius ut de actu exiret, et cogitauit in posterum, et ait sibi: *Eiecturus est me de actu dominus meus. Quid faciam? Fodere non possum, mendicare confundor*. Hinc reuocat labor, hinc pudor, sed aestuanti consilium non defuit. *Inueni*, inquit, *quod faciam*. Conuenit debitores domini sui, protulit chirographa: *Dic tu, quantum debes?* At ille: *Centum batos olei. Sede cito, fac quinquaginta. Tolle cautionem tuam. Et alteri: tu, quantum debes? Centum coros tritici. Sede, fac cito octoginta. Tolle chirographum tuum*. Hoc dixit: Cum me de actu eiecerit dominus meus, recipient me illi, et nec fodere me coget egestas, nec mendicare.

[**10.**] Dominus Iesus Christus quare istam similitudinem proposuit? Non enim fraudator seruus illi placuit, fraudem fecit domino suo; tulit nec de suo fecit. Insuper et subripuit, domino suo damnum intulit ut sibi post actum praeparet quietis et securitatis locum. Quare hoc Dominus proposuit? Non quia seruus ille fraudem fecit, sed quia in posterum praeuidit, ut erubescat christianus cui deest consilium, si laudatur et fraudatoris ingenium. Namque sic addidit: *Ecce filii saeculi huius prudentiores*

momento saias, isso não significa que ele fixou o tempo [de tua moradia e saída]. Não fez, portanto, [o dono da casa] um contrato assinado.[38] Enquanto permaneces gratuitamente, o teu sair [da habitação] está no direito dele. E também isto há de ser tolerado e também para isto é necessária a paciência.

Sobre a astúcia do aministrador e o tempo futuro.

9. Aquele servo viu que seu senhor iria mandá-lo sair da administração [de sua propriedade], pensou no futuro e disse consigo mesmo: *O meu senhor vai tirar-me a administração. O que devo fazer? Cavar não posso, mendigar causa-me vergonha.*[39] Daquilo o dissuade o trabalho, disto a vergonha, porém, mesmo em meio à inquietação não lhe faltou uma decisão: *Encontrei o que devo fazer,*[40] disse ele.

Reuniu aqueles que deviam ao seu senhor e mostrou-lhes os contratos: "Diz-me tu, quanto deves?" E aquele [respondeu]: "Cem medidas[41] de azeite". "Senta-te e escreve rapidamente: cinqüenta. Toma a tua caução".

E a outro disse: "Tu, quanto deves?"

"Cem medidas[42] de trigo."

"Senta-te e escreve rapidamente: oitenta. Toma o teu contrato."[43]

Dizia consigo mesmo: "Quando o meu senhor me tirar da administração eles me receberão e, assim, nem a necesidade me obrigará a cavar nem a mendigar."[44]

10. Por qual razão o Senhor Jesus Cristo propôs esta parábola? Certamente não lhe foi do agrado aquele servo fraudulento que fraudou o seu senhor e tomou o que não era seu. Além disso, furtou-o às escondidas, causou danos ao seu senhor para preparar para si um lugar seguro de descanso depois que lhe fosse tirada a administração. Por qual razão o Senhor propôs isto?

Não foi porque aquele servo fraudou, mas porque ele previu seu futuro; para que um cristão a quem falte a decisão fique envergonhado ao ver louvado o engenho de um fraudulento. E, de fato, assim acrescenta: *Eis que os filhos*

38 Um contrato assinado, isto é, no qual conste o prazo de locação e o preço.

39 Lc 16,3.

40 Lc 16,4.

41 *Batos*, palavra não latina, de origem hebraica (*Bat*). *Bat* era a medida para líquidos, correspondente a cerca de 39,4 litros.

42 *Coros*, palavra não latina, de origem hebraica (*Kor*). *Kor* era a medida utilizada para sólidos, correspondente a cerca de 45 Kg.

43 Lc 16,5-7.

44 Lc 16,4.

sunt filiis lucis. Fraudes faciunt ut sibi in posterum consulant. In qua enim uita sibi consuluit ille uillicus? De qua erat obtemperando migraturus. Consuluit ille in uitam finiendam, tu non consules propter aeternam? Nolite ergo fraudem amare, sed, ait, *facite uobis amicos, de mamona iniquitatis facite amicos.*

[De eleemosyna. Quid agendum sit inspicitur.]

[**11.**] Mamona diuitiae dicuntur nomine hebraeo, unde et punice mamon lucrum dicitur. Quid ergo facimus? Quid iussit Dominus? *Facite uobis amicos de mamona iniquitatis ut et ipsi, cum deficere coeperitis, recipiant uos in* [766] *aeterna tabernacula.* Facile est quidem intellegere eleemosynas esse faciendas, tribuendum esse egentibus, quia [266] in eis Christus accipit. Hoc ipse dixit: *Quando uni ex minimis meis fecistis, mihi fecistis.* Item alio loco dixit: *Quicumque uni ex discipulis meis dederit calicem aquae frigidae tantum in nomine discipuli, amen dico uobis, non perdet mercedem suam.* Intellegimus faciendas esse eleemosynas, nec multum eligendos cum quibus faciamus, quia corda discutere non possumus. Quando facis cum omnibus, tunc peruenies ad paucos qui digni sunt. Hospitalis es, domum

deste mundo são mais prudentes[45] *que os filhos da luz.*[46] Cometem fraudes pensando no seu futuro.

A respeito de qual vida deliberou aquele administrador? Deliberou sobre aquela vida da qual deveria sair quando o ordenassem.

Aquele se preocupou pela vida que tem fim; e tu, [por que] não te preocupas pela Vida Eterna?

Portanto, não ameis a fraude, mas o que ele disse: *Fazei para vós amigos, fazei amigos com a mamona da iniqüidade.*[47]

Sobre a esmola: o que deve ser considerado.

11. Em hebraico, as riquezas são chamadas de *mamona,*[48] daí que, em púnico, lucro se diga *mamon.* O que devemos, pois, fazer? O que ordenou o Senhor? *Fazei para vós amigos com a mamona da iniqüidade para que os mesmos, quando começares a desfalecer, vos recebam nas moradas eternas.*[49]

É fácil compreender que se deve dar esmolas, que se deve dar aos necessitados, porque neles é Cristo quem as recebe. Ele mesmo o disse: *Quando a um destes meus pequeninos o fizerdes, a mim o fazeis.*[50] Da mesma forma, em outra passagem disse: *Quem quer que tenha dado a um destes meus discípulos, ainda que seja apenas um copo d'água fresca, pelo fato de ser meu discípulo, afirmo que não perderá a sua recompensa.*[51]

Entendemos que é necessário dar esmolas sem escolher a quem dá-las, porque não podemos examinar os corações. Quando dás esmolas a todos, então também as alcançarás aos poucos que são dignos delas.

---

45 Há aqui em todo este parágrafo um jogo de palavras também presente no texto latino da parábola mas que nem sempre tem sido traduzido ou explicado satisfatoriamente. Estão implicados o adjetivo *prudentiores* e o verbo *praevideo* como que correlatos. Nos significados destas palavras pode-se perceber que *prudens* se diz daquele que é prudente e previdente e *praevideo* pode significar tanto que prevejo, vejo antecipadamente, como que, com sagacidade ou prudência, antecipo algo. A parábola diz que os filhos deste mundo são os mais sagazes/previdentes/prudentes para arquitetar algo em benefício próprio nesta vida e que os cristãos deveriam ser tanto quanto ou mais que eles para arquitetar a sua condição futura, isto é, a vida eterna.

46 Lc 16,8.

47 Lc 16,9.

48 Mamon (ןוממ) é uma palavra hebraica que tanto pode sgnificar dinheiro, lucro, bens materiais quanto riqueza. Este termo também foi associado a um dos sete demônios maiores que comprava almas por meio da riqueza.

49 Lc 16,9.

50 Mt 25,40.

51 Mt 10,42.

tuam praeparas peregrinis: admittatur et indignus, ne excludatur dignus. Cordis enim iudex et discussor esse non potes. Quamquam, et si possis: Malus est, bonus non est, addo: Adhuc inimicus tuus est. *Si esurierit inimicus tuus ciba illum.* Si et cum inimico benefaciendum est, quanto magis cum ignoto, quia etsi malus est, non est tamen inimicus. Intellegimus ista, quoniam qui ista faciunt comparant sibi amicos qui illos recipiant in tabernacula aeterna cum ab isto actu exclusi fuerint. Omnes enim uillici sumus et aliquid nobis in hac uita commissum est agendum unde magno patrifamilias rationem reddamus. Et cui plus commissum est, maior ratio ab illo exigitur. Prima lectio quae recitata est, terruit omnes et maxime eos terruit qui praesunt populis, siue diuites sint, siue reges sint, siue principes sint, siue iudices sint, siue episcopi sint, siue praepositi ecclesiarum. Unusquisque de actu suo patri familiae redditurus est rationem. Actus iste temporalis est, merces actoris aeterna est. Sed si actum istum sic egerimus ut bonam rationem de illo reddamus, securi sumus quia post minora maiora nobis committuntur.

Esto, inquit, *super quinque possessiones*, dominus seruo suo bene reddenti rationem de pecunia quam dispensandam acceperat. Ad maiora nos uocat, si bene egerimus. Sed quia difficile est in grandi actu non multa peccare, ideo non debet eleemosyna cessari ut, quando sumus reddituri rationem, non tam iudicem uideamus integrum quam patrem misericordem. Si enim examinare omnia coeperit, multa inueniet quae condemnet. Debemus in hac terra miseris subuenire ut fiat in nobis quod scriptum

És hospitaleiro, preparas a tua casa aos estrageiros: recebe também aquele que não merece, para não vires a excluir aquele que merece. Não podes, afinal, ser juiz e examinador dos corações.

E ainda que pudesses [examinar os corações], se alguém é mau, se alguém não é bom, se alguém, acrescento, é até mesmo teu inimigo: *se teu inimigo tem fome, dá-lhe de comer.*[52] Se o bem deve ser feito até mesmo a um inimigo, quanto mais a um desconhecido, o qual, ainda que seja mau, não é teu inimigo.

Nós entendemos desta forma, pois aqueles que assim procedem adquirem amigos que os recebam nas moradas eternas quando forem tirados desta administração. Pois, nós todos somos administradores, a todos nos foi confiado algo nesta vida do qual deveremos render contas ao grande Pai de Família.[53] E a quem mais foi confiado, maior conta terá que prestar-lhe.[54]

A primeira leitura de hoje aterrorizou-nos a todos, de modo especial àqueles que governam sobre os povos, sejam eles ricos, ou reis, ou príncipes, ou juízes, ou bispos ou aqueles que estão à frente das igrejas.[55] Cada qual há de prestar contas de sua administração ao Pai de Família. Esta administração é temporal, mas a recompensa dela é eterna.

No entanto, se apresentamos boas contas desta administração que exercemos, estamos seguros que, após esta administração de coisas menores, outras maiores ser-nos-ão confiadas.

Põe-te à frente da administração de cinco propriedades,[56] disse o senhor ao servo que lhe havia prestado boas contas do dinheiro que havia recebido para administrar. Se administramos corretamente, ele nos chama a coisas maiores.

Porém, assim como é difícil não cometer muitos erros em uma administração tão grande, do mesmo modo não devemos nunca deixar de dar esmolas, de tal maneira que, quando formos prestar contas, não deparemos tanto um juiz irrepreensível quanto um pai misericordioso.

Pois, se ele começar a examinar todas as coisas, muito encontrará o que condenar. Nesta terra devemos auxiliar os miseráveis para que aconteça conosco aquilo que está em outra passagem: *Felizes os misericordiosos porque deles*

52 Rm 12, 20 e Prov 25,21.

53 *Pater Familiae* ou *Pater Familias* é uma expressão latina para indicar o chefe de uma família ou o dono da casa. Expressão esta que não significa consangüinidade mas sim uma função social.

54 Lc 12,48.

55 Sb 6.

56 Lc 19,19.

est: *Beati misericordes quoniam ipsis miserebitur deus.* Alio autem loco: *Iudicium sine misericordia illi qui non fecit misericordiam.*

[Videt Deus quod intus habeas in corde magis quam in manu.]

[**12.**] *Facite ergo uobis amicos.* Quisquis unde [767] habet faciat. Nemo dicat: Pauper sum. Nemo dicat: Faciant diuites. Qui plus habent, et plura faciant de pluribus. Numquid et pauperes unde faciant non habent? [267] Diues fuit Zacchaeus, pauper Petrus. Ille dimidio diuitiarum suarum emit regnum caelorum, ille de una sagena et una nauicula tantum emit. Non enim, quia ille emit, huic non restitit quod emeret. Non sic est uenale regnum dei, ut cum alius emerit, alius quod emat non habeat. Ecce patres emerunt et nobis quod emeremus seruauerunt. Numquid aliud illi emerunt, aliud nos? Hoc ipsum est. Semper emitur et usque ad saeculi finem uenale proponitur. Non times ne excludaris augmento. Non est ut dicas: Ille empturus est: habet enim tantum quantum ego non habeo. Respondet tibi qui uenale proposuit: Quid habes affer; integrum tibi est quod emas et tu. Dixi quia integrum fuit Petro propter unam nauiculam quam habebat. Integrum fuit uiduae illi quae duo minuta misit in gazophylacium. Duos nummos misit et totum emit. Multum enim misit quae sibi nihil dimisit. Et quod paulo ante dixi, quid uilius calice aquae frigidae? Regnum caelorum etiam tanti ualet. Quisquis non habuerit nauem et retia, quisquis non habuerit diuitias Zacchaei, quisquis non habuerit duos nummos quos habuit uidua, habet uel calicem aquae frigidae. Puto ideo

Deus terá misericórdia.[57] E, em outra passagem: *Haverá um juízo sem misericórdia para aqueles que não praticaram a misericórdia.*[58]

Deus vê mais aquilo que possuis no íntimo do coração que aquilo que tens nas mãos.

12. *Fazei para vós amigos.*[59] Cada qual os faça de acordo com aquilo que possui. Ninguém diga: sou pobre. Ninguém diga: que os façam os ricos. Quem mais possui que os faça a partir de sua abundância [de bens]. Acaso os pobres não possuem com quê fazê-los?

Zaqueu foi rico. Pedro, pobre. Aquele comprou o reino dos céus com a metade de suas riquezas,[60] este o comprou com uma rede e apenas um pequeno barco.[61]

Portanto, pelo fato de que aquele comprou, não se segue que não tenha restado nada mais para ser comprado.

O reino de Deus não se vende de tal modo que um possa comprar e não haja nada mais a ser comprado por outro. Eis que [nossos] pais compraram e conservaram [para que] nós [também] o compremos. Acaso eles compraram algo diverso do que devemos comprar? Não, é a mesma coisa! Sempre é comprado e [sempre] segue à venda até o final dos tempos. Não temas ser excluído pelo aumento. Não há razão para que digas: "Aquele o comprará porque possui tanto, e eu não tenho". Aquele que te propõe a venda responde: "Traz o que tens; sobrou para ti uma propriedade inteira para que tu também tenhas o que comprar."

Disse que Pedro o obteve integralmente por meio de um pequeno barco que possuía. Integralmente também o obteve aquela viúva que colocou duas pequenas moedas no gazofilácio.[62] Pois muito colocou quem nada a si reservou. E sobre aquilo que há pouco disse, qual coisa pode custar menos que um copo de água fresca? O Reino dos Céus custa apenas isto.

Quem quer que seja que não tenha nem um barca, nem redes, quem quer que seja que não tenha as riquezas de Zaqueu, nem as duas moedas como as que a viúva tinha, tem, ao menos, *um copo de água fresca.*[63]

---

57 Mt 5,7.

58 Tg 2,13.

59 Lc 16,9.

60 Lc 19,1-10.

61 Lc 5,1-11.

62 Do grego: γαζοφυλάκιον, lugar do Templo onde se guardavam vasos e o tesouro, por antonomásia o cofre do Templo. Cf. Lc 21,1-4 e Mc 12,41-44.

63 Mt 10,42.

addidit *frigidae* ne ligna te conturbarent. Sed forte ad horam nec calicem aquae frigidae inuenis quem porrigas sitienti. Non inuenis et compateris cum sitiente. Videt deus quid intus habeas, non uidet in manu potestatem, sed uidet in corde uoluntatem. Emisti et tu, securus esto. Possessio ista, pax uocatur: *pax in terra hominibus bonae uoluntatis.*

[Diuitiae iniquae.]

[**13.**] Sed quod transieramus, fratres, ad hoc redeamus. Quid sibi uult mamona iniquitatis? Quid uoluit dominus admonere nos? Fraudem debemus facere ut habeamus unde eleemosynam dare? Faciunt hoc [268] multi, sed non bene faciunt. Multum tollunt, et aliquid inde dant, et putant se remittere peccata sua quasi iudice corrupto. Gaudet cui das, sed plangit cui tollis. Aures in medio habet deus. *Non est apud eum acceptio personarum.* Plus contra te audit gementem quam pro te gratiam agentem. Nemo ergo sibi persuadeat, quoniam nominauit dominus mamona iniquitatis, propter eleemosynas faciendas fraudibus esse studendum, rapinis, exspoliationibus, et quidquid aliud displicet. Quid ergo ait: *Facite uobis amicos de mamona iniquitatis*? Non aliud intellego, fratres, [768] nisi quia mamona est aurum, id est diuitiae. Latine enim iam loquamur quod intellegatis. Diuitiae sunt uerae, sunt falsae. Falsas diuitias iniquitas appellat, appellat diuitias, nam uerae diuitiae apud deum sunt. Veras diuitias angeli habent qui nullo egent. Nos autem quas uidemur habere diuitias, quasi medicamenta infirmitatis inquirimus. Si sani essemus, id est, in <im>mortalitate illa quam postea habituri sumus, istas diuitias non quaereremus. Istas diuitias iniquitas

Penso que ele acrescentou "fresca" para que não te perturbasse com a lenha [para aquecê-la]. Mas, talvez, pode acontecer que não encontres nem mesmo um copo d'água fresca para oferecer a um sedento. Não o encontras, mas te compadeces do sedento. Deus vê aquilo que está em teu íntimo, não o que possuis em poder de tua mão, mas vê a vontade de teu coração. Tu também o compraste, esteja seguro! A esta propriedade se lhe chama: Paz na terra aos homens de boa vontade.[64]

As falsas riquezas.

13. Mas, irmãos, voltemos àquele assunto que tratamos rapidamente. O que significa *mamona* da iniqüidade? O que o Senhor quis nos ensinar? Que devemos cometer fraudes para ter com que dar esmolas? Muitos são aqueles que assim fazem, mas não agem corretamente. Muito tiram[65] e disto dão alguma coisa crendo que seus pecados são perdoados como que por um juiz corrupto. Alegra-se aquele a quem dás, mas chora, porém, aquele do qual tiras. Deus tem seus ouvidos no meio.[66] *Ante Deus, não há distinção de pessoas.*[67] Ele ouve mais aquele que geme contra ti que aquele que te agradece.

Portanto, ninguém se convença que, pelo fato de o Senhor ter citado a *mamona* da iniqüidade com relação ao ato de dar esmolas, deva dedicar-se às fraudes, rapinas, à expoliação ou qualquer outra coisa que o desagrade.

Por que, então, disse: Fazei para vós amigos com a *mamona* da iniqüidade?[68] Não entendo outra coisa, irmãos, se não que a *mamona* é o ouro, ou seja, a riqueza.

Falemos agora, pois, em latim [português], para que entendais. As riquezas são verdadeiras ou falsas. A iniqüidade denomina de riquezas as falsas riquezas, pois as verdadeiras riquezas estão junto a Deus. Os anjos, aos quais nada falta, possuem as verdadeiras riquezas. Nós, porém, que parecemos ter riquezas, buscamo-las como se fossem remédios para a enfermidade. Se fôssemos sadios, isto é, [se] estivéssemos já naquela imortalidade que mais tarde teremos, não buscaríamos mais estas riquezas. É a estas riquezas que a iniqüidade denomina de riquezas.

---

64 Lc 2,14.

65 Tirar, no sentido de roubar.

66 Expressão que significa que Deus não se inclina a apoiar um em detrimento de outro. Isto é, ter os ouvidos no meio significa que posiciona-se com eqüidade.

67 Rm 2,11.

68 Lc 16,9.

appellat diuitias. Ideo dixit: Amicos facite de diuitiis iniquitatis, non de diuitiis quas per iniquitatem colligis, sed de diuitiis quas iniquitas uocat diuitias cum non sint uerae diuitiae.

[Diuitiae uerae.]

[**14.**] Audite quomodo ab iniquitate appellantur istae diuitiae, quae non sunt uerae diuitiae. Dicit quodam loco psalmus - Gemit [269] ibi homo et liberari se uult a quibusdam filiis alienis et dicit domino: *Libera me de manu filiorum alienorum, quorum os locutum est uanitatem et dextera eorum dextera iniquitatis.* Non nisi de fraudibus loquuntur et ad fraudes sese praeparant isti de quibus ait: *Dextera eorum dextera iniquitatis.* Non est appellaturus aut nominaturus aliquem fraudatorem? Sed quid dicturus est? *Quorum filii eorum sicut nouellae constabilitae, filiae eorum compositae et ornatae sicut similitudo templi. Cellaria eorum plena, eructantia ex hoc in hoc. Boues eorum crassi, oues eorum fecundae, multiplicantes in exitibus suis. Non est ruina saepis neque clamor in plateis eorum.* Quantam felicitatem temporalem descripsit! Ubi ergo iniquitas? Ubi uanitas? Audi quod sequitur: *Beatum dixerunt populum cui haec sunt.* Ecce unde iniquitas quia beatum dixerunt populum cui abundant ista. Aliam beatitudinem non uiderunt, aliam quae uera est non quaesierunt. Totum desiderium suum in terrena felicitate consumpserunt. Cor sursum leuare noluerunt. Iste autem qui gemit et uult a talibus liberari, quid dicit? Cum dixisset de filiis alienis iniquis: *Beatum dixerunt populum cui haec sunt*, quasi diceretur illi: tu autem quem dicis beatum? *Beatus populus cuius est dominus deus ipsius.* Ecce uerae diuitiae. Illae autem iniquitatis sunt diuitiae. Quisquis habet illas diuitias iniquitatis, faciat inde amicos antequam exeat de actu isto. Si enim fecerit inde amicos, bene utitur. Nonne apud illud diuitiae sunt? Habet enim alias ueras diuitias: Deum suum computat diuitias. De terra

Por isso ele disse: “Fazei amigos com as riquezas da iniqüidade”, não com aquelas riquezas que por meio da iniqüidade acumulas, mas sim com aquelas riquezas que a iniqüidade denomina de riquezas, ainda que não sejam as verdadeiras riquezas.

As verdadeiras riquezas.

14. Escutai como são denominadas estas riquezas, as quais não são as verdadeiras riquezas. Diz o Salmo em certa passagem – nele geme um homem querendo ver-se livre de certos filhos dos estrangeiros e diz ao Senhor: *Livra-me da mão dos filhos estrangeiros cuja boca fala vaidade e cuja destra é destra de iniqüidade.* Não falam senão de fraudes e para as fraudes se preparam aqueles dos quais se disse: *A destra deles é destra de iniqüidade.* Não parece que o homem está por acusar alguém de fraudador? Mas vede o que ele acaba dizendo: *Cujos filhos são como uma plantação nova, bem fortificada, as filhas deles são belas e adornadas à semelhança do Templo. Os seus silos estão cheios, transbordantes de grãos de todo tipo. Seus bois são gordos, suas ovelhas, fecundas, multiplicam-se em seus partos. Não há ruína nas suas cercas nem há clamor em suas praças.*[69] Quão grande felicidade temporal descreve!

Onde está, pois, a iniqüidade? Onde está a vaidade? Ouvi aquilo que segue: *Proclamaram feliz o povo que tem estas coisas.* Eis onde está a iniqüidade: no fato de chamarem de feliz o povo a quem abundam essas coisas. Não viram a outra felicidade, não procuram a outra felicidade, aquela que é a verdadeira. Esgotaram todo o seu desejo na felicidade terrena. Não quiseram elevar o seu coração ao alto.

Porém, o que diz este que geme e deseja ser livrado dessa gente? Depois de haver falado que os filhos iníquos dos estrangeiros *proclamaram feliz o povo que tem estas coisas*, responde, como se alguém lhe perguntasse “E tu, a quem proclamas feliz?”, que *feliz é o povo cujo Deus é o Senhor.*[70] Eis aqui as verdadeiras riquezas. Aquelas outras são as riquezas da iniqüidade.

Quem quer que tenha aquelas riquezas da iniqüidade faça então amigos com elas antes de sair desta administração. Com efeito, se com elas fizer amigos, fará bom uso delas. Acaso para ele são riquezas? Ele possui outras riquezas verdadeiras: computa só a Deus no cálculo das suas riquezas. Aquele que é

69 Sl 143,11-14.
70 Sl 143,15.

terram calcat -. Postremo amas illas. Ait Dominus cuidam diuiti multum [769] amanti possessiones suas: Amas quod possides? Migra ubi tibi dico. Nolo perdas. Sed quid? *Facite uobis thesaurum in caelo quo fur non accedet nec tinea corrumpit.* Amando diuitias tuas, perditurus es illas. Migra ubi non perdas. Ibi pone quo uenias.

[Amici et diuitiae.]

[**15.**] *Facite ergo*, inquit, *amicos de mamona iniquitatis ut et ipsi recipiant uos in tabernacula aeterna.* Exponatur sic ista sententia. Mamona iniquitatis puta esse pecunia<m> de fraudibus. Acquisiuit pater tuus de fenore. Fecit te diuitem. Non tibi placeat feneratio patris tui. Noli esse heres iniquitatis: heres esto pecuniae iniquitatis. Noli ne et tu imiteris patrem tuum fenerando. Sed iam magna illa pecunia est in domo! Fac inde amicos de mamona iniquitatis, non ut modo fraudem facias et inde des, sed quod iam de fraude collectum est. Si pater tuus didicerat rapere, tu disce erogare.

[**16.**] Quare autem de centum quinquaginta, quare de centum octoginta? De centum quinquaginta significare uoluit dimidium. Hoc enim fecit [270] Zacchaeus. *Dimidium rerum mearum do pauperibus.* De centum octoginta significare noluit duas decimas. Dare enim de centum uiginti ut remaneant octoginta, hoc est dare decimas duas. Quare unam decimam dabant. Dixit autem dominus in euangelio: *Nisi abundauerit iustitia uestra plus quam pharisaeorum et scribarum non intrabitis in regnum*

terra, pisa a terra,[71] e termina por amá-las. Disse o Senhor a um certo rico que muito amava as suas posses:[72] "Amas o que possuis? Trasfere-o para onde te direi. Não quero que venhas a perdê-lo." Mas, como? *Fazei para vós um tesouro no céu, onde o ladrão não tem acesso e onde a traça não o consome.*[73] Amando as tuas riquezas, perdê-las-ás. Transfere-as para onde não as perderás. Coloca-as lá onde tu também chegarás.

Os amigos e as riquezas.

15. *Fazei, pois* – diz – *amigos com a mamona da iniqüidade para que também eles os recebam nas moradas eternas.*[74] Assim deve ser exposta esta sentença: considera que a *mamona* da iniqüidade é o dinheiro obtido mediante fraudes. Teu pai o adquiriu por meio de usura.[75] Fez-te rico. Que não te agrade a usura de teu pai. Não sejas herdeiro da iniqüidade: sê herdeiro do dinheiro da iniqüidade. Não imites teu pai emprestando com usura. Não queiras imitar teu pai emprestando com usura. Porém, aquela grande quantidade de dinheiro já está em [tua] casa! Faz, então, a partir disto amigos com a *mamona* da iniqüidade, não de modo a vir a fraudar para então dar, mas sim para dar daquilo que foi amealhado por meio de fraude. Se teu pai aprendeu a roubar, aprendas tu a dar.

16. Entretanto, por qual razão [ele fala em] cinqüenta em lugar de cem e por que oitenta em lugar de cem? Ao falar de cinqüenta em lugar de cem quis indicar a metade. E isto é o que fez Zaqueu. *Darei a metade de meus bens aos pobres.*[76]

Ao falar em oitenta em lugar de cem não quis dizer dois décimos. Pois, de cem dar vinte para que permaneçam oitenta é dar dois décimos. Isto porque eles davam a décima parte.[77]

No entanto, o Senhor disse no Evangelho: *Se a vossa justiça não for maior que a dos fariseus e escribas, não entrareis no reino dos céus.*[78]

---

71 *De terra terram calcat*, expressão para sintetizar o que vai descrito em Mt 6,21 e Lc 12,34: "Onde está o teu tesouro, lá também está o teu coração."

72 Lc 18,22.

73 Lc 12,33 e Mt 6,20.

74 Lc 16,19.

75 Primitivamente *fenus, -is* significava, entre outras coisas, os juros cobrados. Em Cícero, por exemplo, já se encontra a conotação negativa, isto é, de usura ou juros exorbitantes. Cf. *Epistulae ad T. P. Atticum*, XVI, 15,5.

76 Lc 19,8.

77 Cf. Lc 18,11-12 e Mt 23,23. O dízimo, isto é, a décima parte dos frutos do campo ou do gado ou de algum rendimento.

78 Mt 5,20.

caelorum. Si ergo iustitia pharisaeorum et scribarum erat dare decimam, quomodo abundabit iustitia tua nisi des tu uel duas decimas? Plus aliquid dare hoc est abundare.

[**17.**] Facis ergo amicos, tendis spem, desiderium exerces, patientia praesentia toleras, uel prospera uel aduersa, quoniam ab eo qui sursum quaerit felicitatem, etiam ipsa hic felicitas toleratur. Toleratur enim, quia quamdiu peregrinamur, in malis habetur quidquid nos a deo nostro tenet. Et maioris certaminis est pectus quod pugnat contra felicitatem ne corrumpatur, quam quod pugnat contra <in>felicitatem ne frangatur. Per hanc ergo patientiam, finito saeculo aut fi<nita>, non longe finita, uita nostra, cuius finis unicuique properat, securi erimus de tabernaculis aeternis quia fecimus nobis amicos de mamona iniquitatis.

Se, pois, a justiça dos fariseus e escribas era dar a décima parte, de que forma a tua justiça pode ser superior, a não ser que dês, por exemplo, dois décimos? Superar é isto, dar alguma coisa em maior quantidade.

17. Fazes, portanto, amigos, manténs firme a esperança, cultivas[79] o desejo, toleras com paciência as circunstâncias presentes, quer sejam prósperas, quer sejam adversas, posto que quem busca a felicidade lá do alto tolera inclusive esta felicidade. Há de ser tolerada, com efeito, porque enquanto somos peregrinos tudo aquilo que nos afasta de nosso Deus deve ser considerado como mal.

Além disso, é maior o combate da alma que luta para não ser corrompida pela felicidade que aquele combate no qual luta contra a infelicidade para não se deixar abater.

Portanto, por meio dessa paciência, tendo acabado o mundo ou tendo terminado a nossa vida, a qual não demora a chegar ao fim, fim este ao qual cada um se aproxima, estaremos em segurança nas moradas eternas porque fizemos para nós amigos com a *mamona* da iniqüidade.

---

79 *Desiderium exerces*, isto é, cultivar/exercitar o desejo no sentido mais clássico significa ter controle e dar incremento àquilo que é bom e correto no desejo.

Índice remissivo

Esta obra foi composta em Adobe Garamond Pro e
impressa pela Gráfica Printstore em offset sobre papel Pólen
Soft 80g para a Editora Concreta em novembro de 2020.